CHIVAS

365 HISTORIAS

LUIS LEYVA

Chivas 365 / Luis Leyva. - 1a ed. - Ciudad Autónoma de Buenos Aires
Librofutbol, 2022.

220 páginas; 15,2 x 22,9 cm.

ISBN 978-987-8370-56-9

1. Fútbol.
CDD 796.33409

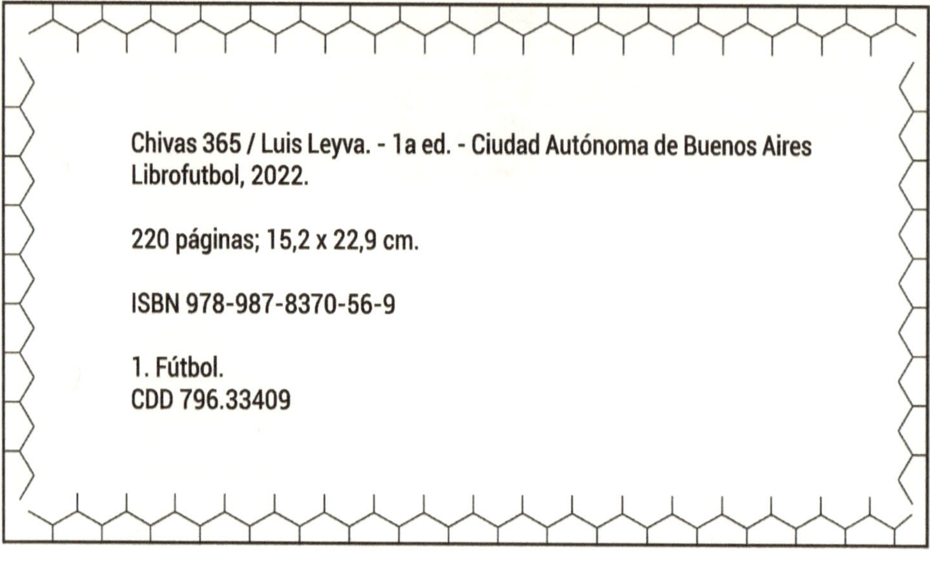

CHIVAS, 365 HISTORIAS
de Luis Leyva

Cubierta: Luciano Medvetkin	Foto del autor: © Luis Leyva
© 2022– Luis Leyva © 2022– LIBROFUTBOL.com	Todos los derechos reservados

ISBN 978-987-8370-56-9	1ª edición: septiembre 2022

Av. Libertador 6898 - Núñez - Ciudad de Buenos Aires - Argentina

*A Gigi, por inculcarme el sentimiento de amar al
equipo más mexicano del mundo.*

*A cada uno de los aficionados de las Chivas Rayadas
del Guadalajara.*

ÍNDICE

ENERO

1 DE ENERO DE 1961 : PORRA RECONOCE A LOS CAMPEONES

Antes del arranque del partido contra León, la porra del Guadalajara, comandada por Roberto Hernández, realizó un homenaje al reciente campeón de la Primera División. El equipo tapatío venía de vencer 3-2 al Toluca, donde conquistó el cuarto título en su historia y tercero en forma consecutiva luego de llegar a la jornada 24 con 37 unidades, 7 más que el Oro, su más cercano adversario.

Hernández Covarrubias presentó un carro alegórico adornado y dio la vuelta por la cancha del Estadio Jalisco. El vehículo llevaba a bordo la Copa Challenger, otorgada por la Federación Mexicana de Fútbol al Guadalajara por haber conseguido tres campeonatos en fila (1958-1959, 1959-1960 y 1960-1961); además, lucía una majestuosa corona y una chiva con el uniforme rojiblanco.

Roberto Hernández y Jesús Palillo Martínez, entre otros miembros de la porra, escoltaron el carro mientras un mariachi amenizaba con su música a los aficionados presentes.

Por si fuera poco, el portero Jaime Tubo Gómez fue condecorado por la directiva del Club Deportivo León por la brillante actuación que tuvo aquella temporada.

En lo que respecta al partido, el Guadalajara derrotó 2-1 a los guanajuatenses con tantos de Salvador Reyes y Francisco Jara.

Por cierto, es el único encuentro oficial disputado por el Rebaño Sagrado en 1º de enero, hasta la publicación de este libro (2022).

2 DE ENERO DE 1960: CORTAS VACACIONES

La directiva del Guadalajara decidió darle unas vacaciones a los jugadores que se coronaron como campeones, por tercera vez el 27 de diciembre. El 2 de enero, el plantel partió con rumbo a San Blas, Nayarit, para motivar al equipo de cara a dos pentagonales venideros en Distrito Federal y en la inauguración del monumental Estadio Jalisco.

Árpád Fekete era el estratega rojiblanco y encabezó al grupo que se relajó en playas del Océano Pacífico. El torneo en la capital fue desastroso, pues el Guadalajara terminó de último en la tabla y solo consiguió el triunfo ante el Fluminense de Brasil con marcador de 4-3.

En el certamen disputado en el coloso de la Calzada Independencia, los resultados no fueron los esperados al terminar en la cuarta posición.

En ocho juegos, el Guadalajara solo consiguió dos victorias. Eso sí, nadie les quita los buenos momentos que pasaron los jugadores en las playas nayaritas.

3 DE ENERO DE 1957: SE PERDIÓ UN ZAPATO, PERO...

El Guadalajara consiguió su primer título de liga profesional al derrotar 1-0 a los Freseros de Irapuato en el Estadio Felipe Martínez Sandoval, mejor conocido como Parque Oblatos.

El único gol del encuentro fue conseguido por Salvador Reyes, uno de los futbolistas consentidos por la afición.

Antes de que el árbitro, Fernando Buergo, decretara el final del partido, los espectadores invadieron las inmediaciones de la cancha y, tras el silbatazo final, se abalanzaron contra los nuevos campeones. A Chava lo despojaron del zapato con el que había anotado el gol al minuto 49 del segundo tiempo.

Nunca se supo dónde quedó el mítico botín del Melón con el que marcó el tanto que significó el fin de la época del Ya Merito para dar paso a la del Campeonísimo.

4 DE ENERO DE 2004: AMARGO DEBUT

Chivas hizo su presentación en el torneo Interliga 2004 con un inesperado descalabro ante Santos Laguna por marcador de 2-1.

El equipo dirigido por Hans Westerhof se fue al frente en el marcador, al minuto 2 de acción con anotación de Omar Bravo, luego de una gran jugada colectiva con el flamante refuerzo, Adolfo Bofo Bautista.

Bautista, quien se convertiría en uno de los últimos ídolos de la afición rojiblanca, tuvo un gris estreno como jugador del Rebaño; sin embargo, el hidalguense dejó buenas cosas en su presentación, donde disputó solamente el primer tiempo, para dar paso al ingreso del canterano Marco Parra en la parte complementaria.

Jared Borgetti, con dos goles, dio la vuelta al marcador en favor del equipo lagunero; que se quedó con las primeras tres unidades del certamen.

5 DE ENERO DE 1997: CAÓTICO AMISTOSO

El partido en el que Guadalajara derrotó 3-0 al Águila del Salvador, estuvo a punto de no disputarse por dos motivos: el Rebaño estuvo poco más de treinta minutos en las inmediaciones esperando a que abrieran las puertas del Memorial Coliseum de Los Ángeles, California; situación que molestó al temperamental estratega Ricardo Ferretti y, por otro lado, la directiva del equipo centroamericano tenía adeudos por dos meses de sueldo con sus jugadores que amenazaron con no participar el compromiso pactado.

Al final llegaron a un acuerdo y se desarrollaron las acciones, donde el equipo tapatío se impuso sin problemas con marcador de 3-0 con dos goles de Gustavo Nápoles y uno más de Ramón Ramírez.

Además, el encuentro se jugó a puerta cerrada porque la liga de fútbol de Estados Unidos no permitió que se desarrollara la serie de partidos donde participaron Atlas y Atlante.

6 DE ENERO DE 1947: NIEGAN TORNEO EN GUADALAJARA

La Liga Mayor de fútbol negó categóricamente la realización de un cuadrangular en la Perla de Occidente donde, además de las tres oncenas locales, Guadalajara, Atlas y Oro, participaría el Municipal de Lima.

Fueron doce los delegados que votaron en contra del torneo, mientras que los tres tapatíos lo hicieron a favor, en la sesión que se desarrolló en la capital del país. Justo en el Distrito Federal, se disputó un torneo en esas mismas fechas donde jugó el Racing Club de Argentina.

Los equipos de Jalisco advirtieron que no podían estar más de mes y medio sin ofrecer espectáculo a su afición debido a que sus nóminas eran muy costosas y necesitaban un ingreso extra; sin embargo, los demás clubes aseguraron que le competiría al torneo que se disputó al mismo tiempo en D.F.

7 DE ENERO DE 1955: RECHAZO A PROPUESTA DE FMFA

La Federación Mexicana de Fútbol Asociación invitó a los equipos Guadalajara y Oro a disputar una serie de compromisos contra su similar de Peñarol, equipo de la primera división de Uruguay.

Ambas directivas rechazaron tal petición debido a que el 20 de diciembre anterior, la petición de la propia FMFA fue la de no disputar ningún partido a partir de enero; por lo que revocaron tal acuerdo y aseguraron que se necesitaba 'seriedad absoluta y respeto a los acuerdos'.

El motivo principal para no jugar ante el equipo charrúa durante una serie de invierno fue la falta de tiempo, pues tal año se celebraron los II Juegos Deportivos Panamericanos en la Ciudad de México del 12 al 26 de marzo, la Copa Oro entre los tres equipos tapatíos y León, además de la verificación de la liguilla que determinaba el ascenso y descenso.

8 DE ENERO DE 1959: LOCURA EN EL OBLATOS

Cuando el árbitro central del partido, Tomás Moreno, silbó el final del encuentro entre Guadalajara y Atlante, los cerca de 20 000 aficionados presentes invadieron la cancha del mítico Parque Oblatos para lanzarse a festejar con los jugadores de las Chivas que vencieron 4-0 a los morenos capitalinos.

La algarabía en la atmósfera no era para menos, el Rebaño Sagrado había conseguido su segundo título de Liga Mayor y el júbilo se presentó en los asistentes; que previo al partido llevaban la fiesta encima, al recibir al equipo con banderas y luces artificiales de los colores rojiblancos.

El primer tanto del encuentro fue gracias a un remate de volea de Pinacate Arellano. Chava Reyes amplió la ventaja. Jasso, con potente disparo de fuera del área, marcó el tercero y nuevamente Reyes anotó el 4-0 definitivo.

9 DE ENERO DE 1966: AL TÚ POR TÚ

La cancha del estadio de Ciudad Universitaria fue testigo de un auténtico carnaval de goles entre el Guadalajara y la selección de Alemania Oriental, donde al final del partido igualaron a cuatro tantos y, además, anularon otro a los europeos por fuera de lugar de Bauchspieb.

Entre las ocho dianas anotadas, la más bonita fue, sin duda, la de Ramiro Navarro, quien recibió el balón del lado derecho por parte de Barba, su control quedó ligeramente arriba y recurrió a tirar un 'taquito' para vencer al portero Wiegan. Dice el adagio futbolero que a los alemanes hay que liquidarlos, sino te liquidan, y es que el Rebaño estuvo al frente en tres ocasiones. Valdivia abrió el marcador, luego de un rebote a los 20 minutos, 6 minutos después empataron los alemanes por medio de Ducke.

Para el segundo tiempo, nuevamente Chivas se puso al frente con el disparo de Jara al minuto 48, y al 60 volvieron a igualar la pizarra, esta vez, gracias a Frenzel.

Tres minutos después vino el gol de Navarro, que con el recurso volvió a poner a Chivas por delante y Cisneros amplió la ventaja para poner 4-2 el marcador.

Los alemanes nunca renunciaron al ataque y a 15 del final, Vogel acercó a los europeos y 3 minutos después, Ducke, de gran participación, sentenció el marcador final.

La afición salió con un grato sabor de boca, luego de la cantidad de goles que presenciaron, además, de la buena manufactura del tercero rojiblanco.

10 DE ENERO DE 2002: CHIVAS EN EL AIRE

La Promotora Deportiva Guadalajara manejó los destinos del equipo de marzo de 1993 a octubre de 2002 cuando apareció Jorge Vergara y compró a Chivas.

El Guadalajara atravesaba una crisis financiera y deportiva para finales de la década de los ochenta y principios de los noventa y fue entonces que apareció Salvador Martínez Garza para rentar al equipo y manejarlo por los siguientes 10 años, donde invirtió en jugadores como: Alberto Coyote, Ramón Ramírez, Alberto Guamerú García, entre otros; además de desarrollar las fuerzas básicas, de donde salieron Camilo Romero, Noé Zárate, Ignacio Vázquez y Manolo Martínez, por mencionar algunos.

En diciembre 2001, se llegó a un acuerdo entre ambas partes, —Club Guadalajara y Promotora— para que este último 'regresara' el mando al club a cambio de cerca de 3 millones de dólares.

Todo iba bien, pero en los primeros días del año 2002, la parte de la asociación civil se echó para atrás y decidieron esperar para tener de nuevo el control, conforme indicaba el primer convenio.

Chivas seguía en el aire con pobres resultados deportivos, nula inversión en refuerzos de calidad y con la esperanza de que con poco se hiciera mucho, tal como sucedió en 1993.

11 DE ENERO DE 1969: NOBLE GESTO

Guadalajara y Cruz Azul generaron un caos nunca visto para el partido correspondiente a la jornada 26 de la temporada 1968-1969. La gente

hacía hasta lo imposible por obtener una entrada para el compromiso que prácticamente decretaría al campeón de aquel torneo.

Días antes, la afición se formó en las taquillas del Estadio Jalisco deseosa de conseguir una entrada. Pancartas por todos lados con la sentencia "Boletos agotados" no era suficiente para fulminar las esperanzas de rojiblancos y cementeros.

Un aficionado suplicó a Carlos Castañeda, gerente del Guadalajara, por un ticket, a lo que el directivo le contestó, según un apunte de El Informador: "Lo siento, pero ¿cómo le hacemos si no queda ya uno solo?". Sin embargo, uno de los venturosos que había logrado conseguir su acceso al inmueble, para el encuentro que se disputó al día siguiente, al ver desconsolado al afligido personaje, le regaló su boleto, generándole un cambio emocional en cuestiones de segundos.

En lo que al partido respecta, Cruz Azul ganó 1-0 y a la postre se coronó campeón del fútbol mexicano.

12 DE ENERO DE 2005: MANOS DIVINAS

El Deportivo Guadalajara avanzó a la reclasificación de la Copa Libertadores al imponerse a Jaguares de Chiapas en tanda de penales.

Los sureños se fueron al frente en el marcador al minuto 3, luego del contundente remate de Sergio Almaguer. En la segunda parte apareció Adolfo Bautista para emparejar los cartones.

El portero de los felinos, Omar Ortiz, falló en la salida al buscar un balón por aire y el rebote le quedó al Bofo, quien controló el esférico con el antebrazo izquierdo y definió por encima de los defensores.

El árbitro estadounidense, Terry Vaughn, dio por válido el gol rojiblanco ante los reclamos de los jugadores chiapanecos. Se formó una gresca en donde resultaron expulsados el chileno Ismael Fuentes, por patear al autor del gol, y Omar Bravo.

El partido finalizó 1-1 en los 90 minutos y en tiempos extra; por lo que se lanzaron penales para decretar al equipo calificado. Chivas se impuso 5-4 gracias a la atajada de Alfredo Talavera, quien, con ambas manos, detuvo el lanzamiento de Sebastiao Pereira.

13 DE ENERO DE 1951: MAJESTUOSO RECIBIMIENTO

El portentoso equipo argentino, San Lorenzo de Almagro, disputó un partido benéfico en nuestro país frente al Guadalajara al arranque de la década de los cincuenta. Era normal que, equipos de tal índole, se presentaran en diversos campos del mundo para llevar a todos los rincones su maravilloso fútbol revolucionario.

Las directivas de los tres clubes, Guadalajara, Atlas y Oro, se encargaron de que el recibimiento a los sudamericanos fuera envidiable y, a su llegada, se entonó música de mariachi típica de la Perla de Occidente, además de una hospitalidad amena, y fueron llevados los 26 miembros de la delegación argentina directo a su hotel.

El encuentro ante las Chivas se pospuso, luego de que se atrasara el itinerario del San Lorenzo, quienes, antes de llegar a Guadalajara, hicieron escalas en Distrito Federal y Guatemala.

El partido se disputó el 16 de enero y los argentinos golearon 4-1 a los rojiblancos. Armando Farro hizo tres 3 goles y Gabriel Uñate el otro, mientras que Jesús Ponce hizo el de la honra.

En la serie de seis encuentros, los sudamericanos jugaron contra Puebla, Atlas, León, Tampico y Veracruz con saldo de cuatro triunfos, un empate y un descalabro ante los esmeraldas

14 DE ENERO DE 1968: FESTIVAL DE GOLES

La mayor goleada en la historia del Guadalajara se presentó en la cancha del Estadio Jalisco en la jornada 28 de la temporada 1967-1968 cuando recibieron a los Jabatos de Nuevo León.

Chivas se adueñó de las acciones de principio a fin para terminar con el abultado marcador de 10-2 sobre los norteños; además de sufrir la invalidación de otro gol, el primero de Jabatos fue marcado en claro fuera de lugar.

Mención aparte para Javier el Cabo Valdivia, quien consiguió cuatro anotaciones y un pase para gol. Por su parte, Caderón hizo dos goles y asistió en cuatro ocasiones, mientras que Onofre marcó un doblete y Jara y Vargas sentenciaron la decena de dianas.

Las reservas del equipo tapatío también propinaron una escandalosa derrota 8-1 a su similar neoleonés.

15 DE ENERO DE 1959: CLUB ZAMORA EMULA A CHIVAS

El Guadalajara es un equipo grande del balompié nacional y ha sido, a lo largo del tiempo, un modelo a seguir en diferentes ámbitos.

Una muestra de ello fue cuando el Club Zamora determinó despedir a todos sus futbolistas extranjeros, por diversos motivos, además de su entrenador por malos resultados, para calcar lo realizado por Chivas de jugar con puros mexicanos.

La directiva rescindió el contrato del estratega argentino, Eduardo Valdatti. El preparador físico, Manuel Enciso, quedó como timonel del equipo.

La dirigencia del cuadro michoacano tenía un objetivo muy claro: mexicanizar al equipo, tal y como dicta la tradición del Deportivo Guadalajara. El resultado no fue el esperado, pues el equipo descendió para la campaña siguiente y, luego de 26 partidos, consiguieron 12 unidades, producto de 4 triunfos, 4 empates y 18 derrotas.

16 DE ENERO DE 1957: REBAÑO SAGRADO

El Guadalajara obtuvo el campeonato de la Liga Mayor de la temporada 1956-1957 (véase 3 de enero). Ese mismo día, el arzobispo José Garibi y Rivera ofreció el título a Su Santidad Pío XII, donde mencionó que un grupo de futbolistas mexicanos había conseguido el anhelado trofeo.

Al poco tiempo, trece días después, para ser precisos, llegó la respuesta directamente desde el Vaticano y, por medio de un telegrama de la Secretaría de Estado de su santidad, el papa Pío XII respondió:

"Excmo. Arzobispo

Guadalajara, Jal

Augusto pontífice acogiendo benévolamente filiales sentimientos miembros Club Futbol Guadalajara correspóndeles invocando Celestes Gracias enviándoles implorada Bendición Apostólica.

Dellacqua Sustituto".

Desde entonces, coloquialmente se le conoce al Club Deportivo Guadalajara como el Rebaño Sagrado.

17 DE ENERO DE 1954: POSTES Y POLÉMICA

Uno de los clásicos más injustos que se recuerden, por el marcador final, fue el de la campaña 1953-1954, que se disputó en el Parque Oblatos, donde el Guadalajara se impuso al América por la mínima diferencia gracias al gol de Adalberto el Dumbo López a los 23 minutos de acción.

Chivas disparó en tres ocasiones a los postes. Tomás Balcázar puso el balón en el metal dos veces, mientras que Francisco Flores reventó el travesaño a trece del final, donde se vino la primera jugada polémica.

Panchito disparó con potencia, el esférico pegó en el larguero, cruzó la línea de gol y, por el efecto, regresó a la cancha. En primera instancia, el silbante inglés, Mr. Sunderland, validó la anotación rojiblanca; sin embargo, los capitalinos reclamaron airadamente al abanderado Samuel Rangel de la Torre, quien influyó para que el árbitro europeo cambiara la decisión y anulara el tanto.

Para el final del encuentro, Balcázar había superado a Norberto Lácono y a Manuel la Bruja Gutiérrez, quienes cometieron una flagrante infracción dentro del área y el colegiado determinó no sancionar la pena máxima.

Además del resultado positivo y los dos puntos conseguidos, el Guadalajara vio debutar a uno de sus máximos ídolos históricos y uno de los más ganadores de su laureada historia: Guillermo el Tigre Sepúlveda Rodríguez.

18 DE ENERO DE 1994: MAESTRO RECIBE "DIPLOMAS"

Benjamín Galindo es uno de los mejores futbolistas que ha dado el fútbol mexicano; mediocampista que poseía una técnica individual relevante y un manejo de ambos perfiles poco vistos en la historia del balompié azteca.

La directiva del Guadalajara y el gobierno de Zacatecas otorgaron una serie de reconocimientos al nacido en Tierra Blanca, por su destacada carrera como futbolista profesional.

El escenario para entregar los reconocimientos fue en el entretiempo del partido amistoso entre las Chivas y el Leipzig de Alemania, celebrado en el estadio Francisco Villa con cerca de 7000 aficionados.

El encuentro tuvo pocas emociones y terminó con un empate sin anotaciones gracias al mal clima y al pésimo estado de la cancha. El Maestro disputó solamente los primeros 45 minutos.

Galindo Marentes consiguió con el Guadalajara el título de liga de la temporada 1986-1987.

Disputó la final de la Copa América Ecuador 1993, donde la selección mexicana cayó 2-1 ante Argentina, siendo Galindo quien anotó por el Tricolor desde los once pasos, venciendo a Sergio Goycochea.

19 DE ENERO DE 2008: ¡ASÍ SE DESPIDE A UN ÍDOLO!

Esta noche quedará grabada en la memoria de la nación chiva, luego de ver enfundado con la camiseta del Guadalajara a Salvador Reyes Monteón, uno de los futbolistas más emblemáticos, que forjó con sangre, sudor y lágrimas la parte más gloriosa en la historia del equipo rojiblanco.

Fiel representante del campeonismo, el Melón fue homenajeado 51 años después del primer título de liga obtenido por el Rebaño Sagrado en un partido oficial ante Pumas de la UNAM.

Llegó al hotel para concentrarse con el resto del plantel. Abordó el autobús que lo llevó al estadio. Se adueñó del vestidor y se vistió por última vez de futbolista. Atravesó por el túnel de acceso a la cancha en medio de una feroz y entregada ovación.

Reyes fue titular en aquel encuentro y realizó el protocolo de cada juego. Salió en fila, junto con el resto del plantel, para saludar al público. Trotó, calentó, cantó el himno nacional a todo pulmón custodiado por el capitán Ramón Morales a su derecha y Patricio Araujo a su izquierda, y luego la última charla previa al silbatazo.

Después vino la foto oficial donde quedará enmarcada por siempre en los anales del Guadalajara.

Al escucharse el silbatazo inicial, Sergio Santana puso el balón en movimiento y tocó para Chava. Paró el esférico, alzó la cara y sirvió para Ramón Morales, quien devolvió el balón para el legendario jugador y luego lo mandó a saque de banda. Era el momento de decir adiós.

Los 55 000 aficionados presentes corearon el famoso "olé, olé, olé, Chava, Chava", mientras atravesaba, por última vez en vida, la cancha del coloso de la Calzada Independencia para dar ingreso a otro histórico: Omar Bravo.

Con el número 57 en la espalda, simbólico, por ser el año del primer título del Guadalajara, Chava Reyes jugó 13 segundos que serían eternos.

El partido terminó con goleada rojiblanca por 3-0 con goles de Santana, Ávila y Araujo, quienes fueron a celebrar con el mítico Salvador Reyes. Al día siguiente, Chivas mostró un desplegado que caló hondo en Pumas (véase 12 de octubre).

20 DE ENERO DE 2002: FÚTBOL SIN ARCOS

Pumas celebró sus 40 años en Primera División cuando recibió al Guadalajara en la cancha del Olímpico Universitario.

Las intenciones de los dirigidos por el argentino Oscar Ruggeri eran las de amargar el festejo de los auriazules, comandados por Hugo Sánchez. Ambos estrategas coincidieron como jugadores en Real Madrid y América.

El Rebaño se fue al frente, por conducto de Gustavo Nápoles, a los tres minutos de haber iniciado las acciones.

Para el segundo tiempo, Víctor Müller emparejó el partido al minuto 60 y, a ocho del final, Alberto Medina volvió a poner al frente a la visita.

Todo era miel sobre hojuelas cuando el árbitro central, Jorge Eduardo Gasso, decretó la pena máxima en favor del Guadalajara y aquí llegó el calvario. Jorge Campos atajó el lanzamiento de Joel Sánchez; minutos más tarde, el propio Tiburón se fue expulsado por doble tarjeta amarilla, por cometer infracción dentro del área a Müller y, tras los reclamos, el guardameta Oswaldo Sánchez se fue antes de tiempo a las regaderas.

Chivas había gastado sus tres cambios y Nápoles se puso los guantes para intentar tapar el cobro, pero Mariano Trujillo lo engañó y decretó el 2-2 definitivo.

21 DE ENERO DE 1978: EL ÚLTIMO GRITO

A lo largo de la historia, Guadalajara ha atravesado por momentos duros, deportivamente hablando, y el más difícil fue, sin duda, la de las llamadas "Chivas flacas" en la década de los setenta.

Sin embargo, hubo un jugador que siempre defendió a muerte la camiseta, a pesar de las adversidades que se presentaron en aquellos dolorosos tiempos: Raúl Gómez.

El Willy fue uno de los referentes de ese despistado Rebaño y, durante los 12 años que permaneció en la institución, siempre supo cómo hacer valer la obligación de portar el escudo del Guadalajara.

El último gol que marcó Gómez con el Guadalajara fue en la derrota 2-1 ante Tigres de la Universidad Nacional Autónoma de Nuevo León, en la jornada 23 de la temporada 1977-1978.

Gómez recibió el balón y lo mató con el pecho para después dejarlo caer y, con pierna derecha, conseguir que el esférico se colara en las redes del histórico portero Pilar Reyes.

22 DE ENERO DE 1947: APOYO GUBERNAMENTAL

El fútbol, desde tiempos remotos, ha sido una fuente de ingresos de sumas de dinero muy importantes para quienes invierten en el negocio. Durante los primeros años de la época profesional del balompié en México, la afición comenzó a sentir inquietud por tener una liga donde participaran equipos de todo el territorio nacional con la disputa del título.

Es por eso que los estadios de pequeña capacidad tenían destacadas entradas, pues la gente, que esperaba ávida los partidos, se abarrotaba para ver a todos los equipos en sus respectivas localidades. Ello significó que los ingresos de los equipos, por el boletaje, eran muy altos, por lo que las contribuciones eran elevadas.

Las directivas del Guadalajara, Oro y Atlas gestionaron durante mucho tiempo que se redujera el 7 % de impuestos que pagaban por las entradas, asegurando que su nómina era muy alta e incluso podían llegar a declararse en bancarrota.

Sin embargo, el entonces presidente municipal de la capital de Jalisco, Heliodoro Hernández Loza, determinó en reducir el impuesto al 4 %, es decir, más de la mitad de lo que anteriormente pagaban.

Con ello, los equipos lograron equilibrar sus finanzas en beneficio propio, además de seguir cumpliendo cabalmente con sus obligaciones contractuales en el pago puntual de sueldos y primas a los jugadores de sus respectivos planteles.

23 DE ENERO DE 1955: TUBO DETIENE PENAL A ESTRATEGA RIVAL

Se disputaba la última jornada de la liga de la temporada 1954-1955 donde Irapuato, Atlante y Marte estaban en la parte baja de la tabla general, y los freseros y morenos buscaban salvarse de jugar la liguilla con los equipos de Segunda División; los marcianos estaban sentenciados al sótano de la clasificación. Por su parte, Zacatepec llegó como campeón, mientras que Chivas amarró el segundo sitio.

El equipo fresero visitó a los tapatíos en busca de puntos que le aseguraran su lugar en la máxima categoría.

La visita se puso al frente gracias al gol de Samiro, quien definió tras la asistencia de Ortiz, mientras el balón pegaba en ambos postes para incrustarse en el marco del Jaime Gómez al minuto 56 de acciones.

El gusto le duró poco al Irapuato, ya que, cuatro minutos después, Juan Jasso cobró desde los once pasos para vencer al portero Osnaya e igualar el marcador.

A los 65 minutos apareció Ponce y con sólido remate de cabeza dominó a Osnaya, quien salió titubeante por el balón y fue vencido por el futbolista rojiblanco.

El silbante Buergo decretó el segundo penal del día, luego de una infracción de Gómez a Jones. El encargado de ejecutar la pena máxima fue el húngaro Gÿorgy Marik, quien, además, fungía como director técnico del equipo guanajuatense.

El europeo tomó el balón con la certeza de anotar el gol de la tranquilidad y la permanencia y, además, para borrar el error cometido, ya que minutos antes cometió la falta dentro del área al Dumbo López que significó el empate momentáneo.

Marik ejecutó del lado derecho del portero y el Tubo se estiró para detener el esférico que iba a colarse en el ángulo y lo mandó a tiro de esquina.

Al final de cuentas, Chivas venció a Irapuato 2-1 y terminó en la segunda plaza, mientras que Irapuato se mantuvo en primera división, ya que Atlante empató en su visita a Toluca.

24 DE ENERO DE 1965: BIGOTES LAUREADOS

Uno de los jugadores más queridos por la afición del Guadalajara es, sin duda, Juan Jasso. El Bigotón defendió la camiseta rojiblanca 21 años ininterrumpidos, de 1945 a 1966, donde conquistó absolutamente todo: siete títulos de liga, una copa, seis Campeón de Campeones y una Copa de Campeones de Concacaf.

En la jornada tres de la temporada 1964-1965, Chivas recibió al Atlas en el Clásico Tapatío y el triunfo fue para los locales 2-1.

Antes del arranque de las hostilidades, la numerosa afición del Guadalajara brindó un homenaje a uno de los jugadores consentidos. Juan Jasso fue laureado. Primero, al entregarle un destacado reconocimiento y después con una tremenda ovación. Todo esto gracias a la impecable trayectoria como jugador del Rebaño Sagrado.

El partido, como cualquier clásico, fue ríspido y con calenturas dignas de este tipo de encuentros.

El primer tiempo tuvo, además de muchas jugadas que cortaron el combate, llegadas del conjunto rojiblanco, aunque no las lograron capitalizar, en parte por las oportunas intervenciones del arquero Quirarte.

Para el segundo lapso, al minuto de juego, llegó el gol de la quiniela y los rojinegros se pusieron al frente tras la aparición de Padilla para vencer a Coco Rodríguez y poner el balón al fondo de las redes luego de pegar en el travesaño.

A los 66 minutos de tiempo reglamentario, Vera empató el marcador al quitarse la marca, primero de Moreno y después la del guardameta Quirarte para definir un muy bonito gol.

Faltaban pocos minutos para que acabara el encuentro y el portero atlista recetó tremendo puñetazo a Valdivia. El juez central, Abel Aguilar, no dudó en decretar el penal y expulsar a Quirarte. Chava Reyes fue el encargado de poner la pizarra en favor del Guadalajara y, de esa forma, conseguir los dos puntos ante nueve rojinegros, pues en la primera mitad Jáuregui también se había ido a bañar antes de tiempo por una artera entrada sobre Héctor Hernández.

25 DE ENERO DE 1984: PLANTAN A LA AFICIÓN

Todo estaba listo para que la afición rojiblanca de Los Ángeles, California, viera nuevamente a su equipo enfrentarse al Olimpia de Honduras.

El ambiente en aquella ciudad era de fiesta entre los miles de seguidores del Guadalajara que, a lo largo del tiempo, han ido emigrando en búsqueda de mejores condiciones de vida.

Cada vez que un equipo importante de México va a jugar a la Unión Americana, los paisanos hacen hasta lo imposible por conseguir un boleto que les garantice poder ver a sus ídolos.

Sin embargo, en esta ocasión fue diferente. El partido se suspendió debido a que los promotores encargados de organizarlo incumplieron los requisitos establecidos por parte de la Federación de Fútbol de Estados Unidos, dejando plantados a los más de 20 000 aficionados que, con mucho sacrificio, pagaron su boleto para ver a las Chivas. Lo cierto también es que el dinero de las entradas fue devuelto.

Pero la directiva del Guadalajara, encabezada por Carlos González Lozano, demandó a Sport Promotions por incumplimiento de contrato, ya que la Asociación de Fútbol de Los Ángeles debió recibir el pago de 15 000 dólares, por parte de dicha empresa, a la administración del Memorial Coliseum para que se pudiera llevar al cabo el encuentro.

26 DE ENERO DE 2003: AFICIONADO PIERDE OJO

La euforia provocada por la anotación de un equipo puede alcanzar los niveles pasionales más altos jamás vistos y tomar forma de algarabía, en muchos casos, quizás la mayoría, o de violencia y finales fatídicos como el que sucedió aquel mediodía en el Estadio Jalisco.

Guadalajara recibió a Jaguares de Chiapas dentro de la jornada 3 del Clausura 2003 y lo superó cómodamente dos goles contra cero con anotaciones de Jhonnie García y Omar Bravo

Todo era un estado de ánimo jubiloso, pues el defensor, con su testarazo, adelantó a los locales. La afición festejó, hasta que un estruendo enmudeció a los presentes.

Un petardo, que cimbró el graderío, detonó entre la multitud lacerando a la gente que estaba cerca de la explosión. Mucha gente perdió, por unos instantes, el sentido del oído.

El aficionado Sergio Pérez sufrió las peores consecuencias. La detonación sucedió muy cerca de su presencia, lo que le provocó la pérdida de un ojo.

El presidente Deportivo del Guadalajara, Ivar Sisniega, reprobó lo sucedido en el Jalisco. Las autoridades de gobierno y deportivas repartían culpas. Lo cierto es que las revisiones ese día en las puertas del estadio fueron poco efectivas.

27 DE ENERO DE 2012: PASTELAZO

En medio de un arranque de torneo paupérrimo, producto de tres derrotas en el mismo número de encuentros, el Guadalajara encontró un momento de relajación, para distraerse un poco de los problemas de resultados, previo al compromiso de la jornada 4 ante Pumas.

El flamante defensor campeón del Mundo sub-17 en 2005, Patricio Araujo, recibió de forma adelantada, por parte de un grupo de aficionados, un pastel como regalo y emotivo detalle por su cumpleaños número 24, que sería el 30 de enero.

Entre risas y bromas, además del tradicional grito de "mordida, mordida", el espigado futbolista accedió a atarazar la tarta, mientras que el capitán rojiblanco, Héctor Reynoso, tomó la batuta para darle el famoso pastelazo.

Los futbolistas accedieron a convivir con la gente que fue a animar la práctica, previo a su viaje a la capital del país, donde dos días después debutó como director técnico Ignacio Ambriz y Chivas empató 0-0 en CU.

28 DE ENERO DE 2006: FIESTA CENTENARIA

No se cumplen 100 años cada día. Ni cada mes.

El Guadalajara festejó a lo grande el 2006, año del primer centenario desde la fundación del equipo.

El primer partido del Clausura 2006 fue ante la escuadra de los Pumas de la Universidad Nacional Autónoma de México. Años atrás se había pronunciado más la rivalidad entre ambos conjuntos gracias a una serie de desplegados (véase 12 de octubre) y a la final del Clausura 2004.

El partido fue de alta tensión. Incluso, en las inmediaciones del coloso, integrantes de ambas porras protagonizaron varios conatos de agresiones que fueron bien disipados por los diferentes cuerpos policiales.

El escenario era el pletórico Estadio Jalisco, con gente hasta las lámparas para ver el choque entre rojiblancos y auriazules, quienes no derrotaban a Chivas en Guadalajara desde febrero de 1982.

Música orquestada por una banda de guerra y fuegos pirotécnicos amenizaron el entretiempo del encuentro.

Además, el Rebaño lució uno de los uniformes más bonitos que han usado y que fue parte del homenaje al primero que utilizó el equipo en 1906. Asimismo, las marcas de los patrocinadores acordaron usar sus logotipos antiguos para darle más vistosidad a la camiseta que presentaba las mangas tres cuartos.

El ambiente que se vivía en las tribunas duró cuarenta minutos, cuando Israel Castro adelantó a Pumas, luego el boliviano Joaquín Botero alargó la ventaja universitaria, apenas al minuto dos de la parte complementaria.

Cuando todo parecía terminar en amargura, Omar Bravo fue derribado dentro del área. El silbante, Francisco Chacón, decretó la pena máxima

y expulsó a Castro por doble amarilla. El encargado de acortar distancias fue Ramón Morales con su educadísima pierna izquierda.

A tres minutos del final y luego de un cierre de partido intenso y con mucha llegada del Guadalajara, el juvenil Edwin Borboa logró el tanto del empate para que la afición se fuera contenta del estadio y Pumas siguiera con su larga racha sin conseguir tres puntos en patio ajeno cuando visita a Chivas y marcar una tendencia de 'volteretas' en el año.

29 DE ENERO DE 2016: SE QUEDAN SIN PERMISO

El Guadalajara ha vivido situaciones complicadas a lo largo de su historia. Una de ellas fue, sin duda, la crisis de resultados que atravesó en la medianía de la segunda década del actual siglo.

Los resultados no se daban como la directiva esperaba. Los cuerpos técnicos iban y venían, y los jugadores contratados no respondían como se exigía.

Sin embargo, el técnico argentino, Matías Almeyda, logró encaminar al equipo a buenos resultados y con un fútbol vistoso y agradable. Esto generó el interés del entonces estratega de la selección de México, Juan Carlos Osorio, en algunos futbolistas rojiblancos.

El 10 de febrero, el Tri se mediría a un representativo de Senegal en la ciudad de Miami, Florida, en un partido amistoso y Juan Carlos Osorio solicitó la convocatoria de cuatro jugadores del Guadalajara: Carlos Salcedo, Raúl López, Orbelín Pineda y Carlos Peña.

La directiva tapatía, encabezada por José Luis Higuera, se reunió con Guillermo Cantú, representante de la Federación Mexicana de Fútbol, y negó el 'préstamo' de sus futbolistas.

Hubo disgusto dentro del plantel tapatío por esta decisión y se notó. El 30 de enero, un día después de la reunión entre Higuera y Cantú, Chivas perdió 2-0 ante Morelia en calidad de visitante para mantenerse en la zona baja de la tabla de cocientes, solamente por encima de Dorados y empatadas precisamente con Monarcas.

30 DE ENERO DE 2010: APLAUSOS PARA CHAVA Y CHÍCHARO

Una semana atrás, el mundo del fútbol mexicano y mundial se estremeció con la noticia sobre el ataque que sufrió el delantero del América, Salvador Cabañas.

El paraguayo recibió un impacto de bala en la cabeza, en un establecimiento al sur de la Ciudad de México, que lo obligó a terminar prematuramente su brillante carrera como futbolista profesional.

Y como la rivalidad solamente queda en la cancha, la directiva del Guadalajara organizó un homenaje al futbolista del archirrival equipo y, en el protocolo previo del encuentro contra Estudiantes Tecos, los futbolistas de Chivas portaron una manta con la leyenda "Rivales en la cancha, solidarios fuera de ella, Chava regresa pronto".

Posteriormente, tras culminar la entonación del himno nacional mexicano, la afición tapatía provocó un estruendoso aplaudo durante el siguiente minuto en señal de apoyo al Mariscal. Además, cada jugador portó una cinta que decía "Ánimo Chava".

El partido en sí tuvo grandísimas emociones. Los emplumados ganaban 2-0 a falta de doce minutos gracias a los goles de Rodrigo Ruiz y Fredy Bareiro.

En la parte final del juego, apareció la figura de Javier Hernández: primero para asistir a Alberto Medina y luego para marcar su tercer doblete en aquel torneo. El Chicharito anotó al minuto 80 y 85; llevaba seis goles en tres partidos, era el jugador más carismático y mediático del fútbol mexicano.

31 DE ENERO DE 1960: CHIVAS REMONTA AL FLU

Mientras en la Perla de Occidente se inauguraba el Estadio Jalisco con fiesta, homenajes, música y el partido entre Atlas y San Lorenzo, en la capital del país, el Guadalajara se enfrentaba al campeón de Río de Janeiro, el siempre imponente Fluminense, en el pentagonal de fútbol celebrado en ambas ciudades.

Al minuto 28 de las acciones, el defensa José Villegas sufrió una fuerte contusión al chocar con el guardameta Jaime Tubo Gómez, que lo obligó a salir del terreno de juego por las molestias físicas que el encontronazo le propinó.

Además, justo en esa fortuita jugada, el equipo brasileño había marcado el segundo gol para su cuenta, obra, nuevamente de Waldo, que minutos más tarde consiguió su hat-trick.

Por Chivas, Chava Reyes había empatado momentáneamente. Para el segundo tiempo y con el marcador 3-1 en contra, el Guadalajara salió con bríos nuevos gracias a la fuerte charla que Árpád Fekete sostuvo a sus jugadores. Otros dos goles de Reyes y uno más de Arellano fueron suficientes para que los rojiblancos remontaran a uno de los grandes de Sudamérica.

Tras la voltereta, hubo efusivos festejos encabezados, precisamente, por Fekete.

FEBRERO

1 DE FEBRERO DE 1931: CABALLO QUE ALCANZA NO SIEMPRE GANA

Uno de los encuentros más emotivos en la historia entre el Guadalajara y el Oro sucedió en la casa de los rojiblancos.

El silbante, Santos Ayala, echó a andar su cronómetro en punto de las 14:35 horas, lo que significó el arranque del partido y de la fiesta entre los espectadores presentes en el campo deportivo Guadalajara.

Las formaciones entre ambos conjuntos fueron idénticas: 1-2-3-5, con el arquero en el fondo, dos defensores nominales, tres futbolistas en medio campo y cinco delanteros que tenían libertad de moverse en la zona del ataque.

Es por eso que, en los tiempos más remotos del fútbol en nuestro país y en otras partes del orbe, los marcadores eran abultados. Mucha gente en zona ofensiva y poca en la parte baja del cuadro.

El primer tiempo se dibujó de dos colores: el rojo y el blanco, y es que el Guadalajara se fue con todo en búsqueda de la portería enemiga, procurando ofender, hacer valer y respetar su cancha.

La seguidilla de goles fue bien fabricada, sobre todo el primero y el tercero de los locales, ambos anotados por Herrera luego de interesantes jugadas colectivas, primero con López y después con su hermano. El segundo tanto fue conseguido por Juan Navarro desde el manchón de penal.

Sin embargo, los áureos redoblaron esfuerzos para remontar el adverso marcador y, antes de que terminara la primera mitad, consiguieron el tanto del descuento.

Para la segunda parte, la ofensiva dorada tuvo puntería chata hasta que encontraron el segundo gol tras una jugada bien trabajada. Y cuando pa-

recía que no les iba a alcanzar, a minutos del final del juego, el Oro consiguió el ansiado empate.

El fútbol de antes era así: justo. Anotaciones por todos lados, volteretas, goleadas. También así se forjaron las rivalidades de antaño, sobre todo de esa ciudad en la Perla de Occidente.

02 DE FEBRERO DE 2006: HIPNOSIS ROJIBLANCA

Previo a la edición dieciocho del Campeonato Mundial de Fútbol de la FIFA, Alemania 2006, el estratega de la selección de México, Ricardo La Volpe, buscó innovar en cualquier sector para que el desarrollo del equipo tricolor fuera el óptimo y, desde luego, esa labor empezó meses antes de la máxima justa.

Una de las novedades en el proyecto que buscó el argentino era la de poder mantener comunicación con el reconocido hipnotizador terapéutico José Manuel Rodríguez. Los futbolistas que siguieron las órdenes del Bigotón La Volpe fueron el atacante Alberto Medina, el mediocampista Ramón Morales y el guardameta Oswaldo Sánchez, quien aseguró que mientras fuera para mejorar, cualquier cosa es bienvenida.

Al final, de estos tres jugadores, Sánchez y Morales asistieron al Mundial, mientras que el Venado Medina quedó fuera de la lista de 23 futbolistas que participaron en el certamen.

3 DE FEBRERO DE 1960: VÍCTIMAS DEL ARTE

La afición del Guadalajara y la ciudad en sí, por fin tenían un escenario adecuado para el nivel de fútbol de la Perla de Occidente. Días antes, se inauguró el Estadio Jalisco con el partido entre los rojinegros del Atlas y el San Lorenzo de Almagro con triunfo para los argentinos 2-1.

Tocó turno para el otrora equipo tapatío, las Chivas Rayadas, que se midieron ante el poderoso Sao Paulo de Brasil.

De principio a fin, los sudamericanos dieron pinceladas de su buen fútbol, artístico para muchos, por la forma en que tocaban el balón. Se movían dentro de la cancha con una velocidad y malas intenciones para los oponentes que era prácticamente imposible robarles la esférica.

La defensa paulista se comportó a la altura. No dejaban que los atacantes Reyes, Hernández, Ponce y Arellano pudieran siquiera provocar el menor daño. Los delanteros que en México jugaban por nota y metían goles a racimos, no generaban ni la más mínima molestia a Ademar, de Sordi y Sergio; férrea muralla con exquisita colocación.

El marcador terminó con una escandalosa goleada para los brasileños de 6-0, y cuando el árbitro central, Rafael Valenzuela, pitó el final del partido, los futbolistas rojiblancos tuvieron que reconocer el nivel muy superior de los futbolistas paulistanos.

4 DE FEBRERO DE 1998: PRIMER ROCE SUDAMERICANO

El Guadalajara de Ricardo Ferretti era un equipo vistoso, alegre, que jugaba y dejaba jugar, además de tratar con mucho aprecio a la pelota. En el torneo Verano del 97 consiguieron su décima estrella y, con ello, ganaron el derecho de participar por un lugar en la Copa Libertadores de América de 1998.

Después de tantos años de pláticas y negociaciones, los equipos mexicanos finalmente pudieron competir en el torneo más importante del continente. Y desde el principio las condiciones fueron adversas.

Para la fase de pre-Libertadores, Chivas no contó con sus seleccionados nacionales: Claudio Suárez y Ramón Ramírez; piezas fundamentales en defensa y mediocampo, respectivamente, quienes al mismo tiempo disputaban la Copa Oro en Estados Unidos.

No obstante, el Rebaño jugó en calidad de visitante sus dos compromisos de ida ante el Atlético Zulia y el Caracas de Venezuela, ambos compromisos con 48 horas de diferencia. Se empezaba a pagar el "impuesto" de participar en dicha justa.

El Guadalajara llegó como último lugar general en el torneo local con solamente dos puntos en seis partidos disputados. Sin embargo, el orgullo del equipo más popular de México salió a flote y lograron imponerse 3-2 al A. Zulia con un gol sobre la hora, producto de un zurdazo de Camilo Romero tras ejecutar un tiro libre directo y con un jugador menos, debido a la expulsión de Jesús Arellano. Dicho sea de paso, el Cabrito fue, quizás, el mejor jugador del encuentro al asistir en dos ocasiones a Gustavo Nápoles y desplegar un ida y vuelta con gran carácter.

Para el siguiente duelo, Caracas y Chivas empataron a un tanto. En los juegos de vuelta, el Rebaño repitió resultado y se impuso 4-1 a ambos equipos para calificar a la fase de grupos, donde se midió ante Gremio, Vasco da Gama y su archirrival América.

Los equipos brasileños superaron a los mexicanos e incluso el Almirante se coronó como campeón de aquella edición.

5 DE FEBRERO DE 1948: COSTOSA DERROTA

En tiempos remotos era normal ver torneos de fútbol con equipos extranjeros, con el fin de que el público local pudiera ver otro tipo de espectáculo. Era habitual que las oncenas invitadas fueran de Sudamérica, principalmente brasileños y argentinos.

En su gira por nuestro país, el Independiente de Avellaneda enfrentó al Guadalajara en el Estadio Olímpico de la Ciudad de los Deportes ante una abarrotada tribuna que quería ver a los tapatíos medir fuerzas ante el Rojo, haciendo sonar numerosas porras en favor de los mexicanos.

El partido en sí fue un baile en favor de los argentinos, que en todo momento mostraron superioridad y, con base en un buen fútbol y jugadas vistosas, derrotaron sin contratiempos a unos alocados rojiblancos.

Más allá del paseo que recibieron, la mala nota fue la lesión de Max Prieto y la de Jesús Ponce; el primero salió de cambio en el primer tiempo, siendo sustituido por Ponce, quien en el segundo lapso sufrió una fractura en la pierna.

Dos días después, el Chuco fue intervenido quirúrgicamente con éxito por el doctor Matute a pedido expreso de la Liga Mayor de Fútbol. El médico colocó una serie de tornillos en la extremidad dañada con el fin de encontrar pronta rehabilitación.

Al hospital lo acompañaron miembros de la directiva y compañeros de vestidor, quienes nunca lo dejaron solo.

6 DE FEBRERO DE 1955: MEJOR NO VAYAS

En la ida de los octavos de final de la Copa México de ese año Chivas se enfrentó al Marte, en el estadio Felipe Martínez Sandoval, donde los rojiblancos se impusieron sin problemas por el marcador de 4-0.

En la segunda mitad el encuentro, un desafortunado choque entre Hugo Frank y el joven Guillermo Sepúlveda terminó en fractura del peroné para el futbolista visitante.

Cuando el árbitro central, Mr. Crawford, quien, por cierto, determinó que la acción del Tigre fue accidental, pitó el final del partido, le hicieron la recomendación al defensor tapatío de que no realizara el viaje a Cuernavaca para el juego de vuelta con el fin de que no hubiera represalias en su contra.

A las pocas horas, la directiva del conjunto marciano pidió el apoyo, primero a la diligencia del Guadalajara y después a la Federación Mexicana de Fútbol Asociación, para que el segundo partido se disputara nuevamente en la perla tapatía porque no podían costear los gastos del equipo visitante, debido a que la afición estaba desencantada con ellos por los pobres resultados.

La Federación aceptó y el juego de vuelta se jugó nuevamente en el Parque Oblatos, pero en esta ocasión con el Marte como equipo local. Guillermo Sepúlveda disputó el encuentro sin ningún problema y el resultado fue casi igual al de la ida con victoria para el Guadalajara 4-1, dejando la pizarra global 8-1.

7 DE FEBRERO DE 1993: MALA PUNTERÍA

Los delanteros son jugadores de rachas. Como pueden anotar tantas veces sea posible, como pueden fallar a todas las oportunidades que se les presentan. Así es la vida de un atacante, natural. Un día es quien mete el gol de un título y al poco tiempo es el principal culpable, porque el equipo no suma unidades.

Así le pasó a Mario Arteaga en el encuentro ante Tigres correspondiente a la jornada 27 de la temporada 1992-1993, donde el joven tapatío tuvo al menos cuatro ocasiones claras de gol y, por una y otra situación, no pudo anotar.

Primero, en la jugada del gol de Silva, pudo haberlo hecho el propio Arteaga, quien estuvo mal parado y remató de forma incómoda y, aunque ayudó para abrir el marcador, sumó su primera pifia.

La segunda que tuvo, fue un remate con la cabeza que detuvo sin mayores contratiempos el guardameta felino, Ignacio Rodríguez.

Para la parte complementaria, la afición se percató del mal momento por el que atravesaba el Califas al perder cualquier cantidad de balones.

La incorporación del zurdo Manolo Martínez ayudó a la generación de jugadas de peligro en aquella banda y en un servicio que mandó, nuevamente Arteaga remató de mala manera y seguía dejando pasar oportunidades.

La cuarta y última jugada clara fue un remate de cabeza que sí llevaba dirección de gol y que había superado al portero de Tigres, pero el balón fue rechazado sobre la línea por parte del zaguero Constantino López.

Por obvias razones, la afición que se dio cita en el Estadio Jalisco abucheó al Califas y exigió su salida de la cancha, pero el estratega Jesús Bracamontes hizo oídos sordos ante la petición del público y le dio la oportunidad de terminar el partido.

8 DE FEBRERO DE 1976: CON LA MIRA FINA

El Estadio Jalisco fue testigo esa tarde de una las situaciones menos probables en un partido de fútbol en cualquier parte del mundo: que un defensa anote tres goles en 90 minutos.

El Guadalajara recibió al mediodía al Atlante en el compromiso correspondiente a la jornada 15 de la campaña 1975-1976.

Los Potros de Hierro se veían sofocados por el calor jalisciense de las 12 horas y desde el comienzo del encuentro fueron ampliamente superados por los rojiblancos.

La feria de goles inicio a los 16 minutos de acción y la fiesta particular de Guillermo Torres empezó luego de ejecutar a la perfección un libre

directo que dejó sin oportunidad al cancerbero atlantista, Franco, que, a pesar del lance, nada pudo hacer.

El Pititos siguió en búsqueda de aumentar la ventaja y la consiguió luego de anotar el penal que el silbante, Rubén Solís Celada, decretara por una infracción dentro del área de parte de Zárate a Cirilo.

El veloz lateral encontró su tercera anotación luego de ganar por los aires un balón y conectarlo con la cabeza para vencer a Franco, tras la asistencia de Chavarría, quien lanzó a segundo poste su ejecución de falta.

El monumental Estadio Jalisco era un hervidero, las palmas y porras se escuchaban en favor del Pititos, quien salió ese día con la portería tatuada en la mirada y anotó los primeros tres goles de una escandalosa goleada de 5-0 de los tapatíos a los azulgranas.

Pedro Damián y José Luis el Güero Real se encargaron de hacer aún mayor la ventaja.

9 DE FEBRERO DE 2019: REVANCHA FALLIDA

Cuando el Guadalajara visita cualquier plaza, es garantía de que los boletos en taquillas se agotan a las pocas horas de ponerse a la venta. La fiesta es segura. No importa el momento por el que atraviese el equipo.

Aguascalientes, casa de Necaxa y a poco más de 200 kilómetros de carretera, es una sede muy futbolera donde hay mucha afición del Rebaño.

A pesar de que la mayoría de las veces hay más gente tapatía en las gradas, en esta ocasión también había una gran cantidad de seguidores de Rayos que añoraban vencer al Guadalajara. Y la ocasión estuvo en manos de un viejo conocido del Rebaño.

Necaxa ganaba el encuentro 2-1 y el silbante, César Arturo Ramos Palazuelos, decretó la pena máxima en favor de los locales. Corría el minuto 73 y Ángel Sepúlveda decidió ejecutar la infracción.

Un año atrás, el Cuate defendió la camiseta del Rebaño. Llegó como refuerzo y su paso fue efímero con solamente una anotación en Copa y su estancia en el equipo fue corta. Salió por la puerta de atrás. Y quiso tomar venganza con tintes de humillación.

Sonó el silbato y la distancia entre él y el balón era tan corta que, en cuestión de un cortísimo lapso, se imaginó los malos ratos vividos en Guadalajara. Dejó de ver el balón. Observó la ubicación del guardameta Raúl Gudiño, quien jamás se venció.

Sepúlveda pateó con tanta displicencia que terminó por sonreír ante una de las pifias más terribles a la hora de ejecutar un tiro penal. El disparo salió sin fuerza al centro y con un movimiento previo al golpeo poco ortodoxo. Era el gol que sentenciaba el partido. La afición enfurecida por un lado y por el otro la esperanza de que Chivas pudiera responder. Y sucedió. El Guadalajara se fue al frente 3-2 casi al final del partido.

En la última jugada, Rayos empató con un certero cabezazo de Carlos Guzmán. Fue un encuentro vibrante, donde Sepúlveda se convirtió en el villano favorito de la afición necaxista, al menos por esa noche.

10 DE FEBRERO DE 1935: ÁRBITRO AFICIONADO

Antes de la profesionalización del fútbol mexicano hubo infinidad de situaciones que hoy parecen chuscas a nuestros ojos, incluso, en la actualidad se presentan algunos escenarios con esa característica.

Sin embargo, en uno de los clásicos tapatíos entre el Guadalajara y el Atlas sucedió que el árbitro central para el compromiso disputado en el Campo Deportivo Oro era un fiel y confeso aficionado al equipo áureo, y de nombre Antonio Carrasco.

Más allá de su preferencia por el equipo, lo cierto es que su trabajo, aquella tarde, fue por demás malo, en favor de los rojinegros y en contra de los rojiblancos.

Primero, no sancionó un claro penal producto de una flagrante infracción del defensa atlista Navarro sobre el atacante Herrera ante la mirada atónita del respetable, quien sabía que, sin duda, esa acción debió marcarse.

Después, pitó una supuesta falta de Prieto dentro del área para determinar la pena máxima en favor del Atlas. Castellanos tuvo la oportunidad de anotar, pero mandó el balón por encima de la cabaña del portero Quirarte.

El partido, por demás, fue gris y el triunfo fue para el Guadalajara por la mínima diferencia, gracias al solitario gol de Roberto Herrera.

11 DE FEBRERO DE 1960: PRIMER GRITO MONUMENTAL

El monumental Estadio Jalisco fue inaugurado días antes, el 31 de enero, en el partido entre Atlas y San Lorenzo, donde el primer gol lo marcó Norberto Boggio en la victoria de los argentinos 2-0.

El Rebaño disputó su primer partido en el inmueble ante Sao Paulo (véase 03 de febrero) y fue ocho días después cuando consiguieron perforar las redes por primera vez y se impusieron al Oro con marcador de 2-0.

Al minuto nueve de que el silbante, Leobardo Torres, iniciara el partido, explotó el Jalisco para celebrar la primera anotación del Guadalajara en su nueva casa.

Isidoro Díaz fue el encargado de estrenar la pizarra electrónica cuando se encontró un rechace del portero Mota, quien dejó el balón muerto al soltar el servicio que previamente había mandado Sabás Ponce. El Cho-

lolo controló la esférica dentro del área para después eludir al zaguero Colmenero y cruzar su disparo.

El júbilo se hizo presente en el nuevo graderío.

El segundo del partido fue obra de Chava Reyes, quien culminó una gran jugada colectiva entre Ponce y Hernández y logró definir por encima del arquero suplente, Quevedo.

De esa forma empezó la cuenta de goles en un escenario histórico para el Deportivo Guadalajara.

12 DE FEBRERO DE 1961: REYES HIZO LO QUE NO PUDO PELÉ

El Necaxa era un equipo espectacular. Con jugadores bien definidos en todas sus líneas y una escuadra que sabía a lo que jugaba. Dante Juárez era un delantero letal que comandaba el ataque y lo hacía de gran manera bajo la dirección técnica del entrenador Donaldo Ross.

El 2 de febrero, los electricistas derrotaron 4-3 al poderoso campeón de Sao Paulo, el Santos de Brasil, liderados por José Batista Fioti, que en sus filas ya figuraba el joven Edson Arantes do Nascimento Pelé, campeón del mundo unos años antes en Suecia 1958 y que se perfilaba como la gran figura del fútbol internacional.

Ante una multitud de 90 000 espectadores que se dieron cita en el Estadio Olímpico Universitario de la capital del país, Necaxa dio muestra de su gran clase, nulificando por completo a Pelé, que incluso salió de cambio para el segundo tiempo por lesión.

El astro brasileño poco pudo hacer ante Larrasolo, Dellacha y Romero, que dieron cátedra en defensa.

Diez días después, tocaba turno del Guadalajara de enfrentar a los electricistas. Se visualizaba en la previa, un encuentro de mucha intensidad, aunque no fue así.

Chivas, bajo el mando del ingeniero De la Torre, fue un equipo avasallador y acabó por imponerse 4-0 a los locales.

Las ovaciones se las llevó sin duda el ídolo tapatío Salvador Reyes, que en tres ocasiones perforó la meta necaxista; dos goles se los recetó a Morelos, mientras que el último tuvo como víctima a Sierra, que había entrado de cambio.

Crescencio Gutiérrez hizo el otro gol en una tarde donde se bailó al son del jarabe tapatío, con la batuta tomada por el consentido Chava Reyes, que hizo del partido su fiesta personal, situación que Pelé no pudo hacer unos días antes.

13 DE FEBRERO DE 1958: DEJARON LA PIEL Y EL ALMA

A finales de la década de los cincuenta y principios de los sesenta, el Guadalajara era el mejor equipo de México y de todo el hemisferio norte del continente. Un equipo aguerrido que, con el mote de Campeonísimo, conquistó cientos de miles de aficionados a lo largo y ancho del país.

Aquella tarde de febrero, el rival de turno era el entonces campeón de Argentina, el poderoso River Plate, con imponentes figuras como Zárate, Deburgoing, Menéndez, entre otros. Era una escuadra bien dirigida, bajo las órdenes del estratega Minella.

El partido fue intenso y quizás a los sudamericanos les afectó la altura del Distrito Federal, pero lo que es una realidad es que el Guadalajara salió en búsqueda de la portería rival desde el silbatazo inicial y, a los tres minutos de haber arrancado el encuentro, Mellone Gutiérrez hizo el gol de la quiniela al superar al portero Carrizo.

Tras la anotación todo fue entrega y pundonor del chiverío, que buscó con uñas y dientes ampliar la ventaja, y la estadística final fue que dispararon en más de treinta veces a la puerta argentina, sin tener mayor éxito.

Literal, dejaron la piel en la cancha los tapatíos. Portugal abandonó el terreno de juego debido a una herida en la cabeza que le impidió continuar, además de los atacantes Arellano y Hernández que también salieron de cambio al no poder seguir en el campo, producto de fuertes encontronazos con los rioplatenses.

Cuando el silbante, Ramiro García, decretó el final del partido, decenas de aficionados invadieron la cancha del estadio para sacar en hombros a sus ídolos, cantando y entonando porras y gritos de "Viva México", "Viva el Guadalajara".

Esa tarde, en la Ciudad Universitaria, el mundo futbolístico fue testigo de que un grupo de mexicanos vencieron a los campeones argentinos.

14 DE FEBRERO DE 1981: FATAL FINAL

La muerte rondó al Guadalajara y se llevó a uno de sus hijos predilectos. El autobús en el que viajaba la plantilla del Rebaño fue embestido por un tráiler, provocando la partida de José Martínez González, único miembro del equipo que perdió la vida.

Chivas viajaba por carretera a la ciudad de Puebla, para enfrentar a la Franja, cuando el fatídico accidente ocurrió, arrebatándonos a Pepe Martínez de este plano, además de provocar lesiones en otros jugadores, como Fernando Quirarte, José Gutiérrez, Rubén Cárdenas, Javier Cárdenas, Hugo Díaz, Samuel Rivas y Gabriel López Zapiain.

El fútbol mexicano estaba de luto y el compromiso ante los poblanos se postergó.

Al día siguiente, se llevó a cabo el velorio, donde cientos de personas se presentaron en la funeraria para dar el último adiós a uno de sus ídolos. Sus compañeros, deshechos por lo sucedido, cargaron el ataúd mientras se limpiaban las lágrimas. La tristeza inundó los corazones de todos.

En el panteón se ofreció la última misa de cuerpo presente y el llanto se apropió de los sentimientos de los presentes.

Como homenaje a su recuerdo, entrega y amor por Chivas, la directiva pactó un partido amistoso contra la selección mexicana, donde las ganancias por el encuentro fueron otorgadas a la familia de Martínez (véase 17 de marzo). Asimismo, se cumplió con el contrato entre el club y el jugador en beneficio de los deudos.

Tiempo más tarde, la directiva del Guadalajara decidió retirar para siempre el número 22 de los dorsales.

---

15 DE FEBRERO DE 1987: EL DÍA QUE EL PÚBLICO PIDIÓ A GALINDO

Fue un día redondo para el zacatecano Benjamín Galindo, que tuvo una actuación memorable aquella tarde cuando el Guadalajara se impuso 3-0 a Necaxa con tres anotaciones del Maestro, que sirvió para llevarse todos los aplausos de los cerca de 60 000 aficionados que presenciaron el partido en el Estadio Jalisco.

El resultado en sí fue corto para todas las jugadas que generó el chiverío, sin embargo, la actuación de Galindo fue para enmarcar. Primero, anotó de tiro libre un gran gol con la pierna izquierda, siendo él diestro. Después, aumentó la ventaja con un zapatazo con la zurda que fue inalcanzable para Nicolás Navarro.

Para el segundo tiempo, con el júbilo en las tribunas por el buen actuar del equipo, el silbante, Joaquín Urrea, sancionó penal en favor del Guadalajara.

El encargado de ejecutar la pena máxima era el defensor Fernando Quirarte. El Sheriff ejecutó a media altura y el guardameta necaxista atajó; sin embargo, el nazareno repitió el lanzamiento y amonestó a Quirarte por lanzarlo antes de tiempo.

La tribuna jugó su papel. Exigió que no lo repitiera el zaguero y al unísono coreó "Galindo, Galindo", por lo que la indicación desde la banca en voz del director técnico, Alberto Guerra, fue que Benjamín tirara el penal. Y lo anotó. Y la afición desbordada en gritos y porras se fue satisfecha de sentirse escuchada.

El Maestro anotó su triplete, en un día que el público se sintió con el poder y el derecho de decidir.

16 DE FEBRERO DE 2014: ABUCHEOS POR APLAUSOS

En una de las épocas más duras en la historia del Guadalajara, donde estaban inmersos en la zona baja de la tabla de cocientes, producto de varios torneos con resultados pobres, la afición era muy exigente, pues el equipo no jugaba nada, se perdían o empataban partidos y los jugadores dejaban de aportar y de representar con dignidad la camiseta rojiblanca.

Chivas recibió a Querétaro dentro de la jornada 7 del Clausura 2014. El estadio, como cada partido, lucía entradas pobres y, aunque en aquel torneo el Rebaño tuvo un arranque decente, solamente se ocupó la mitad del graderío.

El primer tiempo fue un bostezo. Sin llegadas, sin ambición, sin idea y sin fútbol. Al descanso 0-0 y, a pesar de que había medio aforo, retumbó un tremendo abucheo para los jugadores que en la charla del medio tiempo espabilaron y salieron con todo para la parte complementaria.

José Luis Real realizó modificaciones técnicas y tácticas, y el equipo empezó a jugar mejor. La afición se divirtió y, a pesar de que no se generó gran número de llegadas, las pocas que se lograron, se concretaron gracias a un Omar Bravo inspirado y que le caló la silbatina del entretiempo.

Chivas se fue al frente en el marcador. Gallos los alcanzó con un zurdazo imparable de Osuna y a nueve minutos del final, Bravo Tordecillas decretó el triunfo tapatío.

Al término del encuentro, la afición pagó con un sonoro aplauso que había conseguido dos triunfos en fila en mucho tiempo y despidieron a los jugadores con reconocimiento por su entrega. El equipo empezaba a caminar y carburar, y la afición lo reconoció y se entregó por completo a la causa rojiblanca.

17 DE FEBRERO DE 2001: ENTRE CHISTES Y CINTAS

Infumable partido brindaron esa tarde Tigres y Chivas en el Estadio Universitario. Ricardo Ferretti y el técnico interino, Jorge Dávalos, reconocieron que les faltó mucha más intensidad a sus jugadores para conseguir los tres puntos.

El partido careció de jugadas de peligro y solamente hubo una por parte de Chivas cuando Ramón Morales estrelló su tiro libre en el poste. De ahí en fuera, nada de oportunidades, lo que provocó aburrimiento en el respetable.

Lo más emocionante del encuentro fue cuando el sonido local del Volcán, como se le conoce popularmente a la casa de los felinos, se dedicó a hacer reír a los cerca de 37 000 espectadores.

La voz del inmueble empezó a decir una seguidilla de chascarrillos a los presentes, que prefirieron escuchar atentamente al altoparlante que ver lo que sucedía en la cancha, que realmente fue para el olvido.

Por cierto, aquella noche, lo poco rescatable del Guadalajara fue el debut de Omar Bravo, quien al tiempo se convirtió en el máximo goleador en la historia del equipo.

Bravo estaba registrado con el Tapatío, semillero de Chivas. En ese equipo portaba el número 29 en el dorsal y su registro de primera división tenía el 64. El cuarto árbitro no permitió el ingreso del debutante, por lo que el Vikingo, quien fungía como estratega rojiblanco, manipuló la camiseta con cinta adhesiva para solucionar el problema.

---

18 DE FEBRERO DE 1996: LA JUGADA DE RAMÓN

En la edición del Clásico 150, disputado en el Estadio Azteca, el Guadalajara vino de atrás para remontar una desventaja de 2-0 para conseguir el triunfo 3-2.

Dos errores defensivos pusieron al frente al América. Primero, Alberto Coyote resbaló cuando buscó hacer una cobertura, lo que aprovechó Lozano para definir por arriba del portero Zúñiga. Minutos después, Felipe Robles regaló el balón a Biyik, quien con un cambio de ritmo feroz dejó atrás a Vidrio y definió cruzado ante la salida del Pulpo.

La situación era complicada para Chivas. El Rebaño tenía a cuestas una racha de más de 15 años sin vencer al odiado rival como visitante y, además, dos goles en contra, pero con carácter y determinación buscaron la remontada.

En los últimos minutos del primer tiempo, Campeoncito Hernández ganó por las alturas el balón que mandó Beto Coyote al área para acortar distancias.

Para el segundo tiempo, el técnico holandés, Leo Beenhakker, realizó modificaciones que dieron frutos como el ingreso de Gustavo Nápoles, quien marcó el tanto de la igualada.

No era todo, lo mejor llegó al final. A los 71 minutos de acción, Lozano regaló un balón en medio campo a Ramón Ramírez, quien, sin pensarlo, encaró a Marco Rossi y le ganó por velocidad, entró al área y volvió a recortar al italiano para quedar mano a mano con el arquero Adrián Chávez, quien rechazó el remate que finalmente empujó Ignacio Vázquez para sentenciar la hazaña.

El jugador nayarita era de los consentidos de la afición y un auténtico ídolo de la siguiente generación por su entrega, su picardía y la forma de encarar los partidos, y ese día, Ramón logró quedar grabado en la historia de la nación chiva por aquella jugada que será recordada por muchos años.

Tras el resultado, el estratega Beenhakker mencionó: "Ojalá y algún día se escriba un libro de las Chivas, entonces estaré en su historia al ser el primer entrenador europeo en ganarle al América". Cabe destacar que Don Leo llegó al fútbol mexicano para dirigir a las Águilas.

Tras el triunfo, la directiva del Guadalajara otorgó, como premio, una prima de 14 000 pesos a cada jugador.

19 DE FEBRERO DE 2015: SE FUE EL ÚLTIMO "AMATEUR"

Ante una multitud que desbordó las tribunas del Monumental, una leyenda auténtica del Guadalajara dejó de existir este día. Rafael Orozco, último sobreviviente del primer equipo profesional del Rebaño, murió a la edad de 92 años en la perla tapatía.

Fue un personaje muy popular y querido por lo que vivió en el equipo, por sus frases dicharacheras y su amor al Guadalajara. Defendió más de 10 años al equipo, donde fue parte importante en la defensa de aquel denominado Ya Merito, pues siempre se quedaban a pocos puntos de conquistar el título de liga.

Cuenta la historia, que cuando se le propuso renovar su contrato, él dijo que quería ganar igual que el mejor pagado y que la directiva fuera a negociar con el que más ganaba para que se le igualara su sueldo.

El Rafles provocó el penal con el que Atlas conquistó su más reciente título en 1951 y, años más tarde, el exdefensa mencionó que no era penal y que el balón le pegó en el hombro, por lo que aseguró que los rojinegros le debían aquel trofeo.

El último sobreviviente pasó de este mundo a reunirse con aquellos que forjaron los cimientos del Campeonísimo y la historia del equipo más querido y popular del fútbol mexicano.

20 DE FEBRERO DE 1944: HASTA INTERVINO LA POLICÍA

El Parque Asturias, de la Ciudad de México, fue testigo de la primera gran campal entre América y Chivas aquella tarde de 1944.

En el ecuador del primer tiempo, Térile Reyes Sánchez recetó una fuerte falta a Scarone, quien contestó la agresión y los ánimos se prendieron. Golpes de un lado y del otro. Pelón Gutiérrez propinó un fuerte golpe a

la cara del sudamericano que le provocó hemorragia nasal. La pelea ya estaba descontrolada para entonces.

El argentino Caffaratti también recetó al Pelón e igualmente sangró de la nariz. Lozano de Chivas y Orvañanos del América también escenificaron un 'mano a mano' ante la mirada atónita de los presentes.

El silbante de la Osa poco pudo hacer para separar a los dos bandos, por lo que las autoridades policiales entraron a disolver la gresca. El partido siguió con cuatro hombres menos; Wintilo y Gutiérrez, por los rojiblancos, y Caffaratti y Orvañanos, por los Cremas, se fueron a bañar antes de terminar el primer tiempo.

El resultado final fue un abultado 7-2 en favor de los capitalinos y, sin lugar a duda, este partido ya comenzaba a tener tintes de rivalidad histórica y fue así como se empezó a gestar lo que hoy es el clásico más importante en México.

21 DE FEBRERO DE 1996: PRIMER CLÁSICO FUERA

La vuelta de la semifinal del torneo de copa se debía jugar fuera de Guadalajara. La directiva de Chivas, equipo local administrativamente, quiso llevar el encuentro a la ciudad de San Diego, California, pero no fue posible, por lo que se buscó una sede alterna.

El escenario fue el histórico Estadio Azteca, donde días antes el Guadalajara había logrado una importante victoria sobre el América (véase 18 de febrero).

Fue la primera vez que se disputó el clásico tapatío fuera de Jalisco en torneo oficial y la realidad es que la entrada de aficionados no fue la esperada, pues solamente se dieron cita en el Coloso de Santa Úrsula, alrededor de 30 000 personas, en su mayoría seguidores del equipo rojiblanco.

En la ida, los rojinegros, dirigidos por Marcelo Bielsa, lograron una contundente victoria de 4-2 sobre los pupilos de Leo Beenhakker con un gran juego ofensivo que dejó herido al Rebaño.

Para el juego definitivo, el Guadalajara se impuso 1-0 gracias a un gran gol conseguido por el mediocampista Alberto Coyote, que con gran disparo superó al portero atlista Oswaldo Sánchez. La pizarra no se movió más y, a pesar del triunfo de Chivas, los Zorros se metieron a la final del torneo donde cayeron con marcador global de 2-1 ante los Tigres de la UANL.

No sería la primera vez que el Guadalajara jugara de local un partido oficial en casa del archirrival (véase 27 de julio).

22 DE FEBRERO DE 1986: HOLA Y ADIÓS

El Guadalajara se encontraba en la antesala de la final del torneo México 86 (nombre que se le dio al certamen por el Campeonato Mundial de Fútbol que se disputó meses después en el país) y visitó en la vuelta de las semifinales al poderoso Monterrey.

El partido de ida fue para los regios, que se impusieron por la mínima diferencia gracias a la anotación conseguida por Mario Souza, mejor conocido como Bahía, uno de los mejores futbolistas de la escuadra norteña.

Para el encuentro definitivo, disputado en el Tecnológico y con todo en contra, Chivas se presentó buscando el pase a la final del segundo torneo corto disputado previo al Mundial.

El escenario, repleto de afición regiomontana, incluso presentó sobrecupo en las tribunas. Fue un encuentro ríspido y muy bien disputado, y donde al final la balanza se inclinó en favor de los locales, que repitieron la dosis del primer partido y se impusieron 1-0 con gol del Jalapa Ortega al minuto 61.

José Manuel de la Torre tuvo quizás el partido más complicado de su carrera. Ingresó de cambio al minuto 71, cuando el Guadalajara buscó con ahínco remontar la eliminatoria; sin embargo, y para mala fortuna del Chepo, fue expulsado solamente a los dos minutos de haber saltado al campo, debido a una fuerte entrada sobre Campa y el silbante, Enrique Mendoza Guillén, no dudó en mandarlo a las regaderas antes de tiempo.

Lo anterior no significa que el joven atacante de 20 años fuera el culpable de la eliminatoria, pero tiró por la borda la intención ofensiva que mandó el estratega Alberto Guerra cuando aún quedaban varios minutos por delante.

Rayados avanzó a la final y terminó coronándose por marcador global de 3-2 sobre la Jaiba Brava del Tampico Madero.

23 DE FEBRERO DE 2012: REBAÑO TOTAL

Un bombazo mediático fue, sin duda, la contratación del holandés Johan Cruyff para que se convirtiera en asesor deportivo del Guadalajara. No llegaba para ser directivo, ni mucho menos entrenador, sino para cambiar el modelo de trabajo, sobre todo en fuerzas básicas en la institución.

El marco de la presentación fue el Estadio Omnilife con la presencia de algunos aficionados que se dieron cita para darle una cálida bienvenida a Cruyff.

Realizó labores importantes como el desarrollo juvenil en el sentido humano y deportivo, además de recomendar ciertos cambios en la forma de

trabajo, incluso en el primer equipo, donde buscó la filosofía del 'fútbol total', que tanto dio al Ajax y al Barcelona a nivel de clubes.

El estadio del Guadalajara, desde su inauguración, presentó césped artificial de la generación más moderna y fue autorizado por la FIFA. La idea era sacar ventaja por la diferencia en el césped con respecto a sus rivales, situación que no funcionó.

El experimentado exfutbolista también recomendó la llegada de un estratega de su confianza: John Van't Schip, que rápidamente se ganó el cariño de la afición y, en el poco tiempo en el que estuvo al frente, consiguió resultados aceptables, pero no los deseados.

El proyecto duró poco tiempo. Cruyff se fue en diciembre de ese mismo año, con diferencias evidentes con el entonces propietario de Chivas, Jorge Vergara. Al tiempo, de igual manera, Van't Schip fue cesado de su cargo, donde consiguió la clasificación a la liguilla del Clausura 2012.

24 DE FEBRERO DE 1995: LA DEVALUACIÓN TUMBÓ UN VERDADERO BOMBAZO

Todo estaba listo para que el reconocido portero internacional, Jorge Campos, llegara al Club Deportivo Guadalajara. Las directivas de Rebaño y de Pumas habían llegado a un acuerdo por la transferencia del colorido futbolista e incluso el jugador había aceptado las condiciones ofrecidas por la dirigencia rojiblanca.

Sin embargo, un par de meses antes, una terrible devaluación de la divisa mexicana, que afectó a todo el país, impidió que el fichaje se realizara.

El peso frente al dólar perdió valor, por lo que fue imposible que la transacción, que se había tazado en moneda estadounidense, se pudiera concretar.

Campos llegaría al Guadalajara por la fuerte cantidad de más de 2 millones de dólares y, además, él recibiría aproximadamente 1 millón de dólares por vestir la camiseta del Guadalajara por las siguientes dos temporadas.

El directivo tapatío, Antonio Blanchet, reconoció que era imposible concretar el fichaje debido a que la devaluación haría que la carta del portero, así como su salario, prácticamente se duplicaran.

Jorge Campos es uno de los más grandes ídolos en la historia del fútbol mexicano por su calidad como futbolista y, sobre todo, por la humildad y cercanía que mantenía con las distintas aficiones.

25 DE FEBRERO DE 2009: PUNTO, SET, PARTIDO Y CONFIANZA

El Guadalajara atravesaba una crisis de resultados al arranque del Clausura 2009. El Rebaño tenía enfrente un partido vital para sus aspiraciones dentro de la Copa Libertadores contra Everton de Chile y llegaba con la acumulación de cinco partidos en fila sin ganar, cuatro de liga y uno del Torneo Continental.

Empató con Necaxa y Morelia, además de caer ante Santos y Toluca en el torneo mexicano, y en el primer encuentro de Libertadores igualó a un tanto en la Fortaleza de Lanús.

La situación era complicada en el interior del equipo tapatío y, días antes del compromiso, el entonces propietario, Jorge Vergara, estuvo presente en el entrenamiento donde se dio tiempo de charlar con el director técnico Efraín Flores. Al calor de las palabras, la intensidad de la plática subió al grado de que hubo manoteos por parte del mandamás, quien molesto por el accionar del equipo, le dio un jalón de orejas al estratega y luego a la plantilla.

Como resultado de aquella enérgica conversación, el Rebaño salió inspirado aquella noche, donde borró por completo de la cancha a los andinos. El marcador final fue 6-2, con gran actuación de todo el equipo. Anotaron por los rojiblancos el refuerzo Serio Amaury Ponce, Ramón Morales, Alberto Medina, Marco Fabián y la joven promesa, Javier Chicharito Hernández, en dos ocasiones.

Aquella edición de la Copa Libertadores fue cuando Guadalajara y San Luis se hicieron a un lado de participar debido al brote de influenza A (H1N1) que se originó en el país azteca a principios de 2009.

26 DE FEBRERO DE 2005: AMARILLA POR NO FESTEJAR

El polémico exjugador, Adolfo Bautista, quedará grabado en la memoria del Guadalajara por muchos motivos. El más importante, sin duda, por el gol que le marcó al Toluca en la final del Apertura 2006, que significó el título para Chivas. Además, desquició a la Bombonera de Boca Juniors en el encuentro de vuelta de los cuartos de final de la edición 2005 de la Copa Libertadores por sus coloridos peinados y por sus festejos.

Sin embargo, y hablando de anotaciones y celebraciones, el entonces dorsal 100 del Rebaño fue amonestado por el silbante, Marco Antonio Rodríguez, por no festejar el gol que le marcó al Atlas en el Estadio Jalisco en el partido correspondiente a la jornada 7 del Clausura 2005.

Corría el minuto 38 del primer tiempo cuando Bautista recibió el balón y, de pierna zurda, superó la salida de Antonio Pérez. El Bofo se puso en

pie, volteó a ver al pasto y se llevó las manos a las caderas, y permaneció inmóvil, situación que exasperó a los jugadores rojinegros.

El árbitro Rodríguez consideró que la manera de celebrar del jugador rojiblanco fue una manera de provocar al oponente, por lo que no dudó en mostrar la tarjeta amarilla; de hecho, los jugadores atlistas se le fueron encima al Bofo por juzgar que había tonalidades de burlas y mofas.

El partido terminó con la balanza inclinada en favor del Rebaño, que se impuso 3-2 y consiguió los tres puntos gracias a los goles de Alejandro Vela, Adolfo Bautista y Ramón Morales, a minutos del final. Por Atlas, Juan Pablo García hizo las dos anotaciones.

El Jalisco, con más de 55 000 aficionados, fue un hervidero de pasiones y, sin duda, esa celebración del Bofo será recordada por muchos seguidores rojiblancos a lo largo del tiempo

27 DE FEBRERO DE 2010: 29 469 DÍAS DESPUÉS

El Club Deportivo Guadalajara impuso un récord en el fútbol mexicano al convertirse en el primer equipo, y hasta ahora único, en conseguir ocho victorias de manera consecutiva al arranque de un torneo, incluyendo la época amateur.

El equipo que ostentaba la marca de siete victorias en fila al comienzo de una temporada pertenecía al Marte, en la campaña 1928-1929 donde, por cierto, terminó coronándose como campeón con 14 puntos.

Los merengues en aquella ocasión se impusieron 3-1 al Club España, 3-1 al América, 3-2 sobre Asturias; le pegaron 3-2 al Atlante, repitieron la dosis 4-2 al Club México y por mismo marcador al Germania FV, en la penúltima fecha del campeonato aplastaron 10-2 al Aurrerá el 23 de junio de 1929.

Necaxa puso fin a la contundente racha, el 14 de julio, al vencerlos 3-2 en el Parque Asturias.

El récord perteneció 29 469 días, 4209 semanas, 968 meses y poco menos de 81 años, hasta que llegó el Guadalajara comandado por José Luis el Güero Real para conseguir triunfos desde la jornada 1 a la 8.

Chivas derrotó 3-1 al Toluca en la jornada inaugural del Bicentenario 2010; posteriormente venció a Tigres 3-1, a Estudiantes Tecos 3-2, a Querétaro 2-0 y por el mismo marcador al Atlante; se impuso por la mínima diferencia a Pachuca, 3-2 al Puebla y 2-0 al San Luis para después caer en el Víctor Manuel Reyna 4-0 ante los Jaguares de Chiapas.

En aquel torneo, Chivas quedó eliminado 5-2 en cuartos de final por Monarcas Morelia, aunque lo positivo fue que Javier Chicharito Hernández fue campeón de goleo con 10 anotaciones, compartido con Johan Fano, del Atlante, y Hérculez Gómez, de Puebla.

28 DE FEBRERO DE 1933: EL ÁRBITRO ABANDONÓ EL ENCUENTRO

Los silbantes siempre han sido los hombres malos de este juego. Son los culpables de las derrotas de los equipos y nunca correspondidos por ninguna afición. Son personajes solitarios que enfrentan a los cientos y miles de personas en las tribunas y nunca le dan gusto. Si se equivocan a favor, son errores humanos, si lo hacen en contra, son unos vendidos.

El árbitro Jerónimo Prieto, deportista conocido en la perla tapatía, fue el encargado de silbar el encuentro entre Guadalajara y España, donde el ganador de la serie se adjudicaría del Trofeo Ribadesella, un obsequio del señor José Vega González para que se disputara entre ambas oncenas.

Corría el segundo tiempo cuando el mediocampista hispano, García, le recriminó al juez sus decisiones con palabras altisonantes y demás agresiones verbales que no toleró el árbitro central, quien decidió abandonar el encuentro cuando los rojiblancos estaban al frente 2-0 en el marcador.

Al paso de los minutos, los espectadores presentes en los Campos del Oeste motivaron al hombre de negro a regresar a la cancha a seguir manejando el partido, a cambio de sacar del mismo al agresor.

Prieto accedió, regresó a dirigir el juego y echó de la cancha a García. La contienda prosiguió y el triunfo para los locales fue de 3-1, donde anotaron Herrera I, Herrera II y Atilano, mientras que por los visitantes, Labrador hizo el del descuento, donde por cierto, al anotar terminó embarrado en las rejas, ya que fue imposible detener su carrera al momento de definir.

29 DE FEBRERO DE 1944: SE LE VA EL TREN

Todo estaba listo para que el Guadalajara partiera a la capital del país para enfrentar al sublíder España dentro de la fecha 14 del campconato.

Los futbolistas, así como el estratega Nemesio Tamayo, estaban en tiempo para abordar el tren que los llevaría a la Ciudad de México. Sin embargo, un importante miembro del equipo no apareció.

El defensa Rodolfo el Chato Hidalgo, titular indiscutible en la oncena rojiblanca, llegó tarde a la estación por una contrariedad y cuando arribó a los andenes, la máquina había partido ya con rumbo al Distrito Federal.

De esta forma, el espigado zaguero resolvió el percance y abordó un autobús de primer nivel para reportarse y concentrarse con el resto de sus compañeros.

El partido, jugado dos días después, fue un desastre para todo el equipo, ya que cayeron por el escandaloso marcador de 8-2; siendo Hidalgo el culpable del gol que abrió la puerta para los locales al cometer un error que aprovechó de buena manera Quezada para ceder el balón a Emilín y abrir el marcador.

Quizás el Chato, además de perder el tren, perdió confianza por viajar a destiempo y se vio reflejado en la pizarra final.

MARZO

1 DE MARZO DE 2003: EL GRITO 3000

Llegó de una manera especial. En un lugar desconocido y remoto. En la primera y única vez del Guadalajara jugando en el Estadio Mariano Matamoros de Xochitepec, Morelos, cayó el gol 3000 en la historia profesional del equipo ante los extintos Colibríes.

El gol fue auténticamente de otro partido. Manuel Sol descargó con Emilio Mora, quien alzó la mirada y vio a un solitario Jair García entrar al área. El delantero controló el balón con el pecho y de aire se tiró una especie de media tijera que fue a parar en el ángulo del arquero Rogelio Rodríguez.

La afición se desbordó con la euforia de la anotación, que además de ser linda por naturaleza, significó el empate ante un aguerrido equipo que se creció ante la adversidad de ver su casa pintada de rojo y blanco.

El destino quiso que así fuera el grito 3000, ya que, en el primer tiempo, el árbitro Marco Antonio Rodríguez había marcado un penal en favor del Rebaño, luego de que el balón le rebotara en el brazo a Jorge Jerez, quien de esa forma detuvo el disparo de Omar Bravo que llevaba dirección de portería. El asistente 1, Felipe González Grimaldo, corrigió al central y se anuló la jugada.

La mesa estaba puesta para Jair García. Esperó paciente su momento, sabiendo que tenía una cita con la historia del Guadalajara, así que se vistió de gala y dibujó una hermosa pintura en forma de golazo.

2 DE MARZO DE 1967: PLANTAN A LAS CHIVAS

El Guadalajara tenía previsto una gira por Sudamérica para medir fuerzas contra equipos de aquellas latitudes, además de buscar aprender de otro tipo de fútbol.

Todo estaba previsto para que, en la segunda quincena de este mes, el equipo viajara a Ecuador, Perú y Colombia para enfrentarse a equipos locales y de Primera División.

El señor Gallardo, promotor ecuatoriano con quien los rojiblancos mantenían buenos nexos, advirtió que sería imposible hacerlo en las fechas programadas anteriormente debido a que las escuadras de Conmebol estarían preparándose para la Copa Libertadores.

Asimismo, el representante aseguró al presidente tapatío, Jorge Agnesi, que Chivas jugaría al menos cinco partidos en aquellos lares: contra el campeón y subcampeón ecuatorianos, Barcelona de Guayaquil y Emelec, respectivamente, además de otra escuadra de dicha liga, así como un equipo peruano y otro colombiano.

La directiva, entonces, aprovechó el tiempo para resolver temas contractuales con sus futbolistas, quienes se tomaron unas breves vacaciones ante la cancelación de la gira por Sudamérica.

3 DE MARZO DE 1968: DE LA CANCHA A LA GRADA

Los partidos amistosos muchas veces tienen todo menos cordialidad. El Guadalajara realizó una minigira por Estados Unidos para medirse al vigente campeón de la liga nacional profesional del país vecino, los Clippers de Oakland.

El partido en sí fue de pocas emociones, pero jugado con brusquedad por ambas escuadras, al grado de llegar a los golpes en el terreno de juego.

Para el segundo tiempo, el partido se calentó de más y la pasión, valentía y euforia lo transformaron en un auténtico manicomio, sobre todo en las tribunas donde se suscitó una fuerte bronca en el graderío.

La bronca en el graderío fue larga y duró prácticamente hasta que terminó el encuentro. Había mujeres y niños que no la pasaron bien por el fervor mal canalizado y poco respetable que confundió las tribunas con cuadriláteros de boxeo.

El Guadalajara, por lo menos, le dio una alegría a su afición californiana que se dio cita en el Estadio Kezar, de San Francisco, ya que se impuso por la mínima diferencia a los Clippers con anotación de Alberto Onofre en el primer minuto del segundo tiempo extra.

4 DE MARZO DE 1979: VÍCTIMAS DE LA MERCADOTECNIA

El clásico de clásicos del fútbol mexicano es el partido más importante de la temporada y, en muchas ocasiones, genera más pasión que la misma final por el título. Eso lo saben, desde tiempos remotos, los directivos de ambas instituciones.

Se perfilaba el clásico de la temporada 1978-1979 en el Estadio Jalisco como el partido más esperado, sobre todo, por la posición en la tabla. Guadalajara era segundo con 25 unidades y América tercero con 24. Ambos por detrás de Monterrey, que había cosechado 27 puntos.

Los medios de comunicación habían asegurado que el encuentro sería inolvidable. La dirigencia rojiblanca abusó de los precios y literalmente le subieron el 100 % al precio de los boletos. Aun así, el colorido público abarrotó hasta las lámparas el graderío del coloso de la Calzada Independencia. Incluso, para conseguir boletos, se presentaron largas filas en las taquillas y hubo algunos altercados donde tuvo que intervenir la policía.

En la semana, el técnico tapatío, Diego Mercado, mencionó que era imposible pensar en perder el partido y que el equipo buscaría salir con todo para buscar la victoria, incluso por una abultada cantidad de goles. Por otro lado, el estratega crema, Raúl Cárdenas, aseguró lo mismo.

"Mucho ruido y pocas nueces". Frase acuñada popularmente a una situación inesperada y con resultado pusilánime. El clásico fue descolorido en la cancha, contrario a las tribunas donde los 70 000 aficionados se entregaron a sus equipos.

El encuentro terminó con un insípido 0-0 con pocas oportunidades de gol y con ligero dominio del equipo de la capital.

El propio exportero del Guadalajara, Jaime Tubo Gómez, en su crónica para El Informador destacó como 'fraude' el encuentro y recriminó a la directiva por elevar los precios, ilusionando a la gente con un espectáculo promisorio y que, desde luego, no llegó.

5 DE MARZO DE 1950: REPARTEN GANANCIAS

El clásico tapatío de la 49-50 se vibró de forma diferente, sobre todo en las tribunas. El Parque Oblatos vio una de sus mejores entradas, incluso hubo excedente de afición y, por obvias razones, de dinero en las taquillas.

En aquellos tiempos, los boletos costaban desde 25 centavos para niños en la tribuna de Sol, hasta los cinco pesos en el área de lugares numerados.

El equipo de Atlas fue quien financió el encuentro, pero con el excedente en la caja, y justo como estaba estipulado previamente con la Federa-

ción Mexicana de Fútbol Asociación, le tocó dividir parte de ese dinero con el Guadalajara.

Tras la excelente entrada de aficionados en el Oblatos, se recaudó la nada despreciable cantidad de casi $23 000, una locura para la época. Y es que la rivalidad entre Chivas y Atlas iba en aumento y eran, desde luego, los equipos con mayor arrastre en la Perla de Occidente. Justo como ahora.

El partido, además, no defraudó. Hubo intensidad por parte de ambos equipos, misma que fue bien llevada por el árbitro central, Antonio Quiñones.

Los rojiblancos remontaron a los rojinegros y se impusieron con marcador de 2-1 gracias a las anotaciones de Chato Vázquez y Max Prieto.

Felices salieron los seguidores de los rayados, que se salieron con la suya al ver a su equipo imponerse al archirrival de la ciudad.

6 DE MARZO DE 1953: SEVERO CASTIGO

El Parque Oblatos fue testigo de muchos partidos épicos, soporíferos encuentros, importantes grescas, errores de futbolistas y arbitrales. En su haber se suscitaron mil y una historias.

Uno de los clásicos tapatíos más emocionantes se dio unos días antes, precisamente el 1.º de marzo, en aquel mítico recinto.

El encuentro fue ríspido desde el comienzo y las entradas fuertes no se quedaron guardadas. El silbante Francisco Ledezma fue el encargado de intentar impartir justicia, que no sucedió de tal manera. Expulsó a Rafael Verónica, joven lateral izquierdo de Chivas, por una falta sobre Pistache.

Después, permitió que los rojinegros cometieran infracciones a diestra y siniestra sin tener consecuencias. El Guadalajara se puso al frente en el primer tiempo con gol de Flores y después de haber terminado el tiempo reglamentario, el Muerto Maciel igualó los cartones.

La cancha del estadio quedó cubierta por cojines y otros objetos, en clara señal de recriminación al trabajo arbitral. Ledezma y sus auxiliares, Quiñones y Oliva, se mantuvieron más de una hora en la caseta a esperar que se bajara la calentura de la gente.

En su informe, el juez central dictaminó algunos alegatos que no coincidieron con lo que sucedió o al menos así se informó a la directiva de Chivas días después.

Tras lo sucedido en el cotejo, el 06 de marzo salió la resolución final de la investigación por parte de la Federación Mexicana de Fútbol Asociación, a efectos de aquella cédula de Ledezma, y el Guadalajara salió perjudicado. El Tribunal de Penas dictaminó que los rojiblancos perderían a cuatro integrantes para el siguiente encuentro ante la Piedad: Verónica por haberse ganado la expulsión por juego brusco, Tepa Gómez por reclamos airados al silbante, además del entrenador José María Casullo por los mismos motivos y, por último, el preparador físico Manuel Uriarte Tovar, este último fue el más afectado, pues fue suspendido tres encuentros, además de pagar una multa de 60 pesos de aquellos tiempos.

Chivas fue considerablemente perjudicado, pero como consolación, provocó que se suspendiera de igual forma a Francisco Ledezma, egresado del Colegio Central de Árbitros.

7 DE MARZO DE 1976: DIABLO POR DIABLO

Ese mediodía se dio un debut algo especial y poco visto en el fútbol. El Guadalajara recibió al Monterrey en la cancha del Estadio Jalisco y el triunfo fue para los rojiblancos 2-0 con anotaciones de Pepe Martínez y Manuel Manzo, quien, por cierto, hizo su debut, pero no es de quien se trata la peculiaridad siguiente.

Al minuto 65, el delantero Cirilo el Diablo Peralta abandonó el terreno de juego para darle su lugar a su hermano Leonardo, mejor conocido como el Diablito.

Ambos atacantes morelenses de buena pegada, aunque el mayor de los Luciferes dejó más huella en el redil rojiblanco. No deja de ser raro que un futbolista haga su debut con su nuevo equipo ingresando de cambio por su hermano.

En aquella ocasión, en el ocaso del partido, Leonardo generó únicamente una jugada de gol que fue bien atajado por el portero Quintero.

Además de Manzo y Peralta, el Guadalajara también debutó a otro joven, el portero Ernesto Pérez, quien mantuvo el arco en ceros a pesar de que por momentos dio vistos de nerviosismo.

Fue una tarde redonda en la Perla.

8 DE MARZO DE 1981: A UN METRO

La guerra civil tapatía fue una rivalidad entre dos equipos de Jalisco. La Universidad Autónoma de Guadalajara fue un equipo de regular arraigo, generalmente por el vasto alumnado de aquella casa de estudios (posteriormente cambió el apelativo de Tecos a Estudiantes).

Los encuentros entre ambos equipos eran muy intensos, pues se jugaba siempre más que solamente tres puntos, aunque jamás llegó a tener el mote de clásico.

En la campaña 1980-1981 el equipo de los Tecos llegaba jugando mejor que el Guadalajara y así se mostró con el resultado final donde los cuadriculados se impusieron 2-1.

El primer tiempo fue de mucha lucha, sin generar inquietudes considerables en ambas porterías. Las gradas del estadio Tres de Marzo lucían como siempre que se enfrentaban ambas escuadras: con gente, literalmente, hasta en las escaleras, y estaban contentas por el choque y la entrega.

La UAG dio un vuelco al juego y, en cuestión de cuatro minutos, ya se habían adelantado y puesto en ventaja por dos goles gracias a las anotaciones de Villalba al 67 y Lucas al 71.

De ahí en adelante, el Rebaño fue el equipo que buscó el arco rival y lo encontró a dos minutos del final cuando José Cedano anotó el descuento.

Diego Mercado, estratega rojiblanco, buscó variantes ofensivas para buscar igualar la pizarra. El Burro se quedó a nada de ser la figura del partido. Chivas siguió insistiendo. Una buena descolgada por la pradera izquierda por parte de Cárdenas terminó en un tiro centro y Cedano no logró conectar el balón cuando se encontraba a un metro de la portería. El portero emplumado, Cortés, estaba vencido y vio cómo el balón se fue de largo de manera agónica.

La guerra civil se vistió de toga y birrete.

9 DE MARZO DE 1997: SOPORTÓ EL CALOR Y VALIÓ LA PENA

Guadalajara recibió a Pachuca en su horario habitual de finales de los 90, domingo al mediodía en la cancha del Estadio Jalisco.

La afición tenía pleito casado con el atacante rojiblanco, Ignacio Vázquez, que inició el partido en la banca, pues así lo consideró el técnico Ricardo Ferretti.

Partido trabado en todos los sectores, donde las jugadas de mayor peligro las generó el conjunto hidalguense en la humanidad de Lorenzo Sáez, quien tuvo al menos dos oportunidades para abrir el marcador, pero el poste primero y luego Zúñiga evitaron la ventaja tuza.

Para el segundo tiempo, el Tuca realizó variantes y la más destacada fue la de darle ingreso a Nacho, quien disputó los 45 minutos del complemento en lugar de Gabriel García. También saltaron a la cancha Jorge Arreola y Missael Espinoza. Y las modificaciones rindieron frutos. Chivas ganó 2-0 con goles de Vázquez y Missa

A diez minutos del final, una jugada colectiva entre los tres futbolistas antes mencionados terminó con el primer gol del partido por conducto de Vázquez.

Tras perforar la portería enemiga, corrió a la tribuna y se quitó la camiseta para lanzarla a la grada, y para sorpresa, llevaba otra playera debajo con la que terminó el partido. Mucho se rumoró que aquel gesto fue para silenciar a la gente que lo abucheó; sin embargó, el delantero sentenció que llevaba dedicatoria especial para su pareja, que se encontraba en dicho lugar.

Vázquez soportó el calor infernal que hacía aquel mediodía en la Perla de Occidente, pues estaba seguro de que anotaría gol en el partido y así fue.

Las camisetas de antes no tenían ni la más remota tecnología que las actuales.

10 DE MARZO DE 1946: MALA PATA

Cuando uno se despierta con el pie izquierdo, como se dice popularmente, es sinónimo de que nada va a salir bien en el transcurso del día.

Ese infortunio pareció haberle sucedido al Pelón Gutiérrez, que tuvo un encuentro para el olvido ante el Veracruz, que a la postre se coronó campeón aquella temporada.

Los locales se fueron al frente por conducto del Cosas Prieto. Pronto los jarochos lograron conseguir el tanto de la igualada gracias a un bello gol de González.

Y empezaba el show del Pelón Gutiérrez. Función estelarizada en contra de la causa rojiblanca. Primero, regala un balón a Enrico, quien disparó con poca potencia. Orozco y el portero Pérez no se hablaron y el balón entró chillando a las redes. Sin embargo, el error inicial fue debido al regalo del Gutiérrez.

Eso no es todo, para el segundo tiempo, el silbante, Cuate Salceda, decretó la pena máxima en favor del Guadalajara por una infracción de León sobre Prieto. El encargado de ejecutar el lanzamiento fue Gutiérrez, quizás para lavar su error del primer tiempo.

Se perfiló, retó al arquero Urquiaga y este le ganó la partida mental. Pelón envió su disparo fuera de la portería y no logró conseguir el tanto de la igualada.

El marcador no se movió más y los Tiburones se llevaron los dos puntos.

11 DE MARZO DE 1956: CAMPAL Y AMENAZA ARBITRAL

Durante el partido correspondiente al torneo triangular de fútbol celebrado en el Parque Oblatos, Guadalajara midió fuerzas, en todos los sentidos, ante el archirrival de la ciudad, los rojinegros del Atlas.

Desde el comienzo de las hostilidades, ambas escuadras se pegaron con todo. El entorno, enardecido dentro y fuera de la cancha, provocó que los 22 futbolistas perdieran la cabeza, quienes no dejaron pasar la oportunidad, si se presentaba, de "dejar un recuerdito" al oponente.

La mecha era demasiado corta y terminó por consumirse. Se desató un fuerte combate, todos contra todos. Una auténtica campal.

El silbante, Antonio Quiñones, en beneficio del espectáculo, decidió no expulsar a ningún jugador. Únicamente detuvo las acciones, se acercó a los bravíos jugadores de los dos equipos y, con una voz contundente, amenazó que, a la siguiente falta, se iría expulsado el jugador.

Los ánimos se calmaron, tanto dentro del terreno de juego como en el graderío y el partido siguió su curso con naturalidad.

El Guadalajara se impuso 2-1 con goles de Sabás Ponce y Panchito Flores, mientras que por los rojinegros Carrera había empatado momentáneamente la pizarra.

12 DE MARZO DE 2011: CON DOS HOMBRES MENOS

Todo marchaba normalmente como cuando hay un clásico tapatío. La ciudad de Guadalajara se detuvo por completo por el encuentro que divide familias y la pasión se desborda en cada rincón.

El partido correspondiente a la jornada 10 del Clausura 2011 prometía que ambas escuadras saldrían a buscar los tres puntos, además del honor y el orgullo que este tipo de duelos provoca en las respectivas aficiones.

El silbatazo retumbó en el Jalisco en punto de las 20:45 horas y Chivas salió con todo al frente. Y quien más buscó el gol, fue quien lo consiguió primero. Arellano llegó a la línea de meta para mandar un servicio al joven Erick Torres, quien empujó el balón para poner al frente al Rebaño al minuto 11.

El Cubo fue a festejar donde se ubicaba la porra atlista haciendo con los dedos la insignia distintiva de la barra rojiblanca la Irreverente. El abanderado, José Luis Camargo, notó la situación y dio aviso al central Ricardo Arellano, quien expulsó al canterano por considerar que fue una seña obscena.

No había transcurrido la media hora de juego cuando Xavier Báez vio la tarjeta roja directa por una fuerte entrada sobre Jesús Paganoni, aunque el mediocampista rojiblanco sacó limpiamente el esférico, el central no dudó en expulsar al jugador.

Más de una hora de partido lo disputó el Rebaño con dos hombres menos, demostrando gallardía por defender el escudo. Pelearon todas las pelotas y, a pesar de perder la ventaja, nunca bajaron los brazos para brindar una alegría a su afición. El estratega, José Luis Real, también fue expulsado por los constantes reclamos al juez central.

El partido termino igualado a un tanto y el Guadalajara ganó más que un solo punto, pues puso a la vista de todos que con hidalguía se defiende con uñas y dientes los colores de la camiseta.

Por supuesto, la directiva del chiverío apeló las expulsiones de sus futbolistas y la Comisión Disciplinaria determinó retirar la sanción a Erick Torres, ya que se consideró que jamás realizó una mala seña a la gente en las gradas.

13 DE MARZO DE 1968: REFUERZOS ENEMIGOS

La selección de fútbol de la Unión de Repúblicas Socialistas Soviéticas hizo una gira por México donde disputó dos encuentros ante su similar azteca y ante el representativo olímpico.

Además, como parte de su paso por el país, enfrentó al Guadalajara en el Estadio Jalisco. Para este cotejo de carácter amistoso, el Rebaño se fortaleció con tres jugadores de los rojinegros del Atlas: Dumbo Rodríguez, Ignacio Buenrostro y Humberto Medina.

Los anfitriones dominaron el primer tiempo y se fueron al frente gracias al gol precisamente del refuerzo rojinegro, Buenrostro. Además, Chivas dominó por completo las acciones de los primeros 45 minutos, quizás porque los rusos se vieron mermados por el trajín de los viajes y los encuentros anteriores.

Para la parte complementaria cambió el chip por completo y fueron los europeos quienes tomaron el control del partido, ahora siendo ellos quienes generaron mayores jugadas y de más peligro.

A los 55 minutos de acción, Stislenko hizo el gol del empate y decretó el marcador final.

Fue una prueba interesante para el Guadalajara el poder codearse con otro estilo de fútbol, sobre todo del físico que dominaban los soviéticos a finales de la década de los sesenta.

Por cierto, en los cuatro juegos señalados, la URSS igualó en todos por el mismo marcador: 1-1.

14 DE MARZO DE 1965: CON ESTA TIENEN

Es quizás la frase más importante en la historia del Club Deportivo Guadalajara.

El Estadio Olímpico de Ciudad Universitaria fue observante de la mítica sentencia lanzada a quemarropa por uno de los ídolos y uno de los pilares de la grandeza del equipo. Además de su enorme palmarés y su legado, Guillermo el Tigre Sepúlveda está inmortalizado en la eternidad histórica del Guadalajara.

Se disputaba el Campeón de Campeones. Chivas ganó la liga y América la Copa. Un año antes, los rojiblancos ganaron este trofeo, precisamente

a los Cremas. Había mucha rivalidad, mucha memoria y ganas de revancha, por un lado, y certificar la superioridad, por el otro.

Al silbante, Rafael Valenzuela, le quedó enorme el partido, pero más gigante lo que sucedió y el efecto posterior sigue retumbando como aquel mediodía en CU.

Como en cualquier clásico, la temperatura del juego se elevó y ambos equipos se calentaron. Golpes, patadas y hasta un cabezazo se presentaron en la trifulca que duró cerca de 10 minutos.

El hombre de negro expulsó a tres jugadores: Güero Jasso por América, y Hernández y Sepúlveda por Chivas.

Cuando el Tigre abandonó la cancha, se acercó a la banca crema y, con una voz retadora y segura, se desprendió de la camiseta y se las lanzó a sus pies. "Con esta tienen" fue aquella legendaria frase que se mantendrá para siempre.

Por si fuera poco, toda la atmósfera del suceso se redondeó con el triunfo tapatío 2-1 con anotaciones de Chololo y Jara, que valieron el sexto título de Campeón de Campeones para el Guadalajara, con dos hombres menos y ante el odiado rival.

15 DE MARZO DE 1988- CUANDO LOS CATRACHOS NO DEJARON JUGAR

Miles de aficionados mexicanos y hondureños esperaron con ansias el partido que disputó el Guadalajara y la selección centroamericana en California.

Mucho se habló de la gira de los rojiblancos por Estados Unidos, ya que es bien conocido por todos la gran cantidad de seguidores de Chivas en el país vecino. Además, como aderezo particular, el enfrentamiento contra la H, conocido así, el representativo catracho.

Fue más lo que se habló fuera de la cancha que dentro de ella, y en parte porque el juego no dio muchas emociones. Sin embargo, los cerca de 10 000 fanáticos que se dieron cita en el Estadio de Santa Ana salieron conformes por poder ver de cerca a sus jugadores.

Lo más contentos, fueron los seguidores del Rebaño, equipo que salió victorioso por la mínima diferencia gracias a la anotación de Juan Vázquez en el segundo tiempo. De ahí, nada más.

Los hondureños se dedicaron a generar poco fútbol y el Guadalajara por más que intentó, no pudo ampliar la ventaja.

16 DE MARZO DE 1947: ÁRBITRO DISFRAZADO

Para la edición del partido entre Guadalajara y América de 1947 hubo muchas peculiaridades poco vistas actualmente en el fútbol y antes no tanto.

La AMAF, organismo encargado de designar a los silbantes, destinó al joven Pedro Ramírez para llevar a buen puerto el encuentro. De acuerdo con la crónica del día siguiente en El Informador, era la primera vez que el árbitro dirigía un partido en la capital jalisciense, ya que "No teníamos el gusto de conocerlo".

Ramírez fue titubeante con sus marcaciones, aunque no se vieron repercutidas en el marcador final, donde el Guadalajara se impuso cómodamente 3-0 sobre los Cremas.

Lo curioso del nazareno, que vestía con su elegante uniforme, fue que llevaba rodilleras y espinilleras, situación que llamó mucho la atención de los jugadores y espectadores. Además, los zapatos del central llevaban doble taquete, para que le duraran más tiempo, según el relato del mismo resumen.

En el desarrollo del encuentro, el portero americanista, Guayo Gutiérrez, sufrió una lesión en el dedo, por lo que tuvo que intercambiar posiciones con el atacante Octavio Vial, quien defendió la cabaña visitante en los minutos finales del compromiso.

Los goles del encuentro fueron conseguidos por Max Prieto en dos ocasiones y por Pablo González, quien le marcó a la Pulga, tan pronto se colocó los guantes.

17 DE MARZO DE 1981: HOMENAJE A UNO DE LOS MÁS QUERIDOS

Un mes y tres días antes, el 14 de febrero, José Martínez perdió la vida en un lamentable accidente carretero cuando el Guadalajara viajaba a Puebla.

Después de analizar las diferentes opciones para realizarle el homenaje que merecía, se estableció que el Rebaño jugara un partido amistoso ante la selección mexicana de fútbol, en el Estadio Jalisco.

La directiva tapatía designó que las ganancias por la taquilla fueran destinadas a la familia de Pepe, situación que conmovió a los miles de aficionados que llenaron las tribunas del monumental.

El ambiente en el graderío fue de absoluta fiesta, pues en el campo se enfrentaban los dos equipos más mexicanos del mundo; 22 jugadores nacidos en el país azteca se medían entre sí para despedir dignamente a un jugador querido por la nación futbolera.

Por el tricolor, alinearon jugadores de gran recorrido y con carreras brillantes, encabezados, desde luego, por el goleador Hugo Sánchez, quien jugaba en Pumas y aún le esperaban sus mejores años como futbolista, sobre todo en el Real Madrid.

El estratega del representativo tricolor, Raúl Cárdenas, alineó, además del pentapichichi, con Pilar Reyes, Bravo, Ramírez, Munguía, López, Vargas, Manzo, Tomás Boy, el Jefe, Orduña y Castro.

Por Chivas, saltaron a la cancha: Ledezma, Barba, Madero, Zapiain, Martínez, Gutiérrez, Hernández, Díaz, Magaña, Pajarito y Rivas.

El partido fue emotivo, sobre todo en el primer tiempo, donde los ánimos estaban a flor de piel por el significado simbólico del mismo. Incluso los tres goles cayeron en este lapso, siendo el Guadalajara quien mejor trató a la pelota y más intentó hacer daño.

Apenas sonó el silbato del árbitro central, Enrique Mendoza Guillén, los rojiblancos se fueron con todo en busca del arco rival y, al minuto uno de acción, se estrenó la pizarra con la anotación de Jaime Pajarito tras el cobro de tiro de esquina de Rivas.

Al 18 de tiempo corrido, el Guadalajara amplió la ventaja gracias al gol del propio Sammy para batir a Reyes. Tres minutos después, la selección mexicana recortó distancias por conducto de Castro y no se movió más el marcador.

Triunfo rojiblanco en un ambiente entre luto y fiesta para despedir al gran Pepe Martínez.

18 DE MARZO DE 2006: HORAS INCIERTAS

Horas antes del compromiso ante Cruz Azul, correspondiente a la jornada 11 del Clausura 2006, el Guadalajara se había quedado sin técnico tras la salida del holandés Hans Westerhoff; en su lugar llegó José Manuel de la Torre.

El Chepo es un técnico caracterizado por su disciplina, más allá de sus buenos conceptos tácticos que desarrolla durante los partidos; pero en sus inicios era incierta la forma en que aplicaría tales elementos.

En su debut, tuvo la dicha de enfrentar a un equipo poderoso como la Máquina, que era una escuadra sólida, liderada por Óscar el Conejo Pérez y por el poderío ofensivo de César el Chelito Delgado. De la Torre enfrentó un partido durísimo.

Adolfo Bautista era el elemento con más fútbol en los pies y en la cabeza. Inventaba una jugada en cualquier momento del encuentro. Era diferente. Aun así, el Chepo lo mandó a la banca y repitió la alineación que utilizó el neerlandés en su último juego ante Veracruz: Oswaldo, Diego

Martínez, Reynoso, Maza, Salcido, Morales, Sol, Santana, Pineda, Bravo y el joven Edwin Borboa.

El partido fue disputado en todos los sectores y no se generaban situaciones de peligro, sobre todo en favor de los tapatíos, que ante 60 000 personas y en su estadio tenían la obligación de ganar. Lo sabía el Chepo y lo sabía la afición que, desesperada por el funcionamiento del equipo, empezó a gritar al unísono: "Bofo, Bofo".

A 20 minutos para que terminara el choque, De la Torre escuchó y atendió la petición de la afición y mandó al número 100 a la cancha.

A su entrada, el partido cambió por completo. Al minuto 79 sacó de la chistera una jugada de auténtico mago. Gonzalo Pineda envió un servicio al segundo poste y el Bofo no lo pensó dos veces: mandó la pelota al ángulo tras un imponente remate de volea que dejó sin opción al Conejo y el Jalisco se convirtió en un manicomio.

Una pintura. Una obra de arte.

Chivas ganó 1-0. El Chepo debutó con triunfo al frente del Rebaño y esas horas aciagas recientes se tornaron en un porvenir próspero para el Guadalajara y su afición.

Empezaba el camino de la era de la onceava estrella.

19 DE MARZO DE 1950: ANTES DE TIEMPO

El silbatazo final suele darse transcurridos noventa minutos, o más. Hay excepciones y un partido puede terminar antes por diversos motivos: peleas campales, invasión de campo, malas condiciones climatológicas, balazos (ocurrió en Torreón, Coahuila, en agosto 2011 en el partido entre Santos y Morelia), sin embargo, las menciones anteriores se reanudan días o meses después.

Chivas recibió al Tampico Madero en el Parque Oblatos. Ambos equipos se mantenían en la parte media de la tabla con 14 unidades hasta antes del duelo. El Guadalajara fue superior en el trámite del encuentro y lo vio capitalizado hasta el segundo tiempo con la solitaria anotación de Javier de la Torre. Tras eso, poco más.

Los Petroleros intentaron capitalizar sus opciones, pero tanto el arquero Cristóbal como la defensiva impidieron el tanto de la igualada.

En aquella ocasión, el silbante, Salomón Bar, determinó pitar el final del encuentro antes de que se cumpliera el tiempo reglamentario. Los jaibos no acosaron en demasía la portería tapatía, pero sintieron como un auténtico robo el que les hayan quitado minutos de juego.

Por su puesto que los jugadores visitantes se le abalanzaron contra Bar, sin embargo, este no cambió de parecer y el encuentro no continuó.

20 DE MARZO DE 1992: CON TODO Y ESMOG

La Ciudad de México es la metrópoli más contaminada del país. El alto índice de fábricas y automóviles contaminantes provocan que una especie de nata separe a las edificaciones de un cielo azul, que sí existe sobre las cabezas de los capitalinos, aunque es raro que se note.

Era la cuarta vez que el Guadalajara visitaba la capital mexicana, pues se enfrentaría a Universidad Nacional. Previamente visitó a Necaxa, América y Atlante.

El defensor histórico, Demetrio Madero, sufría problemas en las vías respiratorias, lo que le provocaba carraspear continuamente cuando jugaba en aquellos lares. Días antes de emprender la marcha al antiguo Distrito Federal, el zaguero estaba en duda de participar por los mencionados males.

Sin embargo, a horas de realizar la expedición, se confirmó que haría el viaje con todo y la contaminación rapaz.

Tal situación no afectó en el rendimiento de Madero, quien un par de días después disputó los 90 minutos del encuentro en el que los Pumas se impusieron por la mínima diferencia a Chivas con gol de Luis García, en un estadio repleto a pesar de que ese mismo día se celebró el Gran Premio de México de la Fórmula 1.

21 DE MARZO DE 1973: PERDIÓ LA CABEZA

En el fútbol la desesperación es el pan de cada día, sobre todo cuando las cosas no salen bien, pero hay veces inexplicables que el jugador pierde la cabeza a pesar de tener el resultado a favor y a falta de pocos minutos de terminar el encuentro.

Se entiende que la pasión a veces traspasa la frontera de la racionalidad y puede, desde luego, desbordar profundamente los más escondidos sentimientos de ira y frustración, aunque los aires de la buena fortuna estén del lado del agresor.

El Guadalajara vencía 3-0 a los Diablos Rojos del Torreón dando una actuación aceptable, aunque en la primera mitad, el público rechazó la forma de juego de los rojiblancos.

Sin embargo, en el segundo tiempo, un ajuste técnico y táctico por parte del estratega, Walter Ormeño, provocó que Chivas pudiera contrarrestar el parado defensivo de la visita. A falta de cinco minutos, el marcador favorecía al Rebaño 3-0.

Y fue cuando Jaime López perdió la cabeza en uno de esos afamados y arriba mencionados 'calentones'. Le recetó certero golpe al futbolista algodonero Salvador Ruiz, quien previamente había provocado una falta, misma que el silbante, Arturo Brizio, había sancionado en favor del chiverío.

Ante la respuesta, en forma de agresión inoportuna de parte de López, Brizio Carter no dudó en mostrarle la cartulina roja y mandarlo a las regaderas.

22 DE MARZO DE 2001: SE LES HACE DE NOCHE

El Guadalajara se había quedado sin preparador físico luego de que el director técnico argentino, Oscar Ruggeri, despidiera a Luis Carlos Bongiovanni, quien era, en ese entonces, uno de los mejores en el fútbol mexicano, además de ser laureado en varias ocasiones con diferentes reconocimientos.

Sin embargo, el Cabezón consideró que para tal puesto era necesario contar con gente de su absoluta confianza para mantener un mejor trato entre el staff y jugadores.

Así que, sin más, el rosarino determinó que sus paisanos Marcelo Rosemblat y Jorge Otero serían los encargados de dicha área.

El vuelo proveniente de Buenos Aires sufrió un retraso considerable, por lo que los nuevos preparadores físicos realizaron el viaje en 20 horas. Llegaron a Guadalajara tarde, se dirigieron a las instalaciones de Verde Valle tan pronto dejaron maletas en el hotel. El entrenamiento ya había culminado y apenas se reflejaban los más tenues rayos solares que atestiguaron la situación poco tiempo.

Se conocieron los nuevos integrantes del cuerpo técnico y futbolistas con una breve charla para explicar los métodos de trabajo. Posteriormente Rosemblat y Otero regresaron al hotel para, con calma, registrarse y poder descansar tras el pesado viaje.

23 DE MARZO DE 1952: OTRA DE BAR

Como hace dos años y cuatro días, nuevamente el silbante Salomón Bar fue el encargado de ser nota tras el emotivo encuentro entre Guadalajara y Oro, donde la avalancha de goles pasó a segundo plano debido a las malas decisiones arbitrales.

Rigorista en grandes lapsos del partido y permisivo en otras, fue el trabajo del central, quien desde el silbatazo inicial mostró tintes de alevosía.

El encuentro terminó empatado a cuatro goles, siendo el octavo de la cuenta en favor del Oro el más polémico de todos y el que, a la postre, significó el empate y la división de unidades. En el minuto 83 de tiempo corrido, el Güero Gámez recibió el balón dentro del área, pero se ayudó claramente con la mano para después definir ante la salida del Tubo.

Bar dio por buena la anotación, aunque los futbolistas del Guadalajara reclamaron la acción; así que, en señal de buena lid, se acercó a su abanderado, Chón Díaz, quien determinó que el gol era legítimo ante la incredulidad de la afición presente.

Además, expulsó minutos antes a Raffles Orozco por una falta sobre Rivas y los rojiblancos se quedaron con diez jugadores, así que lucharon a contracorriente desde el minuto 80.

Durante el partido, ambos abanderados, Díaz y Antonio Quiñonez, señalaron numerosas infracciones en favor de los dos equipos, mientras que el central no sancionó las faltas.

24 DE MARZO DE 2014: INFIERNO EN EL JALISCO

Otro capítulo negro en la historia del clásico tapatío se vivió dos días atrás, en el empate a un gol entre Zorros y Chivas el 22 de marzo, correspondiente a la jornada 12 del Clausura 2014. En las gradas se vivió un auténtico infierno.

A falta de 10 minutos para el silbatazo final, la locura se desató cuando los barristas del Guadalajara encendieron bengalas y, al estar prohibidas en los estadios del fútbol mexicano, la policía intervino para retirarlas. Sin embargo, los seguidores rojiblancos no lo permitieron, comenzando, por este motivo, una tremenda gresca entre uniformados y aficionados.

En el graderío del Jalisco volaron golpes, patadas y hasta un zapato que impactó en el rostro de un policía. El caos se desató y duró dos minutos. Ciento veinte segundos que resultaron eternos para la gente que simple y llanamente fue al coloso a ser testigo de otro episodio más de esta noble -y feroz- rivalidad.

El saldo de aquel triste episodio fue de 7 personas heridas de gravedad (2 policías y 5 aficionados), además de 19 barristas detenidos.

El 24 de marzo, tras realizar las investigaciones pertinentes entre las autoridades y gobiernos locales en conjunto con la Federación Mexicana de Fútbol, se determinó que los grupos de animación del Guadalajara fueran castigados y la Comisión Disciplinaria de la FMF anunció que: "Por tiempo indefinido, la directiva rojiblanca queda prohibida de proporcionar boletos a los integrantes de las barras".

Además, la dirigencia rojiblanca proporcionó la identidad de los agresores, que debían estar registrados en un listado de integrantes de las porras, esto con el fin de ser llevados a la justicia.

Por su parte, el Estadio Jalisco recibió un veto indefinido, mientras que la directiva rojiblanca fue multada con 5000 salarios mínimos, cerca de 285 000 pesos y, para levantar el castigo al inmueble, deberían pagar la sanción económica.

25 DE MARZO DE 1961: LOS DAN DE BAJA

Chivas terminaba la preparación para el partido de vuelta de los octavos de final de la Copa México ante los Tarascos de Morelia. En el encuentro de ida, el marcador quedó empatado a un gol.

Para el compromiso definitivo, el Guadalajara mantenía algunas ausencias por la convocatoria a la selección mexicana, sin embargo, por pobre rendimiento, tres futbolistas rojiblancos fueron dados de baja de la concentración y así se reportaron con el Rebaño.

Héctor Hernández, Sabás Ponce e Isidoro Díaz fueron los futbolistas que rompieron filas con el combinado nacional para incorporarse al campamento tapatío.

El ingeniero Javier de la Torre solamente utilizó a Chololo para el vital compromiso donde el Guadalajara se impuso 2-1 a los michoacanos en el Estadio Jalisco y así seguir con vida en el certamen copero.

26 DE MARZO DE 1998: A RITMO DE SAMBA Y A CASA

El torneo de Verano 1998 fue desastroso para el Guadalajara, donde el equipo consiguió su primer triunfo en la fecha 10 del certamen cuando derrotaron 2-0 a Veracruz en el Luis de la Fuente. Las benevolencias del sistema de competencia generaron que el Rebaño llegara a la recta final con posibilidades de clasificar a la liguilla por el título.

Chivas llegó a la jornada 15 con 19 unidades y 5 triunfos en fila al imponerse, además, ante los descendidos Tiburones, al Puebla, Toluca, Toros Neza y Pumas. De ganar, mantendrían vivas sus aspiraciones de avanzar a la siguiente fase.

El rival era Monterrey, sotanero del grupo 2, donde se ubicaba el Rebaño, y el escenario era el Tecnológico, casa de Rayados.

El Guadalajara soñó gracias al gol de Noé Zárate desde el manchón penal, luego de que el árbitro central, Eduardo Brizio Cárter, sancionara la falta del yugoslavo Zoran D'Juric sobre Gerardo Mascareño.

Y así se fueron al descanso. Con la ilusión ardiente de conseguir su sexto triunfo de forma consecutiva y pelear por un lugar, al menos en el repechaje.

Para la segunda parte, el equipo salió dormido y así se mantuvo.

La música de mariachi sobre el césped que se tocó en el primer tiempo, se cambió por samba para la parte complementaria, donde los brasileños Cleomar Pires y Edson Zwaricz fueron los danzantes más destacados.

Primero fue Pires el que empató el encuentro y, cuando parecía que habría división de puntos, apareció Zwaricz, quien sentenció el partido y

fulminó por completo las aspiraciones rojiblancas para calificar a la fiesta grande del fútbol mexicano.

27 DE MARZO DE 1996: CUATRO TENTÁCULOS

El Coliseo de Los Ángeles fue el escenario testigo de una hazaña poco vista en el fútbol. El partido, de carácter amistoso entre Guadalajara y América, quedará grabado en la memoria del portero que dio la décima estrella al Rebaño: Martín Zúñiga, que fungió como héroe al detener cuatro penales.

El Pulpo se convirtió en el héroe del encuentro al no permitir una sola anotación desde los once pasos. En el tiempo regular, prevaleció el empate a un gol gracias a los goles de Daniel el Travieso Guzmán por Chivas y Luis García por las Águilas.

Zúñiga fue una muralla auténtica y no dejó pasar ni el aire, y detuvo los penales de Kalusha, Zague, Villa y Rossi.

En la tanda, el marcador favoreció al Guadalajara 2-0. Coyote y Hernández fueron los encargados de anotar, mientras que Vázquez y Romero erraron sus disparos.

28 DE MARZO DE 1999: COYOTE FISURADO, EMPERADOR TOCADO

Guadalajara y Cruz Azul se disputaban el liderato del Grupo 1. La Máquina era líder con 18 puntos, mientras que el Rebaño lo escoltaba con 15 unidades. El choque entre ambos equipos se esperaba tremendo, por cómo venían jugando.

Ricardo Ferretti tenía dudas sobre el cuadro titular, pues tanto Claudio Suárez como Alberto Coyote dudaban de tener participación en el encuentro: el zaguero central por lesión en la rodilla derecha, mientras que el mediocampista sufrió una fisura en una costilla.

Sin embargo, Alberto Coyote fue designado para arrancar el juego como titular, por lo que fue infiltrado y posteriormente vendado para reducir las molestias y los dolores y no tuviera mayores problemas en el desarrollo el partido.

Y fue así como el futbolista rojiblanco disputó los noventa minutos donde fue pieza clave para el triunfo que consiguió la escuadra tapatía, ya que al 87 ejecutó a la perfección un tiro libre en el que sirvió el balón al área, donde apareció Héctor del Ángel y venció a Óscar Pérez. Fue el segundo y definitivo gol.

Por su parte, el otro lesionado, Claudio Suárez, ingresó de cambio en la segunda mitad y se comportó a la altura, al estar ya recuperado de la lesión sufrida en los ligamentos de la rodilla.

La primera anotación del compromiso fue cortesía de Jesús Arellano, quien empujó el balón tras un rechace del arquero cementero.

29 DE MARZO DE 1950: DESAFORTUNADA MAÑA DE UMAÑA

En el partido donde solamente existió un equipo en la cancha, el Guadalajara se impuso cómodamente a Morelia con abultado marcador de 6-1, correspondiente a la ida de los cuartos de final de la Copa México.

El silbante, Ranulfo Lara, fue muy permisivo. Los jugadores tarascos propinaron tantas faltas y pocas fueron sancionadas.

En una de las acciones arteras, el defensor Umaña salió del terreno de juego por una terrible fractura que sufrió en la clavícula, por lo que no pudo continuar en el partido. Sin embargo, la jugada desafortunada la propició él, al intentar lastimar mañosamente a Héctor Hernández, quien se logró quitar para evitar el golpe.

Además, el moreliano también sufrió una lesión en la pierna. Es decir, intentó dar, pero salió con la peor parte y de esa forma abandonó el terreno de juego.

Chivas dominó a placer el encuentro y se llevó el resultado cómodamente gracias a los goles de Panchito Flores, Arellano, Héctor Hernández en dos ocasiones, Reyes y Mellone. Por su parte, Arango descontó por la visita.

30 DE MARZO DE 2003: LA BANDERA DE ADORNO

Atlante se plantó con autoridad en el Estadio Jalisco y consiguió los tres puntos que lo colocaron como líder de la competencia al imponerse 3-2 a Chivas. La figura del encuentro no fue Luis Gabriel Rey, quien anotó dos goles para la causa azulgrana, sino el asistente 1, Ramón Muñoz.

El marcador se abrió tras un tiro de esquina donde Santiago Baños ganó el esférico y remató al arco, Rey intentó conectar el balón y, aunque parece que lo rozó, el gol fue concedido a Baños.

Y aquí empieza el show del abanderado.

El auxiliar levantó la bandera sancionando fuera de lugar del delantero colombiano. En aquel entonces no existía el VAR (video assistant referee), sin embargo, el juez central, Germán Arredondo, decretó el gol de los Potros al asegurar que Rey no tocó el esférico y haciendo caso omiso a lo que había señalado Muñoz. Hay que aclarar que no era posición adelantada.

Para el segundo tiempo, y ya con el nerviosismo a tope, Paulo Serafín cometió un penal del tamaño del Jalisco y el abanderado, quien tenía mejor perspectiva, no lo sancionó. Quizás porque podría pensar que volvería el central a ignorarlo.

Después, para compensar, decretó un penal inexistente sobre Omar Bravo y que bien capitalizó el zurdo Ramón Morales.

Cuando Muñoz intervino en las decisiones arbitrales, lo hizo mal, y cuando pudo rectificar sus errores, prefirió mantener la bandera abajo.

31 DE MARZO DE 2002: CLÁSICO CARDIACO

Penales, pifias, polémica, bronca, chilenas, postes, atajadas y lesiones. El Estadio Azteca fue una locura esa tarde.

Gilberto Alcalá fue el encargado de dirigir y hacer cumplir el reglamento dentro del terreno de juego, y su actuación fue polémica en todos los sentidos y perjudicando a ambos equipos.

La primera acción relevante fue el penal en favor del Guadalajara por una falta dentro del área sobre Gilberto Adame. La infracción fue bien sancionada, sin embargo, en medio campo, Gustavo Nápoles le robó el balón a Germán Villa con una falta de por medio que no señaló el central.

El lanzamiento lo capitalizó Ramón Morales para abrir el marcador a los 18 minutos.

Veinte minutos después, llegó la segunda decisión mal aplicada. Balón al área rojiblanca, Luis Hernández, quien ingresó de cambio al 29 por lesión de Oviedo, se inventó una falta que Alcalá Pineda compró para sancionar la pena máxima que anotó Iván Zamorano al 37.

En la primera jugada del segundo tiempo, nuevamente el Matador generó el tercer penal del encuentro al recibir la falta de Joel Sánchez ante la mirada atónita de Oswaldo Sánchez. Nuevamente el Bam Bam mandó el balón al fondo de las redes para la voltereta águila.

Al 50, otro penal. Esta vez por un jalón de camiseta de Óscar Rojas sobre Alberto Medina. El central no lo vio, pero se apoyó de buena manera en su árbitro auxiliar. Morales tuvo en su zurda la posibilidad de empatar, pero estrelló el penal en el poste izquierdo de Hugo Pineda.

El gol del empate cayó nuevamente de forma polémica. Centro muy elevado de Manolo Sol. Pineda sale por el balón, pero apareció Héctor Reynoso por todo lo alto para ganar el balón con la cabeza, que aparentemente ya tenía en su control el portero y, después de un contacto cuerpo a cuerpo, el balón entró al arco americanista.

Otra voltereta. Ahora Chivas se puso al frente tras el gran remate con la cabeza del Tiburón Sánchez, quien anotó el tercero para la causa tapatía.

Los ánimos se calentaron porque así lo permitió Alcalá. Adame se vio enfrascado en ligeros conatos. Primero con Castillo y después con Zamorano. El silbante o no lo notó, o no lo quiso notar.

Agonizaba el partido y Luis Hernández, en espacio muy reducido por la marca pegajosa de Castañeda, recibió el balón y encontró la manera de tirarse una chilena que se estrelló en el poste. Era el gol que coronaba el gran partido del melenudo jugador.

En la última jugada del partido y quizás la más polémica de todas: Hernández peinó el balón, remató al arco Jesús López Meneses; Oswaldo se estiró y atajó; el balón quedó botado sobre la línea de gol, el portero lo empujo contra el poste y después se paseó por toda la línea de gol. El propio Adame evitó que entrara, pero la dejó en el área chica y, tras el contrarremate de Matador; Tiburón la sacó quién sabe cómo.

Reclamos por todos lados. Primero, que el balón había cruzado la línea de gol tras el cabezazo de López Meneses y luego que Sánchez la tapó con la mano.

Alcalá pitó el final. Los americanistas se fueron contra Adame. Zamorano lo encaró y le tiró un leve golpe. Meneses igual golpeó por la espalda al futbolista de Chivas, pero sin fuerza. Luis Hernández se le fue con todo al silbante para reclamar.

La porra americanista lanzó un par de petardos a la zona de la gresca. Afortunadamente no pasó a mayores.

La semana anterior al encuentro, muchos decían que el Clásico estaba devaluado. Ambos equipos se encargaron en recordar que es el partido más pasional de México y con mucha diferencia.

ABRIL

1 DE ABRIL DE 1951: PÓQUER Y HAT TRICK

El Veracruz visitó al Guadalajara en el Parque Oblatos ante una extraordinaria entrada, donde los seguidores tapatíos abarrotaron el graderío por dos motivos: apoyar a su equipo y de paso ver a los vigentes campeones.

Los Tiburones sufrieron la baja del arquero Murillo por una lesión, por lo que en su lugar ingresó la Marrana Castañeda, quien tuvo el infortunio de salir a la cancha ese día.

El Guadalajara aplastó y borró completamente de la cancha a los escualos con el abultado marcador de 7-3, donde la gran figura fue el atacante rojiblanco Jesús Ponce, quien se adjudicó cuatro anotaciones, además de dos asistencias, primero a De la Torre y después a Noriega que, dicho sea de paso, fue de gran manufactura al servir a su compañero de taquito, siendo su último recurso.

El Chuco consiguió su primer gol al aprovechar un error defensivo por parte de Andrade. El segundo para su cuenta fue gracias a otro desconcierto defensivo, ya que les ganó la espalda mientras los jarochos jugaban muy adelantado.

Las últimas dos dianas de Ponce fueron similares con dos jugadas individuales para vencer a Castañeda, quien verdaderamente vivió una pesadilla en la cancha del Guadalajara.

Mientras tanto, el atacante veracruzano, Quiñones, consiguió marcar los tres goles para la causa del equipo del Puerto; sin embargo, no alcanzó para evitar la catastrófica derrota en patio ajeno, donde en la semana previa al juego el pronóstico era que el partido sería más parejo.

Anotar tres goles y perder, pocas veces se ve en el fútbol.

2 DE ABRIL DE 1964: PROTESTA HAITIANA

El Guadalajara ya se había coronado por segunda ocasión como campeón de Concacaf luego de que el Racing haitiano no se presentara a jugar por problemas con el visado. Los encuentros estaban programados para el 8 y 10 de septiembre de 1963.

Los caribeños protestaron alegando que por causas de fuerza mayor no llegaron al partido y se determinó que se volviera a pactar una fecha para disputar ambos encuentros.

El 2 de abril de 1964, el Comité resolvió que a finales de ese mes se disputaran ambos encuentros en Guadalajara, como lo había solicitado Antoine Tassi, representante del Racing.

Lamentablemente, el Guadalajara no se presentó a disputar el trofeo que hubiera significado su segundo título del área porque estaban en su gira europea, donde disputaron diez partidos amistosos. Por esta razón, la directiva del Rebaño, que ya tenía en su poder la copa, tuvo que desprenderse de ella y enviarla al modesto equipo haitiano.

3 DE ABRIL DE 1999: PRIMER ZURDAZO Y AGRADECIMIENTOS

Ramón Morales siempre soñó con vestir la camiseta del Guadalajara. Siempre estuvo en sus objetivos defender la camiseta rojiblanca. El eterno capitán siempre anheló anotar un gol con el Rebaño Sagrado. Y lo logró. Sin embargo, cuando lo consiguió, no supo cómo reaccionar.

Corría el minuto 2 en la cancha del Estadio Cuauhtémoc, en la visita de Chivas al Puebla, cuando el mediocampista, Alberto Coyote, madrugó a la zaga rival con un rápido cobro de tiro libre para servir al futbolista zurdo, quien no lo pensó dos veces y mandó el balón al ángulo superior izquierdo de la portería del arquero Rubén Ruiz Díaz.

El festejo fue improvisado. Corrió a una banda y en lo único que pensó fue en el patrocinador, que días antes le había dado unos zapatos, mismos con los que anotó su primer gol como futbolista del Guadalajara. Morales levantó la pierna izquierda y mostró la marca del calzado en señal de agradecimiento. Nunca pensó que de esa forma celebraría.

Chivas venció aquella noche 2-1 a la Franja. Félix Martín Ubaldi anotó el empate momentáneo mientras que Ricardo Peláez dejó cifras definitivas en favor de los dirigidos por Ricardo el Tuca Ferretti.

4 DE ABRIL DE 2015: HÉROE COLOSAL

El partido se hallaba en los segundos finales.

El marcador se encontraba empatado gracias a los goles de Omar Bravo, por Chivas, al minuto diez, y media hora después, Luis Caballero empató por el Atlas.

Daniel Álvarez recibió una falta de Carlos Salcedo dentro del área. El juez central, José Alfredo Peñaloza, se dirigió a amonestar al futbolista rojinegro, pero fue corregido por el auxiliar Alberto Morín, por lo que se decretó la pena máxima en favor de los locales.

El encargado de ejecutar el lanzamiento fue el juvenil Alfonso González, quien era catalogado como una de las joyas más valiosas de la cantera del Paradero.

Acomodó el balón. Desafió a Luis Michel, quien, dicho sea de paso, ya se había convertido en la figura del juego al sacar al menos tres jugadas claras de gol. Ponchito amagó con partir la portería en dos y picó el balón suavemente a lo Panenka.

El cronómetro marcaba el minuto 94 de tiempo corrido, y mientras la esférica tardó en llegar a su destino, el Gato Michel se recostó quedamente sobre su costado izquierdo y tuvo la capacidad de tener una reacción felina para regresar a su posición inicial y, con una estirada grandiosa, detener el penal.

González tuvo el triunfo en sus pies, pero la mano derecha de Michel evitó la caída del Rebaño y terminó siendo el héroe de aquel capítulo en la historia de los clásicos tapatíos.

5 DE ABRIL DE 2006: MORUMBIAZO

Noche histórica. El estadio Cícero Pompeu de Toledo, mejor conocido como el Morumbí, atestiguó la hazaña del Deportivo Guadalajara que, con autoridad, se impuso 2-1 sobre el Sao Paulo de Brasil dentro de la fase de grupos de la Copa Libertadores.

El equipo sudamericano mantenía una racha vigente de cerca de 19 años sin perder como local en cualquier competencia internacional, luego de que el 8 de mayo de 1987 cayeran por idéntico marcador frente al Colo Colo de Chile.

El heroísmo de los pupilos de José Manuel de la Torre fue aún más notable por dos motivos: primero, el Sao Paulo se puso en ventaja a los 32 minutos por conducto de Aloiso, quien abrió el marcador con un gran gol al prender el balón de aire y dejar sin oportunidad a Oswaldo Sánchez. Después, cuando el marcador estaba igualado, Omar Bravo se fue expulsado a falta de 19 minutos para el final del encuentro.

Sergio Santana igualó el marcador tras rematar con la cabeza un gran servicio de Adolfo Bautista y, al minuto 80, Diego Martínez anotó el gol

de la voltereta y el que fue su primero como futbolista del Rebaño Sagrado.

Además de los 30 encuentros invicto del equipo paulista jugando como local, hay que destacar que era el vigente monarca del torneo continental, además de haberse coronado como campeón del mundo al imponerse 1-0 ante Liverpool en la final del Mundial de Clubes 2005. Dicho encuentro, por cierto, lo pitó el silbante mexicano Armando Archundia.

Tras el histórico resultado, Oswaldo Sánchez, Francisco Rodríguez, Carlos Salcido, Gonzalo Pineda, Ramón Morales y Omar Bravo se despidieron del equipo para reportarse con la selección mexicana y concentrarse previo al Mundial de Alemania 2006.

6 DE ABRIL DE 1995: SORPRENDEN A PORPIOS Y EXTRAÑOS

En la década de los noventa, hubo un equipo que dominó a placer el campeonato mexicano: los Rayos del Necaxa. Un equipo bien dirigido por Manuel Lapuente, donde todos los futbolistas comulgaban con las ideas del técnico y que, tras esos gloriosos años, consiguió tres títulos de liga, una Copa México, un Campeón de Campeones, una Copa de Campeones de Concacaf y una Recopa de Concacaf, además de llegar a otras dos finales del torneo local donde no lograron conseguir el campeonato.

En la jornada 14 de la temporada 1994-1995, los Rayos visitaron al Guadalajara en el Estadio Jalisco con la consigna de regresar al Distrito Federal con el triunfo. Y desde el arranque del encuentro buscaron hacer daño a la cabaña tapatía, pero se encontraron con un enorme Eduardo Fernández que fue una verdadera muralla y apagó cada embate electricista.

El propio Fernández habría despertado el sentimiento de compañerismo con el resto de futbolistas que empezaron a generar jugadas de peligro. Omar Arellano abrió el marcador, Misael Espinoza hizo el segundo. Ramón Ramírez fulminó las esperanzas visitantes y Jorge el Remy Arreola dejó cifras definitivas.

El Guadalajara se impuso 4-0 al poderoso Necaxa y al final del encuentro las reacciones fueron de campanada: "El marcador es sorpresivo. Necaxa es un buen equipo y no esperábamos tantos goles", sentenció el autor del segundo gol, Misael Espinoza.

Fernández sacó al menos tres jugadas claras de gol a Peláez, Aguinaga y Ambriz. Y Chivas se impuso contundentemente a un equipo de época.

7 DE ABRIL DE 1991: MINUTO DE SILENCIO

José Luis el Gato López Olascoaga, portero del Guadalajara, tuvo quizás uno de los días más complicados como futbolista profesional el 3 de abril; luego de la derrota ante Tecos de la UAG 2-1 en el Tres de Marzo, fue notificado de la muerte de su señor padre Luis López Varela, a los 58 años, víctima de arterosclerosis.

Para el siguiente encuentro, el 7 de abril ante Correcaminos, la directiva tapatía brindó un minuto de silencio justo cuando estaba por comenzar el segundo tiempo, donde el resultado final quedó empatado a un gol en el Estadio Jalisco.

Ante los emplumados, el Gato tuvo una actuación destacada logrando contener los avances oponentes; sin embargo, al minuto 66, José Luis Malibrán perforó el arco rojiblanco ante el disgusto de la afición. Quince minutos después, llegó el empate de Chivas por conducto de Néstor de la Torre para decretar el resultado final.

El canterano del Toluca estaba afianzado en el cuadro titular por varios partidos. Sin embargo, tras el encuentro frente a los tamaulipecos, el guardameta destapó un refresco de cola y tuvo el infortunio de lastimarse un ojo. La lesión fue tan grave que estuvo fuera de circulación cerca de un año.

8 DE ABRIL DE 2017: A PICARDÍA DE FIERRO

El Guadalajara se fue al medio tiempo con la derrota parcial de 2-0 ante el Puebla de la Franja.

Al 25, Federico González abrió el marcador y, seis minutos después, Edgar Dueñas amplió la ventaja para el conjunto camotero. Chivas a remar contracorriente.

Y empezó el show de Carlos Fierro. El extremo por derecha explotó con velocidad, enjundia y agallas, para desbordar las veces que lo deseó y de esa forma llegó el descuento tras asistir a Alan Pulido, quien hizo el primero para el Guadalajara.

El silbante, Miguel Ángel Chacón, expulsó en el minuto 64 al mediocampista José Juan Vázquez por cortar con la mano un avance de los visitantes. El Puebla cazaba una jugada en contragolpe para liquidar el partido; pero el Guadalajara no bajó los brazos, ni mucho menos Fierro, que provocó la expulsión de Adrián Cortés, quien en dos jugadas consecutivas frenó al campeón del mundo sub-17 en 2011.

Tras esa jugada, se generó el empate. Néstor Calderón ejecutó rápido la falta para servir a Fierro, quien entró al área, mandó el centro y el balón fue desviado por Osvaldo Centurión a su propia portería. El graderío era una locura.

Cuando todo parecía que Chivas y Puebla dividirían unidades, apareció el hombre del partido.

Al minuto 92, Cristian Campestrini tenía el balón controlado y esperó a que sus defensores salieran y se ubicaran en lo que podía haber sido la última ofensiva poblana. El portero soltó el balón para despejarlo, pero no se dio cuenta de que Fierro estaba tras él. El atacante robó el esférico, eludió al guardameta y anotó el tercer gol. Voltereta espectacular.

Después de 13 jornadas del Clausura 2017, Chivas era líder de la competencia gracias a la astucia del canterano Carlos Fierro.

9 DE ABRIL DE 2008: EL RETORNO DE O REI

La vez más reciente que Edson Arantes do Nascimento había pisado la cancha del Estadio Jalisco fue el 17 de junio de 1970, en el partido correspondiente a la semifinal del primer Mundial celebrado en México, donde Brasil se impuso 3-1 a Uruguay. Sí, en ese encuentro donde hizo la famosa jugada de antología al portero charrúa, Ladislao Mazurkiewicz, y que por desgracia no fue gol.

Tras ese último encuentro en el monumental, la selección de Brasil emprendió el viaje a la capital del país para consagrarse como campeona del mundo al vencer 4-1 a Italia.

El rey volvió 38 años después. Y lo hizo para recibir un homenaje por parte del Guadalajara, el equipo más mexicano de todos. El escenario fue la quinta jornada de la fase de grupos de la Copa Libertadores donde Chivas recibió al Santos, equipo donde Pelé militó más de 17 años

El graderío presentó una excelente entrada para apoyar al Rebaño y para rendirle pleitesía a uno de los consentidos de la afición mexicana.

Al medio tiempo se llevó a cabo el homenaje a uno de los mejores futbolistas de la historia. De manos de Angélica Fuentes, en ese entonces directora general del Grupo Omnilife, la Perla Negra recibió una estatuilla en forma de matraca, instrumento con el que se apoyó desde las tribunas al Scratch du Oro en la mencionada Copa del Mundo.

Edson recorrió la cancha de un lado a otro y de área a área para agradecer a la afición que hacía cerca de 40 años lo arropó con ahínco. "Tengo un corazón mexicano" fueron las palabras del tres veces campeón mundial. El estruendoso canto de la afición tapatía dictaba el famoso "Olé, olé, olé, Pelé, Pelé".

El Guadalajara se impuso aquella noche al Santos con marcador de 3-2 con goles de Omar Arellano, Francisco el Maza Rodríguez y Sergio Santana. Por los sudamericanos anotaron Kléber Boas y Kléber Correa.

Pelé disputó cinco partidos en el Jalisco durante el Mundial de México 70, donde anotó tres goles y dio el mismo número de asistencias. Enfrentó a Checoslovaquia, Inglaterra, Rumanía, Perú y Uruguay.

10 DE ABRIL DE 1994: UN ERROR INFANTIL COSTÓ LA TEMPORADA

En el encuentro de vuelta del repechaje para conseguir un boleto a la liguilla, el Guadalajara cayó inesperadamente ante Morelia por marcador de 3-2 en la cancha del Estadio Jalisco.

Si bien es cierto que Chivas jugó desganado el segundo encuentro de la serie, aún mantenían vivas las aspiraciones para clasificar, pero un tremebundo error del guardameta, Eduardo Fernández, lanzó por la borda las esperanzas rojiblancas.

José Luis Montes de Oca retrasó un balón al experimentado arquero, que lo tomó con las manos y el árbitro central, Arturo Brizio, decretó la infracción, misma que ejecutaron Vera y Figueroa para que este último mandara el esférico al arco chiva. Era el 3-1 que liquidó al Rebaño.

En el encuentro de ida, el resultado terminó con empate a dos goles, luego de que el Guadalajara alcanzara a los Canarios que se habían ido 2-0 al frente. Para la vuelta, sucedió exactamente lo mismo, Morelia ganaba 2-0, Chivas reaccionó y, al final, el error defensivo provocó la eliminación.

Sobre la hora, Benjamín Galindo ejecutó a la perfección un penal, pero fue demasiado tarde.

11 DE ABRIL DE 1948: SERENATA DIURNA

El ambiente colorido se sentía a leguas. El Guadalajara jugaba nuevamente en la perla tapatía y eso denotaba alegría entre la afición. Los rojiblancos recibieron al Moctezuma de Orizaba en duelo correspondiente a la jornada 27 de la temporada 1947-1948.

La directiva había orquestado una celebración, sin otro motivo especial más que animar a la gente que abarrotó las gradas del Parque Oblatos.

Además del gran partido que hizo el equipo local, la fiesta se redondeó con un jubiloso mariachi que amenizó el entretiempo con música regional y algunas canciones populares que despertaron aún más el ánimo del respetable.

El encuentro fue muy disputado y podría decirse que un tiempo correspondió a cada bando. El Guadalajara dominó a placer la primera mitad, mientras que los orizabeños fueron amos y señores de la parte complementaria.

Los rojiblancos se fueron al descanso con el marcador de 3-0 gracias a las anotaciones de Rafael Rivera en dos ocasiones y una de Max Prieto. Con el resultado parcial, sumado el son de los músicos, la atmósfera festiva no podía ser mejor.

Sin embargo, la escuadra veracruzana jugó mejor en el segundo lapso y se acercó peligrosamente en el marcador, aunque no les alcanzó para empatar el partido.

A pesar del susto, los seguidores del Guadalajara se fueron a sus casas con el ritmo del mariachi al caminar y los dos puntos en la bolsa.

12 DE ABRIL DE 2005: BRUJERÍA

Chivas buscaba su pase a octavos de final de la Copa Libertadores 2004-2005. Para ello visitaba al vigente campeón de la edición anterior: Once Caldas de Colombia.

La ciudad de Manizales se preparó para recibir al equipo mexicano, que con sumar un punto aseguraba el boleto a la siguiente ronda. La afición tricolor también quiso jugar su partido para ayudar a su escuadra a superar la fase de grupos.

El Palogrande, estadio del equipo albo, registró una entrada pobre. Cerca de un tercio de las gradas estuvieron pobladas, quizás porque el equipo monarca no jugaba bien al fútbol y Chivas mantenía el invicto en el certamen. Sin embargo, hubo quien pensó en hacer hasta lo imposible por ayudar al equipo cafetero.

Durante el entrenamiento previo al partido, un brujo se puso a danzar en la portería del Guadalajara. Y mientras bailaba, tiraba humo al arco que después defendería Oswaldo Sánchez. El guardameta y Johnnie García tuvieron una breve charla para comentar lo que hacía el sujeto. Ninguno cree en brujerías. Pero por aquello de las dudas, ambos futbolistas le dijeron al capitán Ramón Morales que, si ganaba el volado, escogiera la otra portería.

Arrancó el partido. A los 42 segundos, Chivas ya iba abajo en el marcador y al minuto 35, lo perdía 4-0. Bravo y el mismo García hicieron los goles tapatíos para hacer más digno el resultado, que finalmente fue 4-2 en favor de los colombianos.

El Rebaño dejó el invicto en Manizales gracias a un hechicero y a un terrible arranque de partido.

13 DE ABRIL DE 1965: CHIVAS TERMINA CON NUEVE ANTE NECAXA

De esos partidos donde nada sale. La mala fortuna y las desconcentraciones, en suma, con la gran exigencia y seriedad que Necaxa le dio al encuentro, generaron que el Guadalajara fuera humillado en su casa, contra un equipo que buscó desde el comienzo el arco enemigo.

Y es que, al arranque del encuentro, José Villegas sufrió un tremendo golpe tras chocar con un futbolista visitante. El dolor fue tan intenso que solamente pudo terminar los primeros cuarenta y cinco minutos. Para el segundo tiempo, el Jamaicón se quedó fuera del terreno de juego.

Además, cuando el marcador ya era 2-0 en favor de los electricistas, el atacante, Héctor Hernández, perdió la cabeza y pateó a un jugador de Necaxa debido a la frustración, pues el defensor le había robado limpiamente la esférica. Impotencia pura ante el mal partido por parte de todo el equipo.

Para terminar de redondear el mal día, al término del encuentro, el presidente del Necaxa, Miguel Ramírez Vázquez, anunció que el delantero Salvador Reyes estaba prácticamente arreglado para jugar con ellos. Eso, al final de cuentas, no sucedió, por lo menos.

14 DE ABRIL DE 1985: OTRA DE EXPULSIONES

Nuevamente los futbolistas del Guadalajara se ven envueltos en una incansable lucha por ver quién pierde más rápido la cabeza. Aunque es cierto que esto no se ve cada ocho días, hay evidencia de que, al menos en más de una ocasión, los jugadores no están a la altura de la presión y salen por la puerta de atrás, y antes de tiempo en un partido.

El poderoso Puebla de la década de los ochenta estaba paseando al Guadalajara. En el tema táctico, el estratega camotero, Hugo Fernández, sorprendió al colocar en el eje del ataque al central Rodríguez Plata que, cuando el marcador favorecía 2-0 a los locales, vio la tarjeta roja cuando restaba media hora de partido.

El Rebaño, en vez de aprovechar la superioridad numérica, cayó en el juego mental de los poblanos y, en los siguientes diez minutos, perdió a dos de sus elementos claves: Díaz y Cárdenas.

El período de tiempo entre las tres tarjetas rojas fue de 10 minutos, es decir, que el Rebaño en vez de apurarse para anotar, se ofuscó en buscar el gol.

El partido terminó con victoria de la Franja por 3-0 con goles de Romano, Sanhueza y Álvarez.

15 DE ABRIL DE 2001: ENTRADA GRATUITA

Más de 100 000 personas aprovecharon la oferta de la directiva del Necaxa. Todos los aficionados entraron gratis al partido correspondiente a la jornada 16 del Verano 2001.

En las afueras del Estadio Azteca, mareas de personas que intentaron ingresar se veían por doquier y muchos se quedaron con las ganas de entrar al mítico coloso.

Según diversos medios de comunicación, hubo portazo y, por lo tanto, sobrecupo en las tribunas. La gente llenó completamente las localidades y muchas más tuvieron que sentarse en las escaleras de las gradas. Una locura. La directiva capitalina quiso consentir a su afición por el mal torneo que brindó el equipo, sin embargo, para sorpresa de la dirigencia y obviedad de la gente, la mayoría en las tribunas era afición del Guadalajara.

El partido fue una fiesta. En el primer tiempo, muchas llegadas de ambos bandos, pero sin mover el marcador. Para la segunda mitad cayó media docena de goles y Chivas se impuso 4-2 con goles de Ramón Morales, Jair García en dos ocasiones y Carlos Hermosillo.

Una vez más, el Guadalajara fue local en el Coloso de Santa Úrsula.

16 DE ABRIL DE 1995: CHIVAS GANA Y FESTEJA EL ATLAS

Pocas son las veces en las que el Atlas del Guadalajara espera que su archirrival de la ciudad consiga la victoria.

Monterrey visitó a Chivas en el Estadio Jalisco y los rojiblancos tuvieron a un singular aliado, al menos desde las tribunas, era nada más y nada menos, que la nación rojinegra quien esperaba que los regiomontanos no sumaran para ellos mantener el segundo lugar del grupo 4.

Y así sucedió. El Rebaño se impuso 2-1 a los Rayados con un soberbio gol de Ramón Ramírez a once minutos del final y se celebró con ahínco en el Paradero. Además, Espinoza abrió el marcador y Jáuregui empató momentáneamente al arrancar el segundo tiempo.

Con este resultado, Chivas se ubicó en el segundo lugar de la tabla general con 48 puntos, igualados con América, pero los capitalinos con mejor diferencia de goles.

Los Zorros se instalaron en el segundo peldaño del cuarto pelotón con 30 unidades y mejor goal average que Monterrey.

Tras 35 fechas en el torneo de Primera División, Atlas mantenía vivas sus esperanzas de liguilla gracias a un triunfo de Chivas.

Al final del certamen, el Guadalajara quedó como líder de la competencia con 53 unidades y los rojinegros quedaron eliminados con 32 puntos y terceros en su grupo.

17 DE ABRIL DE 1966: SPARRING

Como parte de la preparación de la selección mexicana de fútbol, previo al Campeonato Mundial de Fútbol de Inglaterra 1966, los federativos organizaron una minigira por Los Ángeles, California, donde el representativo nacional se enfrentó al Toluca y al Guadalajara.

Ante los choriceros, el Tricolor se impuso cómodamente con el marcador 4-1. Sin embargo, contra los tapatíos la historia fue diferente. Chivas derrotó 3-1 a México en el amistoso disputado en el East Los Ángeles College.

Las anotaciones cayeron para el final del encuentro. Salvador Reyes, futbolista del Guadalajara, adelantó a la selección a quince minutos del final. Y después, Chivas empató por conducto de Javier Barba y le dio la vuelta al marcador gracias al gol de Adalberto el Dumbo López, al 80 y 85 respectivamente. El gol que sentenció la victoria rojiblanca llegó por medio de Héctor Hernández.

Para generar mayor interés, la actriz Maureen O'Hara dio la patada inicial previo al encuentro, además, se contó con la presencia de otras celebridades del mundo de Hollywood, donde destacó el actor argentino Lorenzo Lamas.

18 DE ABRIL DE 1982: UNA MANO

El Guadalajara visitó al poderoso Atlante, de Evanivaldo Castro, en la cancha del Estadio Azteca ante más de 80 000 aficionados. Chivas llegó en busca de los dos puntos para mantener sus aspiraciones de avanzar a la fase de liguilla.

Los azulgranas, comandados por Cabinho, fueron los que en un inicio propusieron más y con mejores oportunidades. Al 21 de las acciones, Ricardo Pérez desvió el balón con la mano sobre la línea de gol, pero el silbante, Julián Cicero, determinó que previamente hubo una infracción cometida al guardameta Javier Ledezma, que no existió.

Quince minutos después, hubo otro penal que no sancionó el juez central en favor de los locales. En esta ocasión, Gutiérrez cometió una clara falta sobre Ratón Ayala y el silbante no lo marcó.

Es probable que la presión haya invadido a Cicero, pues el 90 % de la afición era del Guadalajara. Y le llegó la buena a Chivas. En el segundo tiempo, el árbitro ahora sí marcó la pena máxima en favor de la visita por un jalón de Avilés al Snoopy, que capitalizó de buena manera Pajarito para vencer a La Volpe, y que así el Rebaño regresara a la Perla de Occidente con el paquete completo de puntos.

El árbitro echó una mano, que impidió que el Atlante se pusiera al frente en el marcador.

19 DE ABRIL DE 1953: SOBRE LA HORA

Existen diferentes maneras de perder un partido. La más dolorosa es, sin duda, cuando haces un partido digno y te arrancan el resultado en la última jugada, o viceversa. Ganar un clásico en el suspiro final hace que el encuentro tenga un mejor sabor.

Así fue la historia del clásico tapatío del 53. Si bien la figura fue el arquero atlista, Raúl Córdoba, al sacar cualquier cantidad de disparos de los ofensivos rojiblancos, los Zorros dieron un interesante encuentro, sobre todo en la actitud y la manera de disputar todos los balones.

Cuando parecía que el juego llegaría a su fin, apareció la calidad de Panchito Flores para ejecutar un tiro de esquina con mucho veneno y malas intenciones. Tomás Balcázar se elevó hasta las nubes para rematar el esférico y bajarlo a los pies de Chuco Ponce, quien paró el balón solo y su alma y lo empujó al arco enemigo.

Lo doloroso para los atlistas fue que la anotación cayó al minuto 89, ya no hubo capacidad ni tiempo para reaccionar y el Guadalajara volvió a imponerse en el clásico tapatío.

20 DE ABRIL DE 2019: AMIGO Y ENEMIGO

Lo que vivió Bryan Angulo, lateral izquierdo del Puebla, es de esas cosas que raras veces se ven en un campo de fútbol, sin importar si se es o no profesional y en la división que sea.

El colombiano fue la figura del encuentro donde los camoteros se impusieron 3-1 al Guadalajara en la cancha del Estadio Akron, que dejó al equipo de Tomás Boy sin posibilidad de calificarse a la liguilla.

Primero, el caleño marcó un autogol tras el cobro de un tiro de esquina de Gael Sandoval apenas al minuto 19.

Y como la resiliencia es una palabra muy de moda en estos tiempos entre los futbolistas, Angulo la ejecutó a placer para sobreponerse a dicha adversidad.

Por la misma vía, en un saque desde el córner, el defensor se encontró el balón y, con su pierna inhábil, cruzó el disparo para vencer a Raúl Gudiño. El daño estaba reparado, pero faltaba más, cuatro minutos después, Angulo le dio la vuelta al marcador tras encontrarse un rebote y fusilar al portero del Rebaño.

Marcó tres goles en 33 minutos y la Franja ya lo ganaba 1-2.

Arrancando el segundo tiempo, Matías Alustiza fulminó al Guadalajara con un potente disparo para decretar el resultado definitivo.

Qué rápido le llegó la revancha futbolera a Bryan Angulo.

21 DE ABRIL DE 1974: AGRESIÓN ARBITRAL

El Estadio Olímpico de Ciudad Universitaria fue la sede del encuentro entre Chivas y Gallos de Jalisco, de la última jornada de la temporada, ya que la casa de Chivas cumplía el partido de veto por la agresión que sufrió el asistente José Pedraza por parte del público.

Para el encuentro entre ambos equipos jaliscienses la historia fue similar. En esta ocasión, el árbitro auxiliar, Javier Urrea, fue alcanzado por un proyectil lanzado por algún aficionado presente en CU. La reacción del juez de línea fue simplemente cambiarse de banda con el expreso aviso al central, Arturo Brizio.

Los emplumados ganaron el encuentro por la mínima diferencia gracias al penal bien ejecutado por Victorino al minuto 38. Aquella ejecución se repitió, pues Bira ingresó al área y Brizio Cárter ordenó que se lanzara nuevamente.

22 DE ABRIL DE 1986: NO LLEGÓ EL MAESTRO

El Guadalajara anunció la incorporación del refuerzo zacatecano Benjamín Galindo Marentes, de 25 años, proveniente del Tampico Madero.

Todo estaba listo para presentar al nuevo futbolista rojiblanco ante los medios de comunicación en una conferencia de prensa encabezada por el presidente de la institución, Marcelino García Paniagua, además del estratega Alberto Guerra y otros dirigentes. Faltó alguien. El personaje principal de la función.

Benjamín Galindo no pudo estar en la presentación debido a que su vuelo se retrasó, por lo que no cupo más que una disculpa a los medios, acompañada de una breve explicación de lo sucedido.

Sin embargo, al día siguiente llegó a Verde Valle para conocer a sus nuevos compañeros y ponerse bajo las órdenes de Guerra, que, sin duda, consideró a Galindo como una de sus piezas clave para el funcionamiento del equipo en las siguientes temporadas.

23 DE ABRIL DE 2007: BLOQUEOS

El Guadalajara y Pachuca disputaron la final de la Liga de Campeones de la Concacaf. En el juego de ida, el marcador terminó con igualdad 2-2 y todo se definió en la vuelta en el Estadio Hidalgo.

Quien resultara ganador del encuentro, tendría su boleto asegurado al Mundial de Clubes que se desarrollaría en Tokio, Japón.

La demanda de boletos para el encuentro definitivo fue altísima. Los hidalguenses hicieron filas desde muchas horas antes con la esperanza de

conseguir alguna entrada, pero las autoridades del equipo mencionaron que estaban agotados.

A pesar de quedar unos cuantos boletos disponibles, estos eran para los socios comerciales del Club Pachuca, la molestia de los aficionados fue tal, que decidieron bloquear avenidas aledañas al Estadio Hidalgo en señal de protesta.

La Secretaría de Seguridad Pública ayudó a disolver las marchas, pues las afectaciones más graves las sufrió el bulevar Felipe Ángeles, artería principal para el acceso a la casa de los Tuzos.

El encuentro terminó empatado sin anotaciones y en los penales Pachuca se impuso 7-6 para conseguir el lugar al Mundialito.

Desde luego, el Hidalgo presentó una entrada de locura con las 30000 localidades ocupadas.

24 DE ABRIL DE 1955: POSTAL LEGENDARIA

Una de las imágenes más poderosas en la historia del fútbol mexicano, y sobre todo en la rivalidad entre Chivas y Atlas, se dio en el cuadrangular por la Copa Oro de Occidente disputado en el Campo Oro.

Jaime el Tubo Gómez, histórico portero del Rebaño, protagonizó una pintura que quedará para la eternidad en la memoria de ambas aficiones.

Apenas corría el minuto 16 de tiempo corrido y el Guadalajara ya ganaba 4-0. Los aficionados rojinegros no podían creer lo que pasaba en la cancha y amedrantaron al guardameta.

"Los fanáticos de Atlas me empezaron a fastidiar. Dije: estos quieren pleito. ¿Qué les voy a hacer?, pero algo que les duela para toda la vida. Me voy a sentar a leer", recordó Gómez en una charla con Nadim Modad.

Y fue en ese momento cuando pidió prestado un cuento a un aficionado. Se sentó, en el pasto y se recargó sobre el poste derecho de la portería.

La imagen quedó perpetuada gracias al fotógrafo Bartolomé Ornelas, del periódico El Occidental.

En la misma entrevista, el arquero recuerda el verso que le dedicaron sobre ese pasaje: "En clásico memorable creyeron tener festín, más tiempo tuvo su padre de leer hasta el Pepín". Pepín fue una revista de historietas muy popular en la cultura mexicana en la década de los treinta y la de los cuarenta.

Relata Pascual Gómez, conocedor del Guadalajara y hermano del Tubo que, al medio tiempo del encuentro, el silbante, Felipe Buergo, se acercó con Gómez y le comentó que, si volvía a hacer esa acción, se iría expulsado, situación que no sucedió.

El resultado final fue 5-0 en favor de Chivas gracias al doblete de Mellone y a las solitarias anotaciones de Chuco, Dumbo, y Panchito.

Hoy día, esa postal cala hondo en la afición atlista, aunque meses después tendrían su revancha (véase 4 de septiembre).

25 DE ABRIL DE 2012: INCENDIO

El bosque la Primavera, ubicado al oeste de Guadalajara, ha sufrido varios incendios desde tiempos remotos. Este pulmón de más de 300 kilómetros cuadrados afectó el calendario de Chivas hace algunos años.

En 2012, el incendio fue provocado, presuntamente, por quema de basura y los vientos provocaron que el fuego alcanzara la reserva natural.

La ciudad de Guadalajara y los municipios aledaños fueron encapsulados en una densa capa de humo provocado por este hecho.

Las Chivas se vieron afectadas en el trabajo que tenían contemplado para hacer ese miércoles y se determinó cambiar la sede y el horario. Estaba previsto el entrenamiento en las instalaciones de Verde Valle a las 10:00 horas, pero fue imposible trabajar en el mencionado sitio por la cercanía del bosque.

Así que la directiva y el cuerpo técnico decidieron trasladarse a San Rafael, en el poniente de la ciudad, ubicado a poco más de 20 kilómetros de Verde Valle.

El incendio fue controlado después de tres días con apoyo de muchas dependencias y cerca de 500 brigadistas.

26 DE ABRIL DE 2009: A PUERTAS CERRADAS

El virus de la gripe A (H1N1) golpeó fuertemente a México. Los primeros casos reportados indicaban que los pacientes se enfermaron los últimos días de marzo. Poco tiempo después, se registró la primera muerte relacionada a este brote, donde la víctima fue una menor de edad.

Ante esta seria amenaza, las autoridades en materia de salud del Distrito Federal, junto con los dirigentes de la Federación Mexicana de Fútbol, determinaron que los partidos Pumas vs Chivas y América vs Tecos, correspondientes a la jornada 15 del Clausura 2009, se disputaran a puerta cerrada.

El Guadalajara visitó la cancha del Olímpico Universitario que lucía triste con las tribunas vacías. La imagen de un estadio de fútbol vacío es igual que la de un cementerio bajo la lluvia.

El partido, por demás, fue intenso. En el primer tiempo, el Rebaño se puso al frente gracias al gol de Javier Hernández tras el servicio de Amaury Ponce. Para el festejo, el Chicharito se llevó las manos a los oídos, en señal sarcástica de exigir los coloridos, vulgares y alentadores gritos que se gestan al caer las anotaciones.

A ocho minutos para que el silbante, Germán Arredondo, silbara el final del partido, apareció Juan Carlos Cacho, quien con un sólido remate con la cabeza venció a Luis Michel para decretar el marcador final.

Dos días después, las autoridades federales, estatales y gente de fútbol dictaminaron que la jornada 16 del certamen se jugara sin público para proteger a la afición y a los deportistas.

27 DE ABRIL DE 1971: SERIAS DUDAS

El ingeniero Javier de la Torre fue un entrenador muy meticuloso a la hora de elegir a sus futbolistas titulares. Jugaba el que estaba en mejor momento y por eso sus Chivas fueron un equipo de época.

El Guadalajara visitaba al León en el juego correspondiente a la jornada 23 del torneo liguero y la problemática más complicada que vivían los rojiblancos era sobre quién sería el portero titular en el entonces llamado Nou Camp.

El arquero que venía siendo titular, Gilberto Rodríguez, había sufrido una luxación en la mano derecha tras la bronca que se originó un par de días antes contra el Laguna.

Por otro lado, Ignacio Calderón había sufrido una infección a causa de una inyección, por lo que no se encontraba en las mejores condiciones.

Llegó el día del juego y De la Torre se decantó por el Cuate, ya que el Coco no logró recuperarse.

León se impuso 2-1 al Rebaño y ese par de infortunas lamentaciones afectaron, sin duda, el esquema táctico del Guadalajara

28 DE ABRIL DE 1951: EL ÚLTIMO CLAVO

El Guadalajara recibió en la jornada 22, última de la temporada 1950-1951, al San Sebastián de León, equipo que había llegado descendido a la Segunda División, convirtiéndose así en la primera institución en la historia en perder la categoría del máximo circuito en el fútbol mexicano.

La deportividad y caballerosidad del Guadalajara, ante la lamentable situación del rival, quedó expuesta al jugar con la intención de conseguir los dos puntos, aunque tampoco peleaban, solo quedaba el darle una última satisfacción a la afición.

Los Santos se fueron al frente en la media hora del primer tiempo gracias al gol de Torres, quien disparó con potencia y logró que le pasara entre las piernas al Tubo Gómez. De esta manera, se marcaba el último gol del equipo en Primera División.

Dos minutos después, el Guadalajara empató los cartones gracias a la anotación de Noriega tras la asistencia de Javier de la Torre. De hecho, el tercer gol en conjunto con la misma sociedad.

La voltereta la gestó Enciso, quien superó al Potrillo Martínez para adelantar a los rojiblancos. El 3-1 definitivo lo decretó nuevamente Noriega luego de hacer efectivo el servicio de Javier de la Torre.

De esta manera, se gestó el último partido del San Sebastián en la liga de honor.

La directiva albiverde buscó la manera de permanecer en Primera División, aunque sin tener éxito.

29 DE ABRIL DE 2009: CARRASPEOS

El virus de la gripe A (H1N1), o mejor conocido como gripe porcina, que se originó en México, fue el arma perfecta para que los aficionados chilenos discriminaran a la delegación del Guadalajara que se midió al Everton de Viña del Mar, en partido correspondiente a la sexta jornada de la fase de grupos de la Copa Libertadores de 2009.

Chivas visitó al equipo andino en el Estadio Sausalito, con un empate le bastaba al Rebaño para avanzar a los octavos de final del certamen.

Al llegar al país sudamericano, los futbolistas demandaron actitudes reprobables por parte de la afición chilena, que hostigaron y se burlaron por la crisis sanitaria que arrastró a México en ese tiempo.

El orgullo de Chivas salió a flote y, apenas a los cinco minutos, Javier Hernández abrió el marcador en favor de la visita para poner al Guadalajara prácticamente en la siguiente instancia. El Everton no bajó los brazos, pues necesitaba los tres puntos para ser ellos quienes acompañaran al Caracas a la fase ulterior.

El empate llegó al 49 por conducto de Jaime Riveros.

Cerca de finalizar el encuentro, Ezequiel Miralles chocó con Luis Michel y los futbolistas de Chivas consideraron el encontronazo como una agresión desleal, por lo que amedrentaron al oponente. Los ánimos se calentaron y Sebastián Penco insultó a Héctor Reynoso, quien, sin más, amagó con escupirlo, situación que no fue vista por el árbitro, Héctor Baldassi.

Penco trató de humillar a Reynoso haciendo burla por la epidemia que azotaba al país azteca y el zaguero rojiblanco amenazó 'con contagiarlo'. Por supuesto que Héctor Reynoso recibió críticas por parte de la prensa chilena, además de ser suspendido el resto del torneo.

La Motoneta aseguró que, tras el altercado con Sansón, tuvo que vacunarse para evitar contraer el virus.

Con el empate, Chivas avanzó, pero por la situación sanitaria, Conmebol descalificó al Rebaño y a San Luis, aunque para la edición siguiente, el organismo sudamericano colocó a ambos equipos directamente en la llave de octavos de final.

30 DE ABRIL DE 1964: APLAUSOS BLAUGRANAS

Guadalajara fue el primer equipo mexicano en realizar una gira para jugar partidos amistosos en el viejo continente.

El primer rival del equipo rojiblanco fue el poderoso Barcelona en el Camp Nou ante cerca de 30 000 espectadores.

Chivas no se achicó a pesar de ir abajo en el marcador, en el primer tiempo, con una desventaja de dos goles gracias a las anotaciones de Zaldúa al 12 y Fusté al 29. El segundo gol del equipo catalán fue de penal, que el silbante, Pintado, marcó de manera rigurosa por una mano involuntaria de Guillermo Sepúlveda.

El esfuerzo cobró frutos y en el segundo tiempo, con doblete de Salvador Reyes, Chivas logró conseguir un empate importante para su historia. Si bien no se jugaba absolutamente nada, estaba de por medio el honor del equipo más grande de México.

Al 73, Chava remató con la cabeza un tiro de esquina y el balón entró pegado al poste de Comas. Dos minutos después, apareció nuevamente el Melón, quien definió con la pierna derecha tras la asistencia de Chato Ortíz, refuerzo del Necaxa para esa gira europea.

El marcador no se movió más. Barcelona y Chivas igualaron a dos goles.

La afición blaugrana reconoció el rendimiento del Guadalajara y, al terminar el encuentro, vitoreó con aplausos al equipo tapatío.

Al finalizar el partido, los futbolistas rojiblancos recorrieron la cancha del Camp Nou con una bandera española, mientras que los catalanes hicieron lo mismo, pero con la mexicana.

Durante su aventura europea, el Guadalajara enfrentó, además, al Sporting de Gijón (1-1), Sevilla (3-2), Lille de Francia (0-1), Standard de Lieja de Bélgica (0-1), Werder Bremen (2-1), Slovan Bratislava (1-0), Angers (2-2), Rouen FC (1-1) y Mestalla (2-1), donde el saldo fue de dos triunfos, cuatro empates y cuatro derrotas.

MAYO

---

1 DE MAYO DE 1977: BOTELLAZO A BONIFACIO

La locura por el fenómeno Chivas, en la capital del país, se desbordó de sobremanera cuando el Guadalajara visitó al Atlético Español en la cancha del Estadio Azteca, en el compromiso correspondiente a la jornada 34 de la temporada 1976-1977.

El aforo del coloso, en aquel entonces, era de 100 000 personas, pero ingresaron cerca de 20 000 aficionados más. Eso sí, con orden por parte de las autoridades que colocaron a la gente en las escaleras de las tribunas.

La gran mayoría era, por supuesto, seguidores del Rebaño y con cánticos enmudecieron a los fanáticos locales.

En el segundo tiempo, cuando el Guadalajara jugaba mejor —buscando aumentar la ventaja que dio Víctor Rangel—, el árbitro abanderado, Bonifacio Núñez, recibió una agresión desde el graderío al ser alcanzado por una botella. Situación que provocó que el juez central, Jorge Leanza, detuviera las acciones y, por ende, que se enfriara el vendaval tapatío.

Chivas ganó por la mínima diferencia aquel encuentro y quedó claro que la fiebre por los colores rojo y blanco está presente en cada rincón de México.

---

2 DE MAYO DE 2011: AGUA BENDITA

La directiva del Guadalajara, encabezada por su propietario, Jorge Vergara, presidió la ceremonia de inauguración del Centro Comunitario del Valle Chivabarrio en Tlajomulco de Zúniga, en el estado de Jalisco, donde el principal objetivo era fomentar el desarrollo deportivo de los jóvenes de la región.

En la apertura de la sede, un sacerdote bendijo las instalaciones vertiendo agua bendita en todas las áreas. Al portero Luis Michel le cayó una cantidad considerable del líquido y las mofas no se hicieron esperar.

Vergara Madrigal bromeó al decir que ya se le había salido el demonio al guardameta, toda vez que, en el encuentro más reciente, Chivas cayó 3-2 en casa ante Rayados de Monterrey, donde Michel cometió errores puntuales en dos de los tres goles.

El Guadalajara jugaría posteriormente los cuartos de final ante Tigres y, tras la húmeda situación, el dueño del equipo indicó que al portero se le habían ido los problemas de cara a la liguilla. Las risas de los presentes no faltaron.

Y sí, Luis Michel tuvo una notable actuación ante los felinos, sobre todo en el juego de vuelta, y Chivas se impuso por un 4-2 global para avanzar a semifinales, donde cayó eliminado con los Pumas, que a la postre se coronó como campeón del Clausura 2011.

3 DE MAYO DE 1959: CON LLUVIA Y SIN CABEZA

La disputa por el título de Campeón de Campeones se desarrolló en el Estadio Olímpico de la Ciudad de los Deportes entre el Guadalajara, monarca de la liga, y Zacatepec, de la copa.

Una lluvia torrencial se encargó de que el encuentro no tuviera la lucidez que se esperaba. Hubo jugadas de peligro por todos lados, pero el espectáculo fue mermado por la gran cantidad de agua que cayó en el Distrito Federal.

Los zacatepecanos se fueron al frente con gol de Carlos Lara con la complicidad de Nuño, quien pensó que el balón había salido de la cancha. Lara se comportó como el más listo de la clase al ganar el esférico y tomar mal ubicado al Tubo Gómez.

La lluvia no cesó. Tampoco el ímpetu tapatío.

Para el segundo tiempo, Chivas encontró la manera de penetrar la defensiva rival y, con goles de Salvador Reyes y Sabás Ponce, dieron la vuelta al marcador.

Tras el segundo gol del Guadalajara, los futbolistas del Zacatepec perdieron la cabeza y la paciencia y se dedicaron a repartir faltas a diestra y siniestra. El silbante, Manuel Alonso, se percató de las malas intenciones y castigó con tarjeta roja a Antonio Jasso y a Cárdenas, al uno por propinarle un tremendo cabezazo a Juan Jasso y al otro por una dura entrada sobre Arellano.

Al final, con el 2-1, Chivas se coronó como supercampeón de México en medio de un tremendo aguacero y un ring de boxeo.

4 DE MAYO DE 1947: NO ENTIENDEN A ORTH

En los primeros años del profesionalismo en el fútbol mexicano, incluso en los tiempos de la época amateur, era poco usual que los entrenadores gritaran como lo vemos en el fútbol moderno.

En la cancha del Oro, Guadalajara recibió a Petroleros de Tampico, dando el Rebaño una exhibición pobre y carente de cualquier elemental concepto futbolístico. Los porteños se llevaron el triunfo 4-3. Los últimos dos goles tapatíos cayeron al final del encuentro, por lo que realmente el equipo visitante no tuvo problema en el manejo de este.

Sin embargo, algo que llamó la atención y descontroló a los propios jugadores fue que el entrenador húngaro, György Orth, conocido como Jorge Orth, se desenfrenó y sus clamorosas reclamaciones a sus jugadores los destanteó y desconcentró.

De hecho, las crónicas de la prensa del día siguiente determinaron que el director técnico ocupaba el puesto únicamente para hacer las funciones de estratega y no para exhibir el pobre desempeño de sus pupilos.

El estilo después gustó. Meses más tarde, Orth dirigió a la selección mexicana y posteriormente regresó al Guadalajara en 1948.

5 DE MAYO DE 1957: LLUVIA DE TROFEOS

Guadalajara consiguió, por primera vez en su historia, el título de Campeón de Campeones al imponerse al Zacatepec 2-1, en la cancha del Estadio Olímpico de la Ciudad de los Deportes en la Ciudad de México.

Los goles fueron conseguidos por Crescencio Gutiérrez y Salvador Reyes para la causa rojiblanca, mientras que, por los Cañeros, Gustavo Cabañas hizo el descuento en la última jugada del partido.

Además, el equipo dirigido por Donaldo Ross recibió los trofeos del primer título de liga, ganado el 20 de enero de ese año y del equipo más goleador del certamen, anotando 47 dianas.

Y la repartición de premios no quedó ahí. Mellone Gutiérrez también recibió su reconocimiento como máximo goleador de la temporada, donde anotó 19 tantos en 24 partidos.

Además, en el encuentro estuvo en disputa la copa Presidente de la República, que también ganó el Guadalajara.

6 DE MAYO DE 1950: EL INICIO DE UNA ERA

Jaime el Tubo Gómez debutó con el Guadalajara en el empate a dos goles ante el San Sebastián en la cancha del Parque Oblatos. Era el comienzo de una etapa dorada en la portería del Rebaño Sagrado y la evo-

lución del Ya Merito, equipo que se quedó muy cerca de ganar títulos, al Campeonísimo.

A pesar de no haber podido hacer más, en el segundo gol de la visita, Gómez se mostró seguro, realizando atajadas interesantes tanto por aire como a ras del pasto. Fausto Prieto le dio la oportunidad y no la desaprovechó el colimense.

Sin duda, el Tubo escribió su nombre con tinta indeleble en la historia del equipo al ser el noveno futbolista con más títulos, con doce: conquistó seis ligas, cuatro Campeón de Campeones, una copa y una copa de Concacaf.

Además, por el equipo leonés también hizo su debut el portero Ortiz. Él suplió al guardameta titular Córdova, quien una semana antes se había casado.

La historia del Guadalajara no podría contarse sin Jaime el Tubo Gómez.

7 DE MAYO DE 2006: EL MILAGRO DEL CENTENARIO

El Guadalajara estaba en la lona, al borde del KO. Era la vuelta de los cuartos de final del Clausura 2006 y en frente tenía al sublíder Jaguares de Chiapas, encabezados por el goleador Salvador Cabañas.

El partido de ida fue desastroso para los dirigidos por José Manuel de la Torre, que habían caído 3-2 con un grosero error del portero, Alfredo Talavera, en los minutos finales.

El estadio Víctor Manuel Reyna era la aduana más complicada en ese entonces, pues nunca había ganado ahí el Rebaño.

El Chepo decidió hacer modificaciones en el once y mandó a la cancha a Luis Ernesto Michel. Hay que destacar que los rojiblancos no contaban con seis futbolistas titulares, que ya estaban concentrados previo al Mundial de Alemania 2006: Oswaldo Sánchez, Carlos Salcido, Francisco Javier Rodríguez, Gonzalo Pineda, Ramón Morales, y el goleador Omar Bravo.

Chivas necesitaba ganar por dos goles para avanzar a la siguiente fase y, apenas a los 25 segundos, Walter Jiménez abrió el marcador para poner en ventaja a los felinos. Parecía misión imposible.

La reacción llegó. Edwin Borboa y Diego Martínez dieron la vuelta y al medio tiempo los tapatíos iban por un gol más.

Para el segundo lapso, Salvador Cabañas vendió un penal inexistente y Manuel Glower decretó la infracción, misma que el paraguayo capitalizó.

El Rebaño no estaba liquidado. A ocho minutos del final, Adolfo Bautista anotó desde los once pasos para poner a Chivas más cerca de las semifinales. Faltaba un gol y quedaba tiempo.

Para hacer la gesta más grande, el Bofo se fue expulsado.

Las tribunas naranjas celebraban el inminente pase de Jaguares. Era el tiempo de compensación, que parecía eterno para los locales y como parpadeo para la visita.

Y entonces sucedió. Jonny Magallón recibió el balón en tres cuartos de cancha, alzó la vista y vio entrar al héroe de esa tarde. Johnnie García apareció solo y su alma en el área chiapaneca. Vio venir la esférica, se hincó y conectó con la testa. El trayecto del balón hacia la portería fue perpetuo, pero finalmente contactó con las redes. Nadie lo podía creer.

Se logró la hazaña. Chivas avanzó a semifinales de manera gloriosa.

Por cierto, fue la única victoria del Guadalajara en el Víctor Manuel Reyna durante los 14 años que fue estadio de Primera División.

8 DE MAYO DE 1906: EL NACIMIENTO DEL MÁS GRANDE

Es el día del nacimiento. Edgar Joannes Jozef Everaert Roose, migrante belga que se asentó en Guadalajara, junto con los hermanos Rafael y Gregorio Orozco fueron los que fundaron el equipo bajo el nombre de Unión Football Club.

Rafael se convirtió en el primer director técnico y presidente del equipo. Y bajo su gestión, dos años más tarde, el 26 de febrero de 1908, cambió de nombre a Guadalajara.

Se modificó el color de la camiseta. En un inicio era blanca, y posteriormente rojiblanca, como la conocemos hoy en día, y fue adaptada por los colores de la bandera de Brujas, ciudad natal de Everaert.

Actualmente, el equipo juega con futbolistas mexicanos de nacimiento, siendo una de las tradiciones más importantes en el fútbol y un símbolo de reconocimiento mundial.

La historia del equipo es rica, extensa, llena de gloria y también de tristes pasajes, pero no cabe duda de que el Club Deportivo Guadalajara es un emblema que representa la mexicanidad y que en todos los hogares del país hay al menos un aficionado a las Chivas Rayadas.

9 DE MAYO DE 1964: PRIMER TRIUNFO EN EUROPA

Luego de sus actuaciones en España, donde empató ante el Barcelona y Sporting de Gijón y cayó con el Sevilla, el Guadalajara voló de Madrid a Bruselas para transportarse por tren a Francia y medirse al Lille Olympique Sporting Club.

El viaje fue complicado por las escalas, vuelos y transbordes; pero se hizo más complejo, por supuesto, para los futbolistas que arrastraban le-

siones—que se habían traído de recuerdo del país ibérico—, como Ignacio Calderón y Arturo Chaires.

El Cuate logró recuperarse y fue pieza fundamental para el partido ante el Lille, mientras que el Curita no tuvo participación.

El escenario fue el Stade Henri Jooris, que presentó una gran asistencia con 10 000 espectadores, de los 15 000 que tenía el aforo.

El marcador se abrió a los 19 minutos de juego gracias a la anotación de Raúl Chávez, aunque la figura del encuentro fue el guardameta Calderón, quien prácticamente detuvo la metralla francesa, comandada principalmente por Lewandowicz, Lafranceschina y Bourbotte.

El Guadalajara alineó con Calderón, Del Muro, Sepúlveda, Villegas, Peña, Munguía, Valdivia, Reyes, Ortiz, Díaz y el autor del gol, Chávez, quienes hicieron historia al convertirse en el primer once titular en conseguir un triunfo para el Rebaño Sagrado.

10 DE MAYO DE 1946: ¡BOMBAZO!

El Guadalajara hizo posible el fichaje del director técnico húngaro, Jorge Orth, luego de semanas de negociaciones y trabas por cuestiones ajenas; mismas que fueron superadas con éxito gracias a la loable labor de la comisión de futbol del club.

Unos meses antes, la directiva rojiblanca buscó a Orth para ofrecerle el encargo de entrenador. El europeo contestó la misiva el 27 de marzo, misma que fue intervenida en Buenos Aires, por lo que el club tapatío jamás recibió respuesta. György nunca supo de esta situación, así que viajó a México para finiquitar los detalles de sus peticiones. Costó trabajo, hasta que se llegó a un acuerdo.

El experimentado estratega, de 45 años, firmaría contrato por dos temporadas y llegaría a Guadalajara en seis semanas aproximadamente para atender compromisos, así como para recibir el permiso laboral de migración.

Antes de llegar al equipo rojiblanco, Orth dirigió a la selección chilena en el primer Mundial de la historia en Uruguay 1930, donde enfrentó a México imponiéndose 3-0. Además, estuvo al frente de equipos como Viena, Nuremberg, Metz, Génova, en Europa, Colo Colo y San Lorenzo en Sudamérica, entre otros.

La disciplina fue su sello característico, además del estilo europeo, y aunque no consiguió el ansiado título de liga, sí fue pieza fundamental en la gestación del equipo grande que hoy es el Club Deportivo Guadalajara..

11 DE MAYO DE 2003: "EL GOL MÁS TONTO DE MI CARRERA"

Oswaldo Sánchez reconoció que el primer gol que recibió en el clásico tapatío del Clausura 2003 fue el más tonto, al menos en sus primeros diez años de carrera, la cual inició precisamente con los rojinegros del Atlas.

Chivas buscaba ganar el encuentro ante el rival de la ciudad para buscar colarse a la liguilla de manera directa, pero con la derrota dejó todo para la última jornada, donde, por cierto, venció 2-0 a Querétaro y así consiguió su boleto al repechaje.

El trámite del partido ante los Zorros fue prácticamente cargado en favor de los visitantes. En el primer tiempo hicieron pedazos a la defensa rojiblanca, sobre todo por el costado derecho con relación al ataque. Por ese sector cayeron las tres anotaciones atlistas.

El primero de ellos, al minuto 17, un servicio de Rodrigo Valenzuela que, era muy sencillo para cualquier arquero, se le escapó de las manos a Sánchez y apareció Juan Pablo Rodríguez para abrir el marcador.

Al 21, otra jugada por el mismo sector, José Luis Calderón mandó un centro pasado y apareció Gerardo Torres para vencer a Oswaldo con sólido remate con la cabeza. Y antes de finalizar el primer lapso, nuevamente por esa pradera se gestó la jugada del tercer tanto. Calderón trianguló con Mario Mández, quien cruzó el esférico para hacer más amplia la ventaja.

En las gradas del Jalisco: fiesta rojinegra y abucheos para los rojiblancos.

Ignacio Vázquez hizo el de la honra y, al finalizar el encuentro, los futbolistas dirigidos por Eduardo de la Torre tardaron más de media hora en salir de los vestidores por pena y vergüenza.

12 DE MAYO DE 1954: HÉROE POR ACCIDENTE

Guadalajara y América disputaron la final de copa, que se extendió a 140 minutos, pues en los 90 reglamentarios el marcador no se movió. Se jugaron posteriormente dos tiempos extra de 15 minutos y el resultado fue 1-1, por lo que se determinó un par de lapsos más de 10 minutos cada uno y la pizarra permaneció empatada.

Para decretar al campeón del certamen, se lanzaron tres penales por equipo. Juan Jasso fue el encargado de ejecutarlos por Chivas, mientras que Emilio Fizel fue el encargado de hacer lo propio para los Cremas, quien no falló.

Al minuto 65 de tiempo corrido, el portero Camacho se fue expulsado por recetar sendos puñetazos a Javier de la Torre y de esa forma dejar con 10 al América, de tal manera que el joven Eduardo González Palmer se puso los guantes y terminó el partido en el arco.

Y se convirtió en el héroe amarillo, mientras que el villano fue el Bigotón, quien erró uno de sus tres lanzamientos, haciendo que Palmer lograra detenerlo para así consagrarse como la figura del encuentro y que el América obtuviera el título de copa de esa temporada.

13 DE MAYO DE 1962: ABANDONDAN AL HEREDIANO

La visita del Guadalajara a Costa Rica para medirse al Herediano, correspondiente a la segunda fase de la Copa de Campeones de Concacaf, fue una tarde de terror para la afición costarricense que, tan pronto terminó el primer tiempo, salieron despavoridos del estadio Eladio Rosabal Cordero.

Y es que el Guadalajara llegó con la ventaja de 2-0 conseguida en el Jalisco y en el minuto 31 ya ganaban 3-0 el partido de vuelta, situación que no toleró la gente de los rojiamarillos, por lo que decidieron abandonar el inmueble con aspecto de decepción.

Los goles fueron conseguidos por Valdivia, Barba y Flores, para darle el resultado global de 5-0 en favor del Guadalajara, que tres meses más tarde, conseguiría su primer título de Concacaf (véase 21 de agosto).

14 DE MAYO DE 2006: EL PEOR CASTIGO

Una semana antes, el Guadalajara se impuso a Jaguares sobre los minutos finales del encuentro (véase 7 de mayo).

En esta ocasión, en la semifinal ante Pachuca, en el encuentro de vuelta, la situación fue idéntica, pero en contra gracias a un lapidario y fulminante cabezazo del defensa colombiano, Aquivaldo Mosquera, que dejó heladas las esperanzas tapatías.

Chivas ganaba 4-3 en el marcador global.

Restaban 20 segundos en el reloj cuando Diego Martínez provocó una falta a unos 45 metros del área. Gabriel Caballero ejecutó enviando el balón al manchón penal.

Dos torres se elevaron por los aires. Primero Mosquera y, detrás de él, el ídolo Miguel Calero también se elevó con todo y gorra. El defensa remató al fondo para vencer a Luis Michel. Pero las cámaras se fueron con la finta, al igual que todos, que el gol había sido marcado por el portero cafetero.

En el festejo, Calero extendió las manos como cóndor y voló a celebrar con la gente. El Estadio Hidalgo vivió una locura en favor de los locales y la algarabía del Guadalajara minutos antes, se volvió en un tenso ambiente de cementerio.

Chivas murió como mató a su anterior rival. Sobre la hora y tendidos en el rectángulo verde. Y no, no hay peor castigo en el fútbol que sufrir una eliminación en la última jugada del encuentro.

15 DE MAYO DE 1960: CONMOCIONADO

Chivas y Atlas dieron un gran juego, cumpliendo las expectativas dignas de un clásico tapatío donde, sin duda, el ganador fue el público que abarrotó el Estadio Jalisco, yéndose satisfecha luego del 2-2 final.

Lo espectacular fue el primer tiempo, donde cayeron los cuatro goles del partido, se vio opacado tras el duro choque que sufrieron Mellone Gutiérrez y Jesús del Muro, resultando el atacante rojiblanco el más dañado en el momento del impacto al sufrir una conmoción y estar en el césped tendido unos momentos.

El silbante, Juan Rodríguez, detuvo las acciones para que ambos elementos pudieran recuperarse. Sin embargo, en el transcurso del partido, el zaguero atlista mermó su rendimiento físico y tuvo que salir de cambio al minuto 76, mientras que Gutiérrez terminó el partido e incluso estuvo a punto de marcar, pero dos de sus disparos se estrellaron en los maderos. Todo quedó en un susto.

16 DE MAYO DE 2012: ADIÓS AL PASTO SINTÉTICO

El estadio del Guadalajara, inaugurado en 2010, tuvo como uno de sus pilares más sólidos el césped artificial, que contaba con todos los permisos de FIFA para poder desarrollar con normalidad partidos de fútbol.

Sin embargo, las críticas por el estado de la cancha fueron muchas y, en un principio, el propietario, Jorge Vergara, decidió mantener la alfombra sintética en el inmueble.

Al llegar Johan Cruyff a la directiva del Guadalajara, determinó que debía cambiarse y optar por cubrir el terreno de juego con hierba natural con el fin de mejorar el rendimiento individual y colectivo del equipo.

Algo que siempre se le señaló a Vergara Madrigal fue el poco o nulo asesoramiento en temas deportivos; sin embargo, el holandés logró que se cumpliera con su petición y quedó en la historia del estadio el pasto artificial.

Con estas condiciones, los números de Chivas fueron pobres con 31 encuentros disputados, donde 11 fueron triunfos, igual número de derrotas y 9 empates.

17 DE MAYO DE 2015: LA AFICIÓN DEL ATLAS DETUVO LA GOLIZA

La vuelta de los cuartos de final del Clausura 2015 entre Atlas y Chivas, disputado en el Estadio Jalisco, fue una auténtica locura. El encuentro de ida terminó empatado sin goles en la casa del Rebaño Sagrado.

El Guadalajara goleaba 4-1 a los rojinegros antes de la hora de juego, lo que provocó que la afición local invadiera la cancha para recriminar al estratega Tomás Boy.

Al minuto 57 de tiempo corrido, varios seguidores de los rojinegros burlaron la escasa seguridad en la zona para ingresar al terreno de juego y amedrentar al estratega, lo que generó que Luis Venegas, que había salido de cambio en la primera parte, tirara al suelo a un agresor y encarara a otro más ante la intención de sus compañeros por calmarlo.

Luego de cerca de quince minutos de detenido el juego, el central Francisco Chacón, con la venia de los técnicos Tomás Boy y José Manuel de la Torre, determinó la reanudación del partido, donde ya no hubo más emociones.

Una lástima que la invasión opacara la actuación de Marco Fabián, quien, en el primer tiempo, ya había anotado tres golazos. El otro gol rojiblanco fue obra de Omar Bravo, mientras que por los Zorros había empatado momentáneamente Juan Carlos Medina.

18 DE MAYO DE 1974: BAILE ALEMÁN

El Wolfsburgo alemán, en ese entonces en la Segunda División, visitó al Guadalajara en partido amistoso, que se celebró en el Estadio Jalisco ante una paupérrima entrada en las tribunas.

Desde el minuto uno al noventa, el equipo rojiblanco fue el amo y señor del encuentro, dando, literalmente un paseo al conjunto germano, que nada pudo hacer para evitar la escandalosa goliza de 5-0, aunque el marcador pudo haber sido más holgado de no ser por el guardameta Michael Maass, que evitó al menos otras cinco anotaciones.

Las redes se movieron por primera vez a los 14, cuando Luna abrió el marcador. Real amplió la ventaja al 17. Díaz marcó un doblete, al 43 y al 81, y Onofre, que fue el mejor jugador del partido, sentenció la goleada al 84.

Mención aparte para Juan José Jasso, hijo del eterno Bigotón, quien hizo su debut al ingresar de cambio al minuto 58 en sustitución de Morales. Tuvo una discreta participación debido al poco ímpetu y fútbol desarrollado por los teutones.

19 DE MAYO DE 1946: DEBUT Y GOL

La vida presenta oportunidades que no hay que desaprovechar. Manuel Enciso recibió la noticia de que debutaría como futbolista profesional, ante los Cremas del América, en el Parque Oblatos. El estratega tapatío, José Fernández Troncoso, mejor conocido como el Veracrú, le brindó toda la confianza para que el juvenil estuviera a la altura del partido.

Enciso supo valorar la ocasión de la mejor manera. Primero, anotando un gol cuando solamente tenía 12 minutos como jugador de Primera División y, segundo, al hacer un trabajo sólido que ayudó al Guadalajara a llevarse la victoria 4-2.

El gol fue bello. Remató de primera intención un tiro de esquina que bien ejecutó el Cosas López para dejar sin oportunidad al portero Gutiérrez e incrustar el balón en el ángulo. Un sueño hecho realidad.

20 DE MAYO DE 2011: LAS TRES BARRAS

El Guadalajara y Adidas lograron un acuerdo para que la marca deportiva vistiera a Chivas por los próximos seis años, desde el primer equipo y a todas las categorías de límite de edad.

Los diseños fabricados por los alemanes fueron, en su mayoría, del agrado de la afición por su estilo sobrio, destacando por completo la tradición rojiblanca, aunque la mercadotecnia alteró los uniformes de visita en diferentes colores.

Sin embargo, ambas instituciones rompieron relaciones un año antes de que finalizara el contrato. Además, Chivas también tronó con otras marcas y todo debido a que el Guadalajara dejó de ser transmitido por televisión abierta y de paga para incursionar en el mundo del streaming con la plataforma Chivas TV, que tenía la exclusiva de las emisiones de los partidos como local de Chivas.

Más allá de los números, es una realidad que mucha gente dejó de ver al Guadalajara, y por ello, Adidas decidió no continuar con el contrato, pues su marca perdería mucha presencia en el mercado.

21 DE MAYO DE 1987: LA CHILENA QUE ENMUDECIÓ A LA NACIÓN ROJIBLANCA

Monterrey recibió a Chivas en la ida de los cuartos de final de la temporada 1986-1987. La gente abarrotó las tribunas del Tecnológico, que era un hervidero para apoyar a sus futbolistas.

El primer tiempo fue una gran exhibición de dos planteles que buscaron, desde el minuto uno, el marco enemigo, donde, además, hubo goles,

volteretas y penales. Aunque lo mejor —y lo peor— se reservó para la parte complementaria.

Al minuto 12, Eduardo de la Torre puso al frente al Rebaño Sagrado. Francisco Esparza y Ricardo Ferretti, desde los once metros, le dieron la vuelta al marcador, mientras que Benjamín Galindo, con doblete, volvió a poner al frente al Guadalajara. Así se escribió la historia en la primera parte.

Para el segundo, Rayados, con el apoyo de su afición, se volcó con todo al frente y encontró el gol el hijo pródigo y el consentido de la afición, Francisco el Abuelo Cruz, con un remate bonito de chilena tras el servicio de Muñoz, que dejó sin oportunidad a Ledezma.

Chivas volvió a ser alcanzado en el marcador y con un gol que lo firma cualquiera. El marcador final fue 3-3 y la moneda estaba en el aire para definir al semifinalista, que a la postre fueron los tapatíos con el marcador global 4-3 tras la victoria por la mínima diferencia en el Jalisco con anotación de Concepción Rodríguez.

22 DE MAYO DE 2003: NO SE BAJÓ DEL BARCO

Ramón Morales fue un jugador que se entregó a más del 100 % a la causa rojiblanca. Se ganó el grado de ídolo por la forma en defender el escudo del Guadalajara.

En el minuto 76 del juego de ida del repechaje del Clausura 2003, Ramoncito sufrió una fuerte caída y se luxó el codo derecho. La imagen fue desgarradora. Cruz Azul ganaba con comodidad 3-1 y el equipo de Benjamín Galindo, auxiliar técnico, que estuvo al frente de ese juego por la suspensión de Eduardo de la Torre, ya no tenía cambios, pues había realizado las tres modificaciones.

El servicio médico del equipo recomendó a Morales no seguir en el partido, sin embargo, el oriundo de la Piedad, Michoacán determinó seguir en la cancha, por lo que fue vendado y así continuó el resto del juego.

A lo Franz Beckenbauer jugó los últimos minutos de aquella tarde triste en la capital del país. Sin embargo, para el compromiso de vuelta, Chivas dio vuelta al marcador y se clasificó a la fase de cuartos de final, donde los compañeros fueron contagiados, sin lugar a dudas, por el Eterno Capitán.

23 DE MAYO DE 1964: UN AMISTOSO JUNIOR

La gira por Europa fue un éxito para el Guadalajara, más allá de los resultados, por la forma con la que jugó el equipo dirigido por Javier de la Torre.

El empate a un gol ante el Roun FC, en partido disputado en el Estadio Robert Diochon, trajo consigo muchos elogios por parte de los franceses. La afición aplaudió las jugadas interesantes que armaron los mexicanos.

Tras terminar el encuentro, el estratega francés, Paul Levin, destacó que el Guadalajara era una escuadra sólida y bien trabajada, incluso mencionó que, con algunos futbolistas rojiblancos, su equipo tendría una excelente plantilla gracias a su juego colectivo e individual, además del gran carácter, y es que, finalizado el encuentro, el defensa Peña se enfrascó con el atacante Leonetti al grado de llegar a los empujones.

Los goles del partido fueron anotados por Salvador Reyes y Réginald Dortomb.

24 DE MAYO DE 1994: ROJIBLANCO-ROSSONERI

Una semana antes, el AC Milan había conquistado su quinta Copa de Campeones de Europa al vencer contundentemente al Barcelona por marcador de 4-0. Tras la obtención del campeonato, el 18 de mayo, varios de sus futbolistas se concentraron con sus respectivas selecciones para encarar el Mundial de Estados Unidos 1994.

Sin embargo, en México se organizó un cuadrangular con los dos equipos poderosos de la región de Lombardía, Inter y Milan, además de Chivas y Monterrey.

Chivas se midió al vigente campeón europeo en la cancha del Estadio Jalisco, que registró una buena entrada. En el tiempo regular, el marcador quedó empatado a un gol gracias a las anotaciones de Paolo Baldieri y Jaime Ordiales.

El mejor futbolista de la cancha fue el croata Dejan Savicevic, aquel que marcó el tercer gol ante los blaugranas en la final de Atenas.

Luego de los 90 minutos reglamentarios se efectuó la fatídica tanda de penales, donde el Guadalajara consiguió la victoria.

Por Chivas marcaron Chepo de la Torre, Gabriel García, Ignacio Vázquez, José Luis Montes de Oca, Alberto Coyote y Jaime Ordiales. Jorge Arreola erró su lanzamiento.

Por los italianos, anotaron Stéfano Desideri, Panucci, Massimo Orlando, Savicevic y Christian Lantignotti. Fallaron Carbone y Nava.

Finalizado el encuentro, el estratega, Fabio Capello, dejó plantada a la prensa y ordenó a sus futbolistas no hablar con los medios de comunicación.

25 DE MAYO DE 1967: EMOCIONES RAYADAS

La cancha del Estadio Azteca, casa del eterno rival, fue el escenario que albergó el partido de carácter amistoso entre Chivas y Atlético de Madrid.

Fue un encuentro intenso en todos los sectores de la cancha, donde al final no hubo un vencedor, pero sí un ganador, que indudablemente fue el público que se dio cita en las tribunas del Coloso de Santa Úrsula.

El juego se desarrolló de un lado a otro con emociones en ambas porterías, y aunque el marcador reflejó el empate a un gol, ambas escuadras lo intentaron hasta el silbatazo final del árbitro, Diego de Leo.

Miguel Jones anotó el primer gol del encuentro para la causa de los Colchoneros, mientras que a tres minutos del final, Hilario Díaz, que ingresó de cambio en el segundo tiempo, decretó el 1-1 definitivo.

La altura pudo pesar al equipo de la capital española, aunque presionaron y buscaron ganar el juego durante los 90 minutos. El Guadalajara fue más insistente en la búsqueda del resultado, pero la defensa madrileña se comportó de buena manera con su línea conformada por Rivilla, Griffa, Colo y Jayo.

Agradable partido de fútbol entre rojiblancos.

26 DE MAYO DE 1968: MANO A LA FIERA

Los dados estuvieron cargados en favor del Guadalajara. El silbante brasileño, José Teixeira, expulsó a tres futbolistas Cuereros.

El Guadalajara fue un vendaval y en menos de media hora ya ganaba 3-0 con autogol de López al minuto 20, Onofre al 26 y Herrada al 29; las decisiones del colegiado no influyeron en el marcador, ya que el primer futbolista verde en ser mandado a las regaderas fue José Valdez, al minuto 33, por una inoportuna acción y la manera estricta de sancionar por parte del juez central.

Cuando el marcador apuntaba 4-0 en favor de los visitantes, el silbante echó a Luis Estrada al 61 por reclamar.

Minutos después, Sergio Anaya recibió una falta que no marcó el árbitro, y en su afán de contestar la agresión, terminó por caer, haciéndose daño, recibiendo la cartulina roja y, además, fue retirado del estadio en ambulancia.

Además, el primer tanto del Guadalajara fue con algo de polémica debido a que Roberto López mandó el esférico a su propia portería y, cuando trató de despejarlo, este salió por las redes superiores, que estaban rotas y justo por ese agujero el balón salió del fondo del arco. El árbitro central y el abanderado decretaron el gol.

27 DE MAYO DE 1970: A CUATRO DÍAS DEL MUNDIAL

Más que una promesa, era una realidad del fútbol mexicano. El futbolista del Guadalajara, Alberto Onofre, considerado uno de los mejores jugadores del país, sufrió una fractura en la tibia y peroné de la pierna izquierda a poco más de 72 horas de debutar en el Mundial México 70 ante la URSS.

Onofre, de 22 años, tuvo un terrible choque con el defensa cruzazulino, Juan Manuel Alejándrez, mientras se disputaba un interescuadra una mañana lluviosa en el Centro de Capacitación.

El parte médico inicial, brindado por el doctor Aurelio Pérez Teuffer, indicó que Onofre estaría fuera cuatro meses, pero la realidad es que el audaz atacante volvió a jugar con Chivas cerca de dos años después y su carrera nunca más volvió a ser la misma (véase 20 de noviembre).

Chivas, la selección y el fútbol mexicano perdió a un excelente futbolista que puso fin a su carrera a los 27 años.

28 DE MAYO DE 2017: EL CANTO DEL GALLO

Llegó la doceava estrella. Chivas se coronó como campeón de liga, luego de poco más de 10 años, gracias a un certero zapatazo de José Juan el Gallito Vázquez.

Guadalajara llegó como víctima al juego de vuelta, pues enfrente estaba el poderoso equipo de Tigres, encabezados por André-Pierre Gignac y un equipo plagado de estrellas en todos los sectores de la cancha, y fuera de ella el experimentado técnico brasileño Ricardo el Tuca Ferretti.

El Rebaño llegó a la final tras superar las eliminatorias contra Atlas y Toluca y en ambas avanzó por estar mejor posicionado en la tabla general, que era el criterio en caso de empate en el marcador global. Los rojiblancos terminaron en el tercer sitio, mientras que los rojinegros y escarlatas en los lugares sexto y cuarto respectivamente.

Los felinos, por su parte, aplastaron a Rayados 6-1 en el clásico regiomontano y luego vapulearon 4-0 al superlíder Tijuana.

Chivas había conseguido, el 19 de abril, el título de copa al vencer a Morelia en penales y buscaba convertirse en el primer equipo en ganar el doblete en la historia de los torneos cortos, que se instauraron en 1996.

De la mano del argentino Matías Almeyda, el Rebaño Sagrado consiguió el campeonato de liga al vencer con un 4-3 global a Tigres. En la ida, los tapatíos ganaban 2-0 y en los últimos minutos, Gignac marcó un doblete para dejar la moneda en el aire.

En la vuelta, la historia fue similar. Alan Pulido abrió el marcador con un golazo de volea que venció a Nahuel Guzmán tras la asistencia de Oswaldo Alanís.

Los norteños fueron insistentes, pero el pundonor de Carlos Fierro, que peleó un balón que parecía perdido, lo recuperó, mandó un centro al área que fue rechazado por la zaga visitante y entonces apareció la pierna derecha del Gallo para ampliar la ventaja.

Y nuevamente, al final del encuentro, Tigres anotó, pero ya no alcanzó el tiempo y el Guadalajara se coronó campeón por doceava vez en su historia.

29 DE MAYO DE 1960: SORPRENDIDOS

El Guadalajara, con su Campeonísimo en el campo, cayó inesperadamente contra las reservas del Irapuato en el partido correspondiente a la jornada 8 de la Copa de Oro de Occidente, en el Estadio Revolución.

De esta manera, los juveniles freseros, encabezados por Pelón Manjarrez, de 17 años, acabaron con el invicto del chiverío gracias a la solitaria anotación de Rivera a los 23 minutos de tiempo corrido, en colaboración de Tubo Gómez, quien cometió un tremendo error al medir mal el balón aéreo.

Esta derrota pudo haber servido para hacer escarmiento en el equipo rojiblanco, quien a la postre se coronó como campeón del certamen con 14 unidades, 3 más que León, su perseguidor más cercano.

30 DE MAYO DE 1968: EL PRIMER GOL OLÍMPICO EN EL ESTADIO JALISCO

El escenario era inmejorable. Fausto Vargas ingresó de cambio al minuto 64, en sustitución de Carlos Calderón. El Guadalajara caía 2-1 en el Estadio Jalisco ante los Cremas del América, por lo que Javier de la Torre decidió dar ingreso al atacante tapatío.

Zague adelantó en el marcador al América al minuto seis y media hora después el propio brasileño amplió la ventaja al aprovechar dos errores defensivos.

Sin embargo, Valdivia acercó al Guadalajara en el ocaso del primer tiempo.

Y como de película. En los minutos finales del encuentro, Vargas ejecutó un tiro de esquina. Los atacantes rojiblancos poblaron el área buscando conectar el balón para emparejar los cartones, pero el servicio fue muy cerrado y con la comba cerrando hacia la portería

La afición se mantenía expectante al centro peligroso mientras este se estrelló en el poste para después anidarse dentro de la portería. Un gol fantástico en un partido trascendental en la Copa Presidencial.

Fue la primera vez que el Estadio Jalisco atestiguaba un gol olímpico.

31 DE MAYO DE 1969: DEL POZO AL GOZO

La final de ida entre Torreón y Chivas correspondiente a la Copa México, donde el Guadalajara se impuso 2-1, dejó un trago amargo para Raúl Willy Gómez, quien se fue expulsado, por sus continuas reclamaciones sobre el árbitro central, Arturo Yamasaki.

Dejar al equipo con un jugador menos en la instancia definitiva por el título fue un golpe duro y complicado de asimilar para el joven tapatío de 19 años.

Sin embargo, con base en el apoyo de la plantilla y del director técnico Chuco Ponce, el Willy se sobrepuso a la expulsión en el anterior partido, para jugar sin presiones, al grado incluso de conseguir una anotación en el triunfo rojiblanco 3-2 y de esta manera conquistar la segunda copa, y a la postre el Campeón de Campeones, pues el Guadalajara había ganado la liga en diciembre.

Por cierto, ese título de Campeón de Campeones debió disputarse en un principio con el ganador del torneo México 70, que a la postre fue Cruz Azul, pero los federativos decidieron otorgárselo a Chivas, quien fue el mejor equipo de la 1969-1970.

JUNIO

1 DE JUNIO DE 1997: SIMPLY THE BEST

La obtención del título de liga número diez en la historia del Guadalajara se generó, en gran parte, gracias a la actuación de Gustavo Nápoles, quien se llevó los créditos, prácticamente en solitario, al anotar cuatro goles en la goliza 6-1 de Chivas sobre Toros Neza para un global de 7-2.

Todos los goles del encuentro de vuelta de la final cayeron en el segundo tiempo.

Al minuto 50 se abrió el marcador gracias a la anotación de Nápoles tras el tiro-centro de Alberto Coyote, y fue el primero de sus cuatro peculiares festejos, emulando a un gusano, celebración característica del nacido en Monterrey, Nuevo León.

Sesenta segundos después, Paulo César Chávez le robó el balón a Miguel Herrera para ampliar la ventaja y, posteriormente, nuevamente el Gusano perforó las redes de Pablo Larios. El Estadio Jalisco era un manicomio.

Aún no se cumplía el minuto 63 cuando Manuel Martínez hizo el cuarto gol, para sentenciar el encuentro, la final y el campeonato, pero habría más. La fiesta seguía.

Al 74 y 82, Nápoles marcó su tercero y cuarto del partido, y otra vez festejó como gusano con su número 10 en la espalda, y poco visible, por la concurrencia de sus compañeros que se abalanzaron sobre él.

Germán Arangio hizo el de la honra para los mexiquenses.

Gustavo Nápoles se convirtió, de esta manera, en el primer futbolista en la historia en marcar cuatro goles en un partido de final en el fútbol mexicano. Años después, Javier Orozco lo emuló en la ida entre Santos y Querétaro, del Clausura 2015.

2 DE JUNIO DE 2005: LES CIERRAN LA BOCA (1/2)

Chivas aplastó a Boca Juniors. El equipo dirigido por Benjamín Galindo paseó por la cancha a un equipo argentino que llegó confiado y seguro de obtener su boleto a la siguiente fase en la Copa Libertadores de ese año.

El resultado final fue 4-0, pero pudo ser más abultado de no ser por las oportunas intervenciones de Roberto Abbondanzieri, Claudio Morel y errores de definición de los atacantes tapatíos.

Adolfo Bautista fue el jugador más desequilibrante del partido, anotando el cuarto tanto de una manera extraordinaria.

Johnnie García abrió el marcador; Omar Bravo aumentó la ventaja; Juan Pablo Alfaro hizo el tercero y el Bofo puso los cartones definitivos.

La afición Xeneixe que se presentó aquella noche en el Estadio Jalisco no podía creer lo que veía en el terreno de juego. El equipo de Jorge Benítez (personaje fundamental en la segunda parte de esta trama) fue inoperante, apático y prácticamente borrado, y había poca confianza entre los seguidores de Boca para el encuentro de vuelta.

El Estadio Jalisco y sus cerca de 60 000 aficionados vivieron una de las noches más dulces en la historia del Guadalajara.

3 DE JUNIO DE 1974: EL PLEITO QUE FUE MÁS ALLÁ

Octavio Muciño era el goleador del equipo. El torneo 73-74 había terminado y el Centavo que anotó 15 goles, decidió ir a comer a un restaurante con algunos de sus amigos el día 31 de mayo.

Dentro del lugar, discutió con un tipo más joven y la bronca llegó al grado de empujones, el equipo de seguridad del recinto optó por dejar al futbolista dentro y sacar a la otra persona.

Al tiempo, Muciño y sus amigos salieron del lugar; afuera lo esperaba el hombre con el que peleó con una pistola en la mano. El delantero quiso terminar la bronca con un amable despido, pero fue atacado con tres balazos que lo dejaron malherido y fue trasladado al hospital.

Dos días después, Octavio Muciño fue declarado muerto.

Relató el periodista Antonio Moreno, en un espacio para mediotiempo.com, que el agresor, identificado como Jaime Muldoon no fue llevado a la justicia por las influencias que tenía.

Días después, otro futbolista titular del Guadalajara fue asesinado en una balacera (véase 27 de junio).

4 DE JUNIO DE 1944: PABLOTAS MARCA SEIS GOLES EN UN PARTIDO

La jornada cinco del torneo de Copa México de la temporada 1943-1944 fue histórica para el Deportivo Guadalajara y, sobre todo, para el atacante Pablo González, quien ante León marcó seis goles que sirvieron para el aplastante resultado de 8-2.

Apenas corrían 25 segundos de partido cuando Pablotas abrió el marcador. La jugada fue tan rápida y vertical que la gente seguía acomodándose en sus butacas cuando el atacante ya había abierto el marcador.

En menos de diez minutos, González ya había marcado tres anotaciones; antes de la primera media hora de juego, hizo su quinto gol del partido y, pasando la hora, definió su sexta diana para fincar un día importante en su cuenta personal.

Guadalajara derrotó 8-2 a los Lechugueros en el Parque del Paradero con todo y que los rojiblancos terminaron con un jugador menos por la lesión de Reyes Térile Sánchez.

5 DE JUNIO DE 2004: PAR DE PENALES. LUZ Y SOMBRA

Para que Chivas llegara a la final por primera vez en la "era Jorge Vergara" hubo más que dramatismo en el juego de vuelta de la semifinal ante los Diablos Rojos del Toluca.

En el primer tiempo, el silbante, Marco Rodríguez, anuló un gol a Omar Bravo por fuera de lugar.

En el segundo lapso, las emociones y pulsaciones se multiplicaron por 1000. El Estadio Jalisco era un hervidero de locura que se desbordó al grado máximo cuando, al minuto 57, el árbitro marcó penal en favor del Guadalajara y tarjeta roja a Edgar Dueñas por cometer una infracción a Bravo.

Ramón Morales lo capitalizó y Chivas estaba momentáneamente en la siguiente fase con el marcador global 1-1 y por su mejor posición en la tabla general.

Pero diez minutos antes del final del encuentro, los cantos y la fiesta de las tribunas fueron apagados súbitamente por Chiquimarco al sancionar una falta dentro del área del Maza Rodríguez a Vicente Sánchez.

El corazón rojiblanco de los millones de seguidores dejó de latir por unos segundos, hasta que apareció el portero Oswaldo Sánchez para detener la ejecución de Israel López. Y la algarabía regresó a la grada.

Tras la bravía intervención de San Oswaldo, se juntaron los Ramones. Morales sirvió para Ramírez, quien fulminó las esperanzas escarlatas y puso a Chivas en la serie por el título.

6 DE JUNIO DE 1991: DESCARRILADOS

Cruz Azul llegó a la liguilla como uno de los tres mejores equipos del campeonato, donde se ubicó en la tercera posición de la tabla general, por debajo de Pumas, a la postre Campeón de aquella temporada 1990-1991 y de Monterrey.

Por su parte, Chivas fue un equipo que trabajó mejor en zona defensiva que en ataque, pues de los ocho clasificados a la fase final, solo hizo más goles (43) que el Puebla (40), en 38 partidos.

Sin embargo, para la llave de cuartos de final, Chivas descarriló por completo a la poderosa Máquina Celeste al propinarle una tremenda goliza de 8-2 en el marcador global.

En el juego de ida disputado este día, el Guadalajara sentenció la eliminatoria con un contundente 3-0 en el Estadio Jalisco. Benjamín Galindo marcó dos goles, mientras que Gerardo Silva decretó la goleada a un par de minutos del final del partido.

El Guadalajara tenía herido de muerte a Cruz Azul, y en el Azteca le recetaron la estocada final.

7 DE JUNIO DE 1987: CHIVAS ES CAMPEÓN 17 AÑOS DESPUÉS

La racha más larga de sequía de títulos fue cortada gracias a un implacable equipo de trabajo comandado por Alberto Guerra en el banco y Fernando Quirarte dentro del terreno de juego.

Chivas no se coronaba desde la campaña 1969-1970, cuando consiguieron 45 puntos para amarrar el liderato general, así como su octava estrella.

Pasaron 17 años para que el público tapatío celebrara nuevamente a su equipo como el mejor del fútbol profesional, y es que la temporada que desarrollaron los rojiblancos fue simplemente espectacular: líderes generales (55 puntos), mejor ofensiva (63 goles), mejor defensiva (28 goles), mejor diferencia de goles (+35 goles), más triunfos (21).

En liguilla se impusieron 4-3 a Monterrey, 4-0 a Puebla y en la Gran Final 4-2 a Cruz Azul.

En el partido de ida de la serie por el campeonato, Cruz Azul se impuso 2-1 en el Estadio Azteca, pero en la vuelta, en casa, con su ferviente afición, el Guadalajara le recetó a la Máquina un merecido 3-0 con anotaciones que Fernando Quirarte y doblete de Eduardo de la Torre.

Tiempo después, en una entrevista que su servidor le realizó a Fernando Quirarte para el portal Historia Chivas, comentó que la alegría de anotar un gol en una final es equiparable con la de tener a su primer hijo. De ese tamaño es el sentimiento del Sheriff por haber colaborado en la consecución del noveno título para el Club Deportivo Guadalajara.

8 DE JUNIO DE 1969: SILENCIO Y MÁS SILENCIO

Previo al arranque del partido entre Irapuato y Guadalajara, correspondiente a la jornada inaugural de la campaña 1969-1970, se conmemoró un minuto de silencio por el lamentable fallecimiento de Rafael Osuna, considerado el mejor tenista mexicano de todos los tiempos.

El Pelón, quien perdió la vida en un trágico accidente aéreo el 4 de junio, es el único raquetista azteca en conquistar un torneo de Grand Slam y lo hizo en 1963 cuando, en la final del Abierto de Estados Unidos, se impuso al australiano Frank Froehiling con parciales de 7-5, 6-4 y 6-2.

En lo futbolístico, se presentó una desafortunada lesión que dejó sin aliento a los 16 000 espectadores que llenaron las tribunas del nuevo Estadio Irapuato. En una jugada desafortunada, Jaime López tacleó a Jaime Belmonte, quien tuvo que ser retirado de la cancha en camilla y dirigido posteriormente en ambulancia al hospital, con una dura lesión en la clavícula.

Posterior a la jugada, López, quien estuvo acelerado el tiempo que estuvo en cancha, fue expulsado al minuto 70 por propinarle un duro golpe a Miguel Perrichón.

Los Freseros se impusieron 4-2 al Guadalajara.

9 DE JUNIO DE 1991: ASUSTÓ EL CADÁVER

Tres días después de que Chivas descarrilara a Cruz Azul, apareció el vendaval tapatío para borrar del Estadio Azteca a la Máquina e instalarse en la ronda Semifinal.

La brillante actuación colectiva del primer episodio de esta llave fue completamente opacada por la actuación de Luis Antonio el Cadáver Valdez, quien perforó las redes de Aguilar en cuatro ocasiones, siendo, de esta manera, la figura del Guadalajara en los cuartos de final.

Chivas llegó a la capital del país con una cómoda ventaja de 3-0 (véase 6 de junio). Sin embargo, y con todo a favor, el Rebaño salió desde el inicio del partido a buscar hacer daño a la puerta cementera y lo consiguió al 28, cuando el Cadáver abrió el marcador sepultando cualquier esperanza local.

Javier Aguirre hizo el segundo y nuevamente apareció Valdez para hacer el segundo en su cuenta personal, tercero del encuentro y sexto de la eliminatoria. Cruz Azul estaba desahuciado, pero no eliminado. Y es que anotaron tres goles en menos de quince minutos, pero el último fue anulado por fuera de lugar de Luis Flores.

Cuando la Máquina parecía que tenía una actuación decorosa, nuevamente apareció el Cadáver para anotar su hat trick primero y luego su póker que consiguió desde los once pasos.

El Guadalajara avanzó a la semifinal, donde se enfrentó al América y a la postre fueron eliminados por su archirrival.

10 DE JUNIO DE 1956: FELICITACIONES AL TUBO

El partido entre Chivas y Atlas, correspondiente al cuadrangular regional donde estaba en disputa la Copa de Oro, se pintó rojiblanco gracias al contundente triunfo de 4-1. El equipo dirigido por Donaldo Ross ya mantenía una ventaja cómoda de tres goles en menos de 15 minutos.

Pero la acción que valió el precio del boleto fue, sin duda, la intervención que realizó Jaime Gómez al atacante argentino, Héctor Dadderio, cuando el cronómetro marcaba los 40 minutos del primer tiempo.

El delantero sudamericano intentó colocar con fuerza el balón en el ángulo superior izquierdo de la portería del Tubo, quien se lanzó y se estiró para lograr desviar el balón al tiro de esquina.

Tal atajada le valió, además de los aplausos del público, una ovación singular, pues el propio Daddiero destacó la jugada del portero rojiblanco y lo reconoció con un gesto digno de recordar, más aún, tratándose de un clásico y donde el rival era considerablemente superior.

Guadalajara consiguió la victoria gracias al doblete de Mellone Gutiérrez y los goles de Panchito Flores y Arellano.

11 DE JUNIO DE 1993: LAS SUPERCHIVAS

La directiva de la Promotora Deportiva Guadalajara reforzó al equipo para la campaña 1993-1994 con jugadores de nombre que ilusionaron a la afición.

En el draft de ese año, celebrado en Acapulco, Guerrero, la directiva armó una plantilla capaz de pelear por ganar todos los títulos en disputa; en el primer día del "mercado de piernas", el Rebaño adquirió ocho incorporaciones, reforzando así prácticamente todas las líneas del campo.

En la portería llegó el experimentado portero Eduardo Fernández procedente del Morelia. En la zona defensiva arribaron Carlos Turrubiates y Alfredo Murguía de León, así como Mauricio González de Atlas. Para el mediocampo se concretaron José Manuel de la Torre de Cruz Azul, Alberto Coyote y Alberto Guamerú García de los Panzas Verde, mientras que, en la zona ofensiva, procedente del Monterrey, Misael Espinoza.

Solamente faltaba un jugador de área y las opciones fueron Daniel Guzmán del Atlante y Luis García del Atlético de Madrid, sin embargo, no llegaron para esa campaña. El Travieso fue jugador del Guadalajara el año siguiente, mientras que el canterano de los Pumas vistió de rojiblanco cinco años después.

Salieron del equipo el portero José Luis López para jugar con Necaxa, Ricardo Cadena fue a León y Camilo Romero emigró a Morelia.

El equipo de Alberto Guerra no ganó nada, sin embargo, algunos jugadores de esta plantilla sí fueron campeones en 1997 bajo el mando de Ricardo el Tuca Ferretti.

12 DE JUNIO DE 1949: AGRIDULCE DEBUT

Tomás Balcázar es un referente en la historia del Guadalajara y vivió sus primeros pasos como profesional en la derrota 4-2 de Chivas contra el Veracruz del emblemático Luis de la Fuente.

Pero Don Tomás no se achicó ante la portentosa figura del Pirata, al contrario, se agrandó como cualquiera que está cumpliendo el sueño máximo de quien pateó la pelota desde niño. Y dio un gran partido, a pesar del resultado.

El punto para destacar, sin lugar a duda, es que, con solo 28 minutos de haber debutado en el máximo circuito del fútbol mexicano, Balcázar González realizó una jugada descarada para habilitar al histórico Juan Bigotón Jasso, para que el partido se empatara a un tanto momentáneamente.

Tomás Balcázar jugó en Chivas diez años y fue el heredero y principal ídolo de su nieto, Javier Chicharito Hernández.

Esa tarde, en el Puerto Jarocho, comenzó una de las dinastías más importantes en el Guadalajara.

13 DE JUNIO DE 1937: ERROR ARBITRAL DEL NOVATO SILBANTE

El joven árbitro, Eugenio Santillán, miembro de la Asociación Occidental de Árbitros, fue el encargado de llevar a buen puerto el encuentro entre Guadalajara y Oro dentro del Campeonato Oficial de Primera Fuerza disputado en la casa del Atlas. Fue su primera aparición.

Al colegiado se le notó nervioso y sancionó demasiadas faltas, y cortó el juego también al marcar fueras de lugar dudosos.

La dirección técnica de los rojiblancos mandó lo mejor que tenía disponible a la cancha en búsqueda de salir del sótano, sin embargo, y a pesar de las ausencias de los áureos, el marcador final fue 2-2.

Y la pizarra reflejó la igualada por dos diversos factores trascendentales en el desarrollo del encuentro. Primero, el portero Ángel Torres detuvo la

pena máxima a Moreno, quien había anotado el primer gol del encuentro. El arquero rojiblanco le impidió el doblete.

La segunda acción fue cuando el Oro había anotado el 3-2, ya en los últimos instantes del juego, por conducto de Roberto González, pero el árbitro Santillán no hizo válido al sancionar posición adelantada.

14 DE JUNIO DE 2005: SE SUSPENDE EL BOCA VS CHIVAS (2/2)

La Bombonera era un manicomio. Desde antes de arrancar el encuentro, las tribunas del Estadio Alberto J. Armando retumbaban con tambores, trompetas y cánticos de "la 12", que no abandonó a Boca Juniors, a pesar de que en el juego de ida Chivas se impuso 4-0.

Para el segundo compromiso, el territorio argentino fue hostil para el Guadalajara, tan pronto salieron del aeropuerto; la gente intimidó al equipo de una u otra forma, y desde luego que en el estadio la cosa no cambió. Y comenzó el encuentro.

Boca generó algunas jugadas de peligro, pero el portero Jesús Corona detuvo todos los disparos que iban a su arco. Y conforme el tiempo avanzó, la desesperación invadió a los futbolistas xeneixes.

Raúl Cascini recetó tremendo cabezazo a Adolfo Bautista, y tras la acción, se desató el caos. El Bofo se quedó dolido en el césped unos momentos, cuando se puso en pie, realizó una seña en tono de burla a la gente de Boca, lo que generó el descontento y la rabia de Martín Palermo.

El 9 local se fue con todo a los reclamos a Bautista y el silbante uruguayo, Martín Vázquez, expulsó a ambos jugadores. Palermo se volvió loco y le tiró un cabezazo a la nuca al futbolista del Guadalajara.

Bofo se fue custodiado por elementos de seguridad, que de poco sirvieron, pues el trayecto de la banca al vestidor fue un calvario. Primero, porque el técnico Jorge Benítez lo escupió en el rostro, señal clara de la impotencia por el pobre funcionamiento del equipo en ambos juegos. Después recibió dos patadas de un aficionado que saltó a la cancha con la camiseta de Román Riquelme del Villarreal y luego de un recogebalones.

El partido ya estaba detenido. El balón lo tenía el portero Corona en saque de puerta, pero la gente de Boca lanzó cualquier cantidad de objetos y, después del intento por reanudar el encuentro, el árbitro Vázquez determinó el final cuando restaban once minutos en el tiempo reglamentario.

Adolfo Bautista incendió la Bombonera.

15 DE JUNIO DE 1996: PASIÓN A MÁS DE 330 KILÓMETROS

La fiebre por el Club Deportivo Guadalajara no tiene límites y no conoce fronteras. La década de los noventa fue una época donde el arraigo por Chivas era impresionante, quizás por las fuertes inversiones, por la simpatía de sus jugadores y por la cercanía del equipo en diferentes rincones del país.

A poco más de 330 kilómetros de la Zona Metropolitana de Guadalajara se encuentra Cihuatlán, que es un municipio pequeño del Estado de Jalisco, ubicado cerca de la costa del Pacífico.

El Rebaño Sagrado realizó un partido ante un combinado de aquel pueblo como parte de su pretemporada, de cara a la siguiente campaña y bajo el mando de Ricardo Ferretti.

La gente no podía creer que sus ídolos estuvieran jugando en su localidad y eso valió la pena para el conjunto rojiblanco, lograr estar cerca de su afición.

Dentro de lo deportivo, Chivas ganó 6-0 con tres goles de la revelación, Gabriel García, además de las anotaciones de Joel Sánchez, Gustavo Nápoles e Ignacio Vázquez.

16 DE JUNIO DE 1971: CONOCIENDO AL ÍDOLO

El partido entre Chivas y Torreón, celebrado en el Estadio Jalisco, fue el marco para que la afición conociera a quien años más tarde se convertiría en un ídolo de multitudes: José Martínez.

Pepe se presentó ante su público como titular y se le vieron cosas interesantes. Siempre luchando, barriendo y peleando cada balón durante los 80 minutos que estuvo sobre el terreno de juego, hasta que salió de cambio por Navarro.

Martínez generó una jugada de peligro cuando se coló por el lado izquierdo del área del arquero Raúl Navarro, disparó cruzado y el esférico se fue muy cerquita del poste lagunero.

El mediocampista dejó buenas impresiones y, tras su debut en Primera División, se ganó el corazón de la gente a lo largo de sus 10 años como futbolista profesional, luego perdió la vida en un trágico accidente (véase 14 de febrero).

Aquel encuentro entre Guadalajara y el equipo de la Comarca Lagunera resultó con triunfo del Rebaño por la mínima diferencia gracias a la anotación de Raúl Willy Gómez.

17 DE JUNIO DE 1972: PAR DE RECONOCIMIENTOS

Chivas se jugaba su última carta en el torneo de liga de la temporada 1971-1972 cuando visitaron, administrativamente, a Gallos de Jalisco en el coloso de la Calzada Independencia, casa de ambos conjuntos.

Previo al compromiso de la última jornada, se llevó a cabo un par de reconocimientos. Primero, al Doctor Hugo Michel, que había cumplido 28 años al servicio del fútbol del Estado de Jalisco y quien, con su atinada experiencia, logró sacar adelante diversas lesiones de muchos futbolistas.

Además, fue reconocido el estratega local, Everardo Villaseñor, por haber logrado mantener invicto a su equipo durante 17 juegos.

El encuentro se cargó de un solo lado y fue el Guadalajara quien impuso sus condiciones en la cancha del Estadio Jalisco para sellar una victoria de 2-0 y, de esa manera, avanzar a la fase final en la lucha por el título, donde cayó eliminado con el Cruz Azul, quien posteriormente se coronó como campeón.

18 DE JUNIO DE 2020: EL ALTA QUE ALEGRÓ A LA NACIÓN CHIVA Y A TODOS

El 28 de mayo, la nación rojiblanca se estremeció con la terrible noticia de que Benjamín Galindo Marentes había sufrido un infarto cerebral y su vida corría peligro. Sin embargo, gracias a que se actuó rápido, se pudo tratar de inmediato y de la mejor manera.

Luego de permanecer una semana en el hospital, y contra todo pronóstico, el Maestro, de 59 años al momento de ingresar al hospital, recibió el alta médica. Los especialistas señalaron que su condición de futbolista en retiro pudo ser factor para una recuperación antes de tiempo.

El neurocirujano Alejandro Fonseca fue quien se encargó de la intervención y de los cuidados postoperatorios, señaló que la rehabilitación debía ser llevada al pie de la letra para que el exmediocampista rojiblanco pudiera recuperarse al 100 %.

El Maestro tiene muchas historias que contar tras ganar el partido más importante de su carrera.

19 DE JUNIO DE 1966: PRIMER PARTIDO EN EL ESTADIO AZTECA

La primera vez que el Guadalajara pisó el mítico césped del Estadio Azteca no fue de la manera que se pensó. Hubo de todo, pero al final, la historia recordará que la vez que el equipo conoció el Coloso de Santa Úrsula se fue derrotado.

Atlante recibió a Chivas en partido correspondiente a la Copa Presidente Gustavo Díaz Ordaz y desde el comienzo, los Azulgrana buscaron hacer daño a la portería de Coco Rodríguez, hasta que se pusieron al frente con gol de Valentín a los 14 minutos.

Ponce tuvo en sus pies el convertirse en el primer futbolista del Rebaño Sagrado en anotar en la cancha del Azteca, sin embargo, falló el penal que había cometido Larrasolo a Valdivia. Orvañanos le ganó la partida al tapatío.

Sin embargo, el destino le regaló a uno de los predilectos la alegría de festejar por vez primera en el histórico inmueble y es que Alberto Onofre fue el encargado de empatar momentáneamente los cartones al 26 de tiempo corrido.

Atlante estaba con diez hombres por la expulsión de Evaristo y se pensaba que el equipo rojiblanco iría con todo por la victoria. Pero en el segundo tiempo, los capitalinos salieron avasalladores y anotaron otros tres tantos gracias a Boggio, Manolete y Alvarado.

Chivas mostró ímpetu y no dejó de luchar. Jasso recortó distancias y Onofre marcó el segundo en su cuenta, pero ya no alcanzó, y el debut en el Estadio Azteca quedó solo como anécdota y no como la primera victoria.

20 DE JUNIO DE 1943: EL DIRECTOR TÉCNICO SE ALINEÓ Y ANOTÓ GOL

Fausto Prieto era el entrenador del Guadalajara y, ante la baja de Pablo González por una inoportuna lesión, decidió alinear para encarar el partido por la Copa México ante el Asturias en la Ciudad de México.

Las ganas de demostrar que aún tenía madera de futbolista hicieron que luchara cada balón como si fuera el último o el primero en su carrera, lo que sirvió para motivar a sus pupilos y, en este caso, compañeros.

Los capitalinos se fueron al frente debido a un error del portero Pérez, quien prácticamente dejó pasar el balón ante el disparo de Aguilar. Sin embargo, el Poeta fue notablemente estorbado por un tipo que buscaba ubicarse dentro de la cancha.

Los ánimos se encendieron. El estratega visitante irrumpió en el terreno de juego, lo que motivo que el silbante Blat Garay se retirara en medio de los gritos de la gente que se presentó en las gradas.

Por si fuera poco, Fausto Prieto y su hermano Max fueron los artífices de la remontada con un tanto cada uno, además de otro de Tilo García para lograr la ansiada victoria por parte de los rojiblancos, que se impusieron con marcador de 3-1.

21 DE JUNIO DE 2000: CONTROVERTIDO REGRESO DEL REMY

Dos años después de haber salido de Chivas, donde fue campeón en el Torneo de Verano 1997, Jorge el Remy Arreola regresó a la casa que lo

vio nacer luego de transitar por dos diferentes equipos y el haber perdido la categoría con ambos.

Llegó a Veracruz buscando tener más minutos de juego que le sirvieran para consolidar su carrera, sin embargo, una lesión en la rodilla frustró sus planes. Un año después emigró a Toros Neza donde la suerte fue similar. Más tiempo en la banca que en la cancha y nuevamente vivió en carne propia el infierno de descender a Primera 'A'.

El técnico del Guadalajara, Hugo Hernández, lo quiso de vuelta y el Remy no dudó en volver, aunque la negociación fue complicada con la directiva del equipo mexiquense.

Había vencido el tiempo en el draft de Primera División, ya que no hubo arreglos económicos con Juan Antonio Hernández de Toros Neza, por lo que la negociación se postergó. Al final, hubo un acuerdo, vía Nacional Tijuana, de la Primera 'A', siendo Jorge Arreola la última transferencia de aquel "mercado de piernas" en la división de plata.

Pasó sin pena ni gloria en su segunda etapa con el Guadalajara y un año después fue cedido al Zacatepec.

22 DE JUNIO DE 1958: CHOLOLO SUFRE FRACTURA

En un partido que fue prácticamente una guerra en la cancha del Oblatos, Guadalajara y Oro empataron a dos goles, donde la figura del encuentro fue, sin duda, el árbitro primerizo Max Alcázar, que otorgó un penal por bando, mismos que no eran.

Más allá de las polémicas intervenciones arbitrales, la peor parte se la llevó Isidoro el Chololo Díaz, quien sufrió una fractura en la clavícula producto de un choque con Natilla Salcedo, lo que provocó que abandonara el terreno de juego al minuto 57.

El Peque hizo un partido inteligente donde, además de abrir el marcador, generó ciertas jugadas de peligro, pero el mal manejo del partido por parte del silbante provocó que ambos equipos se repartieran duros golpes, lo que suscitó en el prematuro abandono del terreno de juego de Díaz.

23 DE JUNIO DE 1959: LA RIVALIDAD QUEDA DE LADO

Chivas se enfrentó al Municipal de Perú como parte de una gira internacional de los incas, donde además enfrentaron al América y Atlante.

El escenario fue el estadio Felipe Martínez Sandoval, donde Guadalajara se impuso cómodamente 3-0 con anotaciones de Salvador Reyes, Isidoro Díaz y Raúl Arellano.

Antes de iniciado el encuentro, se llevó a cabo un emotivo minuto de silencio por la muerte de Don José Rojas Mora, quien fuera directivo del

Club Deportivo Oro, uno de los eternos rivales de la época en Guadalajara.

24 DE JUNIO DE 1972: SOBRE LA HORA

El Deportivo Guadalajara obtuvo su primer triunfo en una liguilla en un escenario inmejorable. Contra el líder de la competencia, Cruz Azul, en calidad de visitante en el Estadio Azteca y con el graderío a reventar, donde la mayoría de los 100 000 espectadores presentes vitorearon el gol que puso a soñar a la nación rojiblanca.

El partido estuvo cargado del lado de la Máquina, que simplemente no pudo abrir a la defensa rojiblanca, que se comportó a la altura para lograr impedir que la tercera mejor ofensiva a lo largo del torneo, no anotara, refrendándose como el equipo que menos goles recibió.

Cuando el cronómetro superó los 90 minutos reglamentarios y el encuentro parecía que quedaría en empate sin goles, apareció Raúl Willy Gómez para anotar el gol que puso adelante al Guadalajara. Y así terminó le primer capítulo.

Para el juego de vuelta, Cruz Azul superó 2-0 a Chivas y se instaló en la final, donde se impuso contundentemente 4-1 al América y consiguió su tercer título de liga.

25 DE JUNIO DE 1961: SOBRE AVISO, NO HAY ENGAÑO

El Guadalajara visitó al Monterrey en la cancha del Tecnológico en el partido correspondiente a la fecha 2 de la temporada 1961-1962. Ambos equipos ganaron en la jornada anterior. Los regiomontanos se impusieron 2-1 al Zacatepec en un cierre emocionante de partido donde los tres goles cayeron en los últimos nueve minutos, mientras que Chivas venció 2-0 al Atlante.

El árbitro del partido fue Fernando Buergo y tuvo una destacada participación. Antes de comenzar el choque de hostilidades, el central entró a los vestidores y advirtió a ambos planteles que no sería permisible con jugadas bruscas, aunque daría fluidez al encuentro.

Y como sobre advertencia, no hay engaño, Buergo dejó correr las acciones sin complicaciones, hasta que sancionó una pena máxima por una fuerte entrada de Guillermo el Tigre Sepúlveda sobre el Portugués López.

El encargado de ejecutar el penal fue el Chavo Vargas y pudo significar acercar al Monterrey al marcador, pero el disparo se estrelló en la base del poste del Tubo Gómez.

El Guadalajara se impuso 2-0 con doblete de Héctor Hernández.

26 DE JUNIO DE 1966: ¿AUTOGOL O GOL? DA IGUAL

La feria de goles que se registró en el encuentro de ida de los cuartos de final de la Copa Presidencial Gustavo Díaz Ordaz entre el Atlante y Guadalajara, disputado en el Estadio Azteca y donde se registraron siete goles, fue un espejismo a lo que se vivió en la vuelta en el Jalisco.

Atlante ganó el primer juego de la serie 4-3 y le bastaba un empate para avanzar a la siguiente ronda. Chivas salió desde el arranque del cotejo a buscar el gol de la igualada global, pero se encontraron con una auténtica muralla en la humanidad de Raúl Orvañanos, quien detuvo todo.

Sin embargo, después de varias buenas intervenciones del arquero azulgrana, y cuando finalizaba la primera parte, apareció Javier Valdivia, quien asistió a su tocayo Barba para que este mandara el balón al fondo de las redes. Podría parecer, incluso, que quien marcó fue el defensor Medina, aunque el colegiado Felipe Buergo le otorgó el gol al atacante rojiblanco.

El marcador no se movió más. Llegaron los tiempos extra y prevaleció el empate a cuatro goles y desde los once pasos se decretó al ganador. Juan Jasso cobró de excelente manera sus tres disparos, mientras que Manolete Bernardo Hernández erró un cobro y Chivas avanzó a la Semifinal.

27 DE JUNIO DE 1974: OTRA TRÁGICA MUERTE

El luto seguía en el plantel rojiblanco por la muerte de Octavio Muciño (véase 3 de junio), cuando nuevamente la muerte rondó por el Club Deportivo Guadalajara. Y en condiciones similares.

Aquella noche, el capitán y líder del equipo, Jaime López Salazar, visitó un club nocturno en compañía de unos amigos.

La nación chiva no había superado la trágica muerte del Centavo cuando, 23 días después, volvió a perder a otro de sus futbolistas predilectos. López había sido asesinado saliendo de un establecimiento.

Los reportes indican que cuando el jugador y sus acompañantes salían del lugar, fueron abatidos por disparos que provenían de la azotea, dando muerte al zaguero central y a otro de sus compañeros.

Debutó un 8 de septiembre de 1968 en el empate a un gol entre el Guadalajara y el Pachuca, y desde ahí se forjó como el pilar del equipo. Defendió la camiseta rojiblanca por 10 años en diferentes categorías y se coronó como campeón en la temporada 1969-1970.

28 DE JUNIO DE 2013: POLÉMICO ATENTADO A LA TRADICIÓN

El Guadalajara y Adidas presentaron las indumentarias oficiales del equipo de cara al Apertura 2013 en el Estadio Omnilife, como se llamaba en aquel entonces.

La playera no presentaba mayor problema, pues las rayas rojas y blancas predominaban, como dicta la tradición, y con un agregado tono azul en las mangas.

La polémica se presentó cuando, por primera vez en la historia, Chivas jugaría con pantaloncillos en color rojo. La afición estalló y dieron marcha atrás para regresar al clásico color azul marino.

A pesar de las críticas, sí se utilizó este uniforme. Un día después, en un encuentro de carácter amistoso ante Atlas, Chivas vistió con los shorts rojos, donde, por cierto, el Rebaño se impuso en la Copa Jalisco 3-1 al rival de la ciudad.

Fue la única ocasión que se jugó con esta combinación y tras los reclamos de la gente rojiblanca, la marca deportiva y la directiva dieron marcha atrás al intento de innovación y el atuendo volvió a ser el tradicional.

29 DE JUNIO DE 2005: VUELVEN EN AVIÓN DE VERGARA

La selección nacional de México disputó la Copa Confederaciones de ese año en Alemania, llegando hasta la semifinal del torneo y luego cayendo 4-3 ante los locales en el partido por el tercer y cuarto lugar.

Tan pronto terminó el compromiso, los futbolistas del Guadalajara, convocados por Ricardo La Volpe, partieron rumbo al aeropuerto de Leipzig para volar en el avión privado del propietario, Jorge Vergara, con la finalidad de que jugaran la vuelta de la semifinal de la Copa Libertadores ante el Atlético Paranaense.

Oswaldo Sánchez, Carlos Salcido, Ramón Morales, Alberto Medina y el refuerzo José de Jesús Corona conformaron la legión rojiblanca que, en vuelo chárter, volvieron de tierras teutonas a Guadalajara para tratar de superar el marcador adverso en la ida, que terminó 3-0 en favor de los brasileños.

Viajaron con ellos el quinesiólogo Martín Fossati y una maestra de yoga con el fin de recuperar a los jugadores durante el vuelo de Alemania a Guadalajara.

La FIFA no tuvo problema en que los futbolistas disputaran dos partidos oficiales de diferentes competencias con solo unas horas de diferencia, por lo que contaban con la venia del máximo organismo rector del fútbol.

Chivas empató 2-2 ante los sudamericanos, finiquitando así el sueño libertador. De los futbolistas que participaron en la Confederaciones, juga-

ron ante el Paranaense Oswaldo Sánchez, Carlos Salcido, Alberto Medina y Ramón Morales, que salió de cambio al minuto 56.

30 DE JUNIO DE 1963: AMARGA DESPEDIDA

Jaime el Tubo Gómez se enfundó la camiseta del Guadalajara por última vez. Y lo hizo con un amargo descalabro 4-0 ante Oro.

El primer tiempo del arquero colimense fue notable, donde atajó cualquier cantidad de balones que iban con etiqueta de gol, pero para la parte complementaria se acabó la magia.

El atacante Amaury, de los áureos, salió inspirado y anotó tres tantos, mientras que Gil Ruvalcaba había anotado el gol de la quiniela.

Era el fin de una era. El Tubo es el portero más laureado en la historia del Guadalajara, donde conquistó seis títulos de liga, cuatro Campeón de Campeones, una Copa México y una Copa de Campeones de Concacaf.

Tras su exitoso paso por el Guadalajara, Gómez defendió las camisetas de Monterrey, Oro y Laguna para poner fin a su carrera en 1970, luego de 20 años como futbolista de Primera División.

JULIO

1 DE JULIO DE 1962: ACCIDENTADO ENCUENTRO

Un verdadero partidazo jugó el Guadalajara ante el León en la cancha de la Martinica, en la ciudad guanajuatense, donde el marcador final fue un cálido empate a dos goles en partido correspondiente a la primera jornada de la temporada 1962-1963.

El cotejo fue intenso en todos los sectores de la cancha, al grado que hubo varios altercados, todos sin mala intención, pero dejando claro que el ímpetu del arranque del torneo lo valía.

Tras los roces fuertes, Juan el Bigotón Jasso abandonó el terreno de juego por una lesión que no tuvo consecuencias graves, pero que le impidió continuar en el terreno de juego.

Por otro lado, el uruguayo Carlos el Tanque Miloc y el portero Jaime el Tubo Gómez fueron los protagonistas de un tremendo choque que los dejó cimbrados en el césped por unos minutos, aunque ambos pudieron continuar sin complicaciones.

Chivas se puso al frente con gol de Salvador Reyes al minuto seis de acción. Los leoneses igualaron la pizarra por conducto de Salvador Enríquez al 23. Todavía en el primer tiempo, Héctor Hernández volvió a poner en ventaja a los rojiblancos y faltando cinco minutos para finalizar el encuentro, Claudionor Barbosa decretó el empate definitivo.

2 DE JULIO DE 1959: REANUDACIÓN

El 1 de julio se disputó el partido entre Guadalajara y Oro dentro de la jornada 2 de la temporada 1959-1960, en la cancha del Felipe Martínez Sandoval.

Sin embargo, el silbante, Ranulfo Lara, en complicidad con los representantes de ambos equipos, decidió suspender el compromiso debido a un aguacero que impidió que se pudiera culminar.

El marcador se mantenía en igualdad a un gol gracias a los goles de Franco y Díaz y el cronómetro registraba el minuto 40 de haber arrancado el choque.

Al día siguiente, se reanudaron los 50 minutos restantes. El estado de la cancha estaba en malas condiciones y era visible que el juego se vio afectado por este motivo, sin embargo, los rojiblancos fueron más insistentes a la hora de buscar el marco de los Mulos, hasta que Crescencio Gutiérrez peinó el balón que había mandado al área el Chololo.

3 DE JULIO DE 1960: INVITADO DE HONOR

El Estadio Jalisco se vistió de gala para ofrecer el primer partido de competencia oficial en su historia. El encuentro entre Guadalajara y Monterrey fue el platillo principal para los cerca de 50 000 aficionados que abarrotaron el graderío.

Antes del partido, se llevó a cabo una ceremonia a la altura de la situación. El invitado de lujo para inaugurar la temporada 1960-1961 fue el Campeón Mundial Peso Gallo, José Becerra, quien había conquistado el cetro, el 8 de julio, al vencer por nocaut al argelino-francés Alphonse Halimi en el octavo asalto, en pelea disputada en Los Ángeles, California.

Además del pugilista tapatío, estuvieron presentes el gobernador del Estado de Jalisco, Juan Gil Preciado, el presidente municipal de Guadalajara, Juan Menchaca, el general José Pacheco Iturribarría, así como directivos de los Clubes Unidos.

Becerra Covarrubias recibió de las autoridades el Trofeo Carro de la Victoria en reconocimiento al Mejor Deportista de 1959.

El Guadalajara ganó el partido 2-0 con doblete del debutante Javier el Cabo Valdivia. Aquel domingo fue una fiesta para los tapatíos.

4 DE JULIO DE 1963: FANGO, SILBATINAS, ROJAS Y UN DEBUT

Ignacio Calderón tuvo la misión de ser el sucesor de Jaime Gómez como el guardameta en la portería del Guadalajara.

Debutó ante Pumas en la cancha del Estadio Olímpico Universitario, donde las lluvias habían dejado como un auténtico fanguero el terreno de juego. Sin embargo, eso no fue factor para que su portería fuera perforada y, al final del encuentro, prevaleció el empate sin goles.

Las condiciones del campo no permitieron que se disputara el partido en forma natural, pero los equipos buscaron la manera de atacar, y cuando encontraron los espacios para intentar hacer daño, el árbitro central, Diego Di Leo, se encargó de detener las acciones en varias ocasiones, lo que provocó que la afición le dedicara tremendos abucheos, pues consideraron errores flagrantes del silbante.

Y para terminar con "broche de oro" su actuación, el juez decidió expulsar al delantero del Guadalajara, Héctor Hernández, por propinar un fuerte golpe al zaguero universitario, Raúl Chanes.

5 DE JULIO DE 2017: RELAJACIÓN

Luego del título conseguido en el Clausura 2017 (véase 28 de mayo), los futbolistas del Guadalajara tomaron una postura de relajación absoluta. Pues, además de ganar la liga, conquistaron el doblete al conseguir la Copa Mx, por lo que el semestre anterior fue excesivamente desgastante.

En partido amistoso contra el Atlas, disputado en el Toyota Field, de San Antonio, Texas, fue un caos en todos los sentidos. El equipo rojinegro se impuso tranquilamente al Rebaño con goles de Daniel Arreola y Matías Alustiza, por lo que se vislumbraba un porvenir gris en la era de Matías Almeyda como director técnico.

La pretemporada de cara al Apertura 2017 fue un caos. Antes de este duelo frente Santos, Chivas cayó 5-0, por lo que el descalabro ante los Zorros fue un golpe duro para la realidad rojiblanca.

Si bien es cierto que el Guadalajara venía de un excelente semestre, los futbolistas y cuerpo técnico se mostraron relajados luego de haber conseguido los objetivos trazados.

El Guadalajara volvió a una fase de liguilla seis torneos después.

6 DE JULIO DE 1960: LUZ Y SOMBRA

Apenas unos días antes, Javier Valdivia había debutado ante el Monterrey (véase 3 de julio), donde fue el héroe de la tarde al anotar los dos goles con los que el Guadalajara derrotó a los regiomontanos, en lo que fue el primer partido oficial en el Estadio Jalisco.

El Guadalajara visitó al Oro y este tipo de encuentros llamados clásicos son más ríspidos de lo habitual. El árbitro central, Alfonso Herrera, fue muy permisivo con la brusquedad de las entradas de ambos equipos.

Y como en una película de terror, Gustavo el Halcón Peña, férreo defensor de los áureos, rompió al joven Valdivia cuando estaba por terminar la primera parte.

El Doctor Alfredo García Silva detalló lo peor. Señaló que el Cabo sufrió una fractura en el tercer medio de la tibia de la pierna derecha, por lo que abandonó el encuentro y salió de la cancha en camilla.

Tres días antes, Valdivia se regocijaba en las mieles de la gloria al anotar doblete en su debut y en esta ocasión, en el tremendo dolor por sufrir una lesión de graves magnitudes.

7 DE JULIO DE 2011: DE TALLA MUNDIAL

La selección de México sub-17 derrotó a su similar de Alemania en la semifinal del Mundial de Clubes de la categoría, en el partido más emocionante del certamen, donde con un gol de chilena de Julio Gómez se consiguió el boleto a la última fase.

Cuatro futbolistas del Guadalajara fueron convocados para la justa, siendo Carlos Fierro y Giovani Casillas elementos firmes en las alineaciones del estratega Raúl Gutiérrez. Además, José Pablo Tostado y Luis Solorio ganaron experiencia en la justa.

Tras el agónico boleto conseguido a la final, el presidente deportivo del equipo rojiblanco, Rafael Ortega, confirmó que los futbolistas serían reconocidos por poner el nombre del país y de la institución el alto.

Los cuatro jóvenes serían recompensados con entrenar en el primer equipo y, posiblemente, debutarían al siguiente torneo, de acuerdo con su individual proceso de adaptación.

El vaivén de emociones de los jugadores debió ser indescriptible. Por un lado, llegar a una final de un Mundial y, por el otro, recibir la noticia de que el Club Deportivo Guadalajara les abrió las puertas para llegar a Primera División.

México se coronó el 10 de julio, al vencer 2-0 a Uruguay en el Estadio Azteca, para conseguir su segundo campeonato de la categoría.

8 DE JULIO DE 1976: TRES MORDIDAS DEL TIBURÓN

El Guadalajara necesitaba ganar el partido contra Veracruz para mantener vivas sus aspiraciones de calificar a la liguilla de la temporada 1975-1976.

El equipo del Puerto Jarocho se mantenía en la parte baja de la tabla por lo que necesitaba sumar puntos para evitar irse a Segunda División.

La concentración debió ser el elemento más importante para los 22 futbolistas, sin embargo, el zaguero del Rebaño Sagrado, Aurelio Hernández, cometió tres errores garrafales que fueron bien aprovechados por los atacantes veracruzanos para convertir los goles con los que triunfaron 3-2.

La primera pifia sucedió al minuto 35 cuando Hernández no despejó correctamente el balón para vencer el peligro y Ricardo Castro aprovechó para abrir el marcador.

Trescientos segundos después, nuevamente el defensor fue protagonista del segundo tanto de la visita al estorbar a su compañero Zamora. Se perdió la marca de Castro, quien aprovechó el espacio generado y disparó con potencia, pero Coco Rodríguez logró rechazar el balón. Cisneros, quien estuvo atento a la jugada, empujó el esférico para ampliar la ventaja.

En la segunda mitad, Hernández, con los nervios a tope, volvió a errar. Veracruz estaba jugando con todo el equipo atrás, defendiendo el resultado y en una descolgada, quedó solo Oblitas, quien aprovechó el desconcierto de la zaga rojiblanca para asistir a Castro y marcar el tercero, que fulminó las esperanzas tapatías.

Luna y Real anotaron por Chivas, pero no fueron suficientes sus anotaciones para sumar puntos. Al final del torneo, el Rebaño quedó eliminado y Veracruz logró mantener la categoría.

9 DE JULIO DE 1996: LOS "OLÉS" EN CONTRA

La selección de Hungría que disputó los Juegos Olímpicos de Atlanta 1996 jugó contra el Guadalajara como parte de su participación de cara a la justa veraniega.

En el primer tiempo, Chivas fue muy dubitativo, situación que aprovechó el representativo europeo que, dicho sea de paso, no mostraba nivel interesante y estaba lejos de ser como aquella Hungría de la década de los cincuenta.

Sin embargo, Egressy Gabor abrió el marcador con un bonito disparo que colocó pegado al poste de Martín Zúñiga. La afición rojiblanca se molestó por el pobre espectáculo de su equipo y del partido en sí.

Para el segundo tiempo, Ramón Ramírez falló un penal y Hungría jugaba con diez. Y vino lo peor. Los europeos trasladaban el balón de un lado a otro y en las tribunas se coreó el tradicional "olé, olé, olé", en clara señal de reproche.

Esos gritos en contra del Rebaño despertaron el coraje y vergüenza deportiva, y se fueron con todo al frente. Gabriel García empató el encuentro y Salvador Marcado dio la voltereta en favor del equipo dirigido por Ricardo Ferretti.

Por su parte, Hungría tuvo una mala participación en Atlanta, donde fueron últimos del Grupo 4, perdiendo sus tres compromisos, con tres goles a favor y siete en contra.

10 DE JULIO DE 1955: DESDE EL MEDIO CAMPO

En la jornada 1 de la temporada 1955-1956, Guadalajara se impuso contundentemente al Zamora con el marcador de 4-1.

El primer gol del encuentro y el más vistoso, sin lugar a duda, cayó desde los botines de José Villegas, quien, con potente disparo, venció al guardameta del Zamora.

Apenas corría el tercer minuto de la segunda parte cuando el Jamaicón, quien tenía el balón controlado, alzó la cara y vio adelantado al portero visitante, no lo pensó dos veces y sorprendió con un escopetazo desde el medio campo y, con la ayuda de un desvío defensivo, el balón se anidó en la meta rival.

La afición presente en el Felipe Martínez Sandoval se perdió entre la euforia del primer gol del Guadalajara y la forma en la que cayó. No siempre se ve una anotación tan peculiar.

Pero el gusto les duró poco, pues un minuto después, Montes empató para los Chongueros. Esto no permeó al Guadalajara, que se fue al frente y logró anotar en tres ocasiones más. Crescencio Gutiérrez anotó dos goles y Salvador Reyes fue el autor del otro.

11 DE JULIO 1996: TRES PENALES

Ignacio Vázquez fue la figura del partido donde Chivas goleó 5-1 a los Tecolotes de Universidad Autónoma de Guadalajara. El delantero anotó los tres primeros goles para los rojiblancos desde el manchón penal.

El árbitro, Eduardo Brizio, decretó las penas en contra de los emplumados a los minutos 10, 34 y 40, y, aunque rigoristas, fueron bien capitalizados por Nacho.

Para la segunda mitad, el Rebaño siguió en búsqueda de provocar mayor daño al rival; a los tres minutos del complemento, Gabriel García anotó el cuarto gol para la causa del chiverío, mientras que Sergio Pacheco, foco de muchas críticas por parte de la afición, hizo el quinto. Eustacio Rizo marcó el de la honra.

12 DE JULIO DE 1959: CONMOCIONADO DESPUÉS DE ANOTAR

El encuentro entre Chivas y Atlante, de la tercera jornada de la campaña 1959-1960, fue una auténtica guerra por parte de los azulgranas, quienes repartieron todo tipo de golpes, al extremo de haberse quedado con un jugador menos por la expulsión sufrida de Larrasolo, al minuto 20, por una patada que le propinó a Isidoro Díaz.

Al minuto diez de las acciones, se abrió el marcador gracias a una gran jugada colectiva entre Díaz y Hernández, que culminó Crescencio Gutiérrez con un buen remate con la cabeza. En la jugada de la anotación, Mellone y Farfán sufrieron un fuerte impacto que los dejó conmocionados por algunos minutos.

A pesar del golpe, ambos jugadores siguieron en el terreno de juego y a Gutiérrez poco le afectó, pues participó en la segunda anotación, haciendo una finta en forma de pantalla para que Reyes anotara el gol que ponía nuevamente en ventaja a Chivas.

Además, Mellone asistió a Héctor Hernández en la jugada del tercer gol rojiblanco. El cuarto de la tarde lo marcó Narciso López con un disparo de media distancia que dejó sin oportunidad al portero Sierra.

Antes de arrancar el encuentro, se hizo un minuto de silencio en memoria del árbitro Jesús Lomelí.

13 DE JULIO DE 1969: EN DOS PARTES

El segundo tiempo entre Chivas y Cremas se disputó este día, debido a que el 12 de julio cayó tanta agua que fue imposible continuar con la parte complementaria. Incluso se vio afectada la electricidad en el Estadio Jalisco, por lo que el silbante, Abel Aguilar, determinó dar por postergado el encuentro.

El Guadalajara tenía ventaja de 2-0 gracias a los goles de Sabás Ponce y Willy Gómez.

Para el segundo tiempo, Chivas no perdió la ventaja, en gran parte por la actuación tremenda del Coco Rodríguez en el arco, quien detuvo al menos dos jugadas claras de gol. Sin embargo, los Cremas se acercaron en el marcador gracias a la anotación de López Salgado.

Cuando el partido estaba por finalizar, el conjunto rojiblanco liquidó el encuentro al minuto 81. Salvador Espinoza recibió el balón de Herrada para definir ante el esfuerzo del Águila, que poco pudo hacer. El Chavo había ingresado de cambio por Jara.

14 DE JULIO DE 1971: SE SALVAN DEL INFIERNO

Guadalajara llegaba a la fecha 34 de la temporada 1970-1971 como último, en el segundo sector, con 28 puntos. Estaba al borde de pelear la permanencia en el máximo circuito ante Atlas, sotanero del primer pelotón desde varias semanas.

Chivas, Puebla y Pachuca eran los tres equipos involucrados en la parte baja del Grupo 2, pero el Rebaño era el último lugar. La Franja cosechó

30 unidades, mientras que los hidalguenses 29, hasta antes de disputar la jornada final.

Un triunfo del Rebaño, en combinación con una derrota de cualquiera de las otras escuadras, salvaría a los rojiblancos de jugarse la categoría ante el odiado rival de la ciudad.

Chivas hizo lo suyo y venció a los regiomontanos por la mínima diferencia, gracias al gol conseguido por Juan Manuel Luna; un partido donde, además, la figura del encuentro fue el portero Gilberto el Coco Rodríguez.

Tres días después, Puebla se libró del problema al imponerse 4-2, precisamente al Atlas. El Rebaño dependía solamente de que Pachuca no ganara su partido en la Bombonera de Toluca.

Fueron días de mucha incertidumbre, pues el juego entre mexiquenses e hidalguenses no se disputó sino hasta el 18 de julio. Toluca se impuso 1-0 con polémica incluida, pues el árbitro, Jacobo Vela, anuló un gol al Pachuca por fuera de lugar inexistente. Aunque después compensó e igual le quitó un gol válido a Choriceros.

El Guadalajara libró aquel partido de liguilla por el no descenso ante Atlas, equipo que finalmente perdió la categoría.

15 DE JULIO DE 1981: ERROR ARBITRAL Y AGRESIÓN AL ABANDERADO

En el primer partido de la fase final en la lucha por el título, correspondiente al grupo 2, Chivas visitó a los Toros del Atlético Español en el Estadio Azteca.

Los astados se fueron al frente con gol de Jaime Cuesta al minuto 26, por lo que el Rebaño se fue con todo en búsqueda del gol del empate, que nunca llegaría aunque el equipo tapatío generó muchas jugadas de peligro.

Cerca de cumplirse la hora de juego, el Guadalajara llegó con profundidad cuando Ricardo el Snoopy Pérez, remató al arco y Daniel Mora desvió claramente con la mano, pero el silbante, Mario Rubio, aquel que expulsó a Diego Maradona en el Mundial de España 82, no lo marcó.

Las protestas de la afición rojiblanca no se hicieron esperar, a tal grado que alguno lanzó una botella al terreno de juego desde las tribunas que impactó en la humanidad del árbitro abanderado, por lo que el central determinó suspender el encuentro por varios minutos. Esta situación, quizás mermó el rendimiento del Guadalajara, que poco pudo hacer el resto del encuentro.

Atlético Español aumentó la ventaja al 78 con el gol de Carlos Perucci, quien finiquitó el resultado.

16 DE JULIO DE 2020: PRIMER CLÁSICO SIN AFICIÓN

La terrible pandemia del coronavirus afectó a todos los sectores del mundo y el fútbol no fue la excepción. América y Chivas se enfrentaron en la semifinal del torneo de pretemporada, llamado Copa por México, en la cancha de Ciudad Universitaria, donde la afición no pudo estar presente por las recomendaciones sanitarias impuestas por el Gobierno de México.

Se habían disputado 236 clásicos, entre oficiales y amistosos, y en todos hubo siempre presencia de seguidores de uno u otro equipo. Esta vez, la historia fue tristemente diferente.

En lo que fue el partido, Chivas se puso al frente, con gol de José Juan Macías, apenas al segundo 19 de que el árbitro central, Eduardo Galván, iniciara el cronómetro, siendo la anotación más rápida en la historia de estos enfrentamientos.

Alexis Vega aumentó la ventaja para el Guadalajara. Federico Viñas y Sebastián Córdova emparejaron los cartones. Ángel Zaldívar volvió a adelantar a los tapatíos e Isaac Brizuela marcó el cuarto. Pero América se resistía a morir y a dos minutos del final, Andrés Ibargüen decretó el 4-3 definitivo.

17 DE JULIO DE 1960: CHOQUE DE TRENES

Los Electricistas del Necaxa llegaban como la segunda mejor ofensiva del campeonato con seis goles en sus primeros dos partidos, solo por debajo del Atlas, que había conseguido siete anotaciones.

Además, el equipo capitalino era líder de la competencia desplegando un fútbol vistoso, vertical, ofensivo y letal; situación que complicaba el mote de favorito para el Guadalajara, que era el actual monarca de México.

Chivas, por su parte, además del título obtenido la campaña anterior, venía de conseguir el triunfo en el juego inaugural ante Monterrey y de empatar a un gol contra el Oro en un partido considerado como clásico para los más puristas.

La expectativa por el encuentro era altísima y la gente llenó las tribunas del Estadio Jalisco porque sabía que se presentaba un duelo interesante con estilos similares, donde el principal objetivo era el de buscar al arco enemigo.

Y el partido no falló. Los dos equipos fueron insistentes, pero el Guadalajara fue quien tuvo mejor puntería a la hora de rematar a gol. Y en el primer tiempo se puso al frente el Rebaño gracias a la anotación de Héctor Hernández tras una buena jugada colectiva con Salvador Reyes.

Para el segundo tiempo, subieron los ánimos cuando el propio Hernández amplió la ventaja. Los necaxistas empezaron a dar patadas, mientras que los tapatíos siguieron en lo suyo: contener las ofensivas del adversario y buscar anotar más goles. Y así fue. Crescencio Gutiérrez hizo el 3-0 e Isidoro Díaz, el Chololo, hizo el cuarto.

Guillermo Ortiz hizo el del descuento cuando Chivas se relajó tras ver las agresivas entradas de los visitantes. Incluso el silbante, Fernando Buergo, expulsó a Noriega tras cometerle una dura entrada a Cuéllar.

El partido cumplió con lo especulado y la afición del Guadalajara se marchó, una vez más, orgullosa de su equipo.

18 DE JULIO DE 1943: PRIMERA VEZ EN LA CAPITAL ROJIBLANCA

En el primer torneo de copa disputado de manera oficial, dentro de la era profesional, el Guadalajara visitó la capital del país o capital rojiblanca, como se conoce popularmente, al equipo del Marte. Una escuadra bien trabajada, con grandísimos jugadores, encabezados por José Luis Borbolla, quien años después jugaría en el Real Madrid.

El Parque Asturias fue el escenario que albergó el primer encuentro de los rojiblancos en el Distrito Federal, mientras que el silbante fue el experimentado Blat Garay.

El Guadalajara jugó sin respeto ante los Marcianos, pero fueron ellos quienes capitalizaron las acciones que generaron.

Marte se impuso 5-2, aunque el marcador no reflejó a ciencia cierta lo que sucedió en el terreno de juego, pues el arquero Pérez del Guadalajara no salió en su mejor tarde, mientras que Felipe la Marrana Castañeda salió inspirado.

Pablo González anotó el primer gol de los tapatíos en aquellas tierras, mientras que Reyes Sánchez se encargó de anotar en propia puerta.

Al paso de los años, la capital rojiblanca se convirtió en la segunda casa del Club Deportivo Guadalajara.

19 DE JULIO DE 1953: DEBUT DE ENSUEÑO

Salvador Reyes, de familia 100 % del Guadalajara, vio la luz por primera vez con el primer equipo en el partido amistoso que sostuvieron las Chivas y el Marte en el Felipe Martínez Sandoval en la capital de Jalisco.

Había transcurrido poco más de media hora de partido cuando Chava ya había anotado dos goles. El primero de ellos, y quizás el mejor, fue un zapatazo que se incrustó en el ángulo superior derecho de la portería de

Quevedo, al 23. Diez minutos después, Reyes recibió del Pinacate Arellano para fusilar nuevamente al arquero marciano y dejarlo sin oportunidad.

No se conformó la joven sensación. Arrasando la segunda mitad, el Melón sirvió para Crescencio Gutiérrez para que este hiciera el 3-0.

Eran los inicios de un extraordinario futbolista, que años más tarde se convertiría en el máximo goleador del Guadalajara, además de uno de sus más grandes pilares e ídolo en la historia del club.

20 DE JULIO DE 1930: INAUGURACIÓN DEL CAMPO DEPORTIVO ORO

La casa que albergó al Guadalajara desde el arranque de la época profesional hasta 1960, cuando se mudaron al Estadio Jalisco, fue inaugurado en una cartelera de dos partidos. El primero de ellos fue entre el Club Deportivo Guadalajara y el Club Deportivo Imperio, el segundo cotejo, entre los locales Club Deportivo Oro y Club Deportivo Colón.

La fiesta la protagonizaron cuatro de los equipos de la Primera Fuerza Federación para darle más emotividad al día especial.

En el primer encuentro, el Guadalajara se impuso 5-2 a los Imperialistas, mientras que el segundo compromiso quedó con un agradable empate a dos goles.

El Parque Oblatos fue el lugar donde se forjó la riquísima historia del Guadalajara, donde consiguieron tres títulos de liga y tres Campeón de Campeones.

Fue renombrado hasta 1953 como Estadio Felipe Martínez Sandoval en honor a su arquitecto.

21 DE JULIO DE 1958: TRECE MINUTOS Y DOS PUNTOS

El domingo 20 de julio se disputaron 80 minutos del partido correspondiente a la fecha dos de la temporada 1958-1959 en el Estadio Olímpico de Ciudad Universitaria entre el Necaxa y el Guadalajara. El partido fue suspendido debido al aguacero que impidió que se disputara el resto.

A pesar de que los jugadores quisieron terminar el juego con esas condiciones, el silbante, Ranulfo Lara, determinó que era imposible, por lo que decretó el final cuando el marcador indicaba el empate sin goles.

En la reanudación, el Guadalajara consiguió el gol de la diferencia en los pies de Crescencio Gutiérrez, quien burló a los defensas Salazar y Colmenero, y aprovechó el resbalón del guardameta Morelos para dejarlo en el camino y anidar el balón en la portería electricista.

Se disputaron trece minutos, al final de cuentas, y el Guadalajara consiguió sus primeros dos puntos luego de haber caído en la jornada inaugural ante el Zamora.

22 DE JULIO DE 2001: ERRORES NEGRO Y ROJIBLANCOS

El Guadalajara se enfrentó a la Piedad en la cancha del Estadio Jalisco. Chivas buscó por todos los medios su primer triunfo de la temporada, pero no lo consiguió, pues un error arbitral, así como varias pifias del equipo, provocaron que el marcador final quedara empatado a un gol por bando.

Jair García puso adelante a los tapatíos y todo marchaba sobre ruedas. Pero llegó la primera clara equivocación del encuentro. Guadalupe Castañeda cruzó el balón dentro de su área y el servicio fue interceptado por el atacante Pedro Pineda, quien recibió una clara infracción de parte del portero Miguel Berrera y el central, José Luis Camargo, decretó la pena máxima. El propio atacante emparejó los cartones.

Al poco tiempo, Carlos Hermosillo hizo una gran jugada individual en la eludió a dos defensores, pero recibió una clara falta que el árbitro no sancionó.

El Rebaño siguió en la lucha incesante por conseguir la anotación, aunque sin efectividad, ya que dos de sus remates fueron directo a la madera tras los intentos de Hermosillo y Joel Sánchez.

23 DE JULIO DE 1944: ESTAMPADO

En partido amistoso ante Atlas, en otra edición más del clásico tapatío, el Guadalajara se impuso tranquilamente con el abultado marcador de cinco goles contra dos.

El encuentro se disputó en el Paradero, casa de los Zorros, donde la separación entre el graderío y el campo de juego era un alambrado muy sencillo. A punto de finalizar el primer tiempo, en una jugada donde Javier de la Torre fue en búsqueda de la pelota, quedó prácticamente estampado contra el alambrado, situación que provocó una lesión en el atacante rojiblanco.

El silbante, Luis Quezada, determinó suspender el cotejo por unos minutos hasta que el delantero se recuperara, y lo hizo ante la impresión de la poca gente que estuvo presente en las tribunas.

De hecho, De la Torre generó la jugada del cuarto gol cuando disparó con potencia y el balón fue rechazado por el portero Torres, luego apareció Pablotas para empujar al fondo del marco el esférico.

Además de esta anotación, González marcó otras dos. Max Prieto y el Pelón Gutiérrez fueron los autores de los dos goles restantes.

24 DE JULIO DE 1994: SE QUEMA IGNACIO VÁZQUEZ

El delantero del Guadalajara, Ignacio Vázquez, fue titular en el partido de exhibición que disputó el Rebaño en Ciudad del Carmen, Campeche, ante un combinado local como parte de la pretemporada.

La cancha estaba en malas condiciones, pues el terreno de juego presentaba muchos hoyos o pozos, lo que hizo complicado el desarrollo del encuentro, además de ser más chica que un campo profesional.

El atacante Vázquez fue víctima de las circunstancias del terreno de juego, literalmente fue quemado por la cal que marcaba los límites de las líneas de banda, por lo que no pudo continuar en el encuentro y fue sustituido por el estratega Alberto Guerra.

Chivas ganó 4-0 con doblete de Armando González, además de los goles de Alberto el Guamerú García y Noé Zárate.

Un día antes, en el Estadio Chetumal, en Campeche, que, por cierto, es de béisbol, el Guadalajara cayó 2-1 ante Cruz Azul en otro partido amistoso, donde debutó Daniel Guzmán anotando el único tanto de los rojiblancos.

25 DE JULIO DE 1956: SE NECESITABA MÁS

Atlante y Guadalajara protagonizaron un intenso encuentro de alta tensión. El Rebaño llegó cómo líder del torneo luego de tres triunfos en igual número de fechas tras vencer a Necaxa, Monterrey y Oro, mientras que los capitalinos descansaron en la jornada inaugural y empataron a un tanto contra León en la segunda jornada, y a dos goles ante Zacatepec.

Chivas, caracterizado por su juego ofensivo y vistoso, provocó que los atlantistas perdieran la cabeza y tiraran cualquier cantidad de golpes, sin embargo, el silbante, Tomás Moreno, fue muy permisible en este tipo de acciones.

El Tigre Sepúlveda recibió una dura entrada por parte de Ávalos. El zaguero rojiblanco tuvo que salir del terreno de juego al sufrir un fuerte dolor en el brazo derecho. Luego de siete minutos recibiendo atención médica y esperando que se le bajara la sensación, ingresó nuevamente al terreno de juego.

Se necesitaba mucho, pero mucho más que eso para sacar al Tigre.

El resultado final favoreció a los tapatíos gracias a los goles de Crescencio Gutiérrez y Panchito Flores. Por Atlante había empatado momentáneamente Guillermo García Vélez.

26 DE JULIO DE 2008: A LOS DOS MINUTOS DE DEBUTAR

Si para un delantero el mejor debut posible es haciendo un gol, para un portero sería el atajar un penal, y qué mejor que hacerlo ante uno de los llamados cuatro grandes y en calidad de visitante.

El guardameta Sergio Rodríguez apenas llevaba un minuto como futbolista profesional en Primera División cuando el silbante, Francisco Chacón, sancionó la pena máxima por una infracción cometida por el Tepa Solís sobre Carlos Bonet.

El Estadio Azul fue testigo de la proeza realizada por Rodríguez, quien se lanzó sobre su costado derecho para desviar sobre el arco el disparo ejecutado por el exrojiblanco, Miguel Sabah.

La confianza que ganó el portero cuando tapó su primer penal, apenas al minuto dos de juego, provocó que tuviera un gran encuentro, aunque al final, Cruz Azul empató sobre la hora.

Al minuto 40 de las acciones, Gonzalo Pineda adelantó a los tapatíos. En el segundo tiempo, Nicolás Vigneri emparejó los cartones. Nuevamente el Guadalajara se fue al frente gracias a la anotación de Omar Arellano y en tiempo de compensación, Pablo Zeballos decretó el 2-2 definitivo.

27 DE JULIO DE 2010: COMO EN CASA

La afición del Guadalajara en el Distrito Federal, ahora Ciudad de México, es fiel, entregada, apasionada y noble. Desde hace muchos años, cada vez que el Rebaño llega a la capital rojiblanca, cientos de seguidores los reciben con cantos y banderas en el Aeropuerto Internacional de la Ciudad de México y posteriormente organizan una serenata a las afueras del hotel de concentración.

En gratitud por siempre apoyar, la directiva de Chivas logró acordar que el partido de ida de la semifinal de Copa Libertadores ante la U. de Chile se jugara en el Estadio Azteca, nada más y nada menos que la casa del archirrival, el Club América.

Cerca de 85 000 espectadores abarrotaron las tribunas del Coloso de Santa Úrsula, donde los mexicanos no pudieron aprovechar la condición de local.

Fueron los andinos quienes se pusieron al frente gracias al gol de Juan Manuel Olivera apenas arrancando la segunda mitad. Chivas se motivó y espabiló tan pronto se vieron abajo en el marcador. Se juntaron los Omares: Bravo disparó con potencia al arco, el balón fue rechazado por el arquero Miguel Pinto y Arellano empujó para empatar el marcador, que ya no se movería más.

Para el juego de vuelta, el Rebaño se impuso 2-0 en el Estadio Nacional de Santiago de Chile con goles de Xavi Báez y Jonny Magallón para calificar a la final (véase 18 de agosto).

Fue el segundo juego oficial como local en el Estadio Azteca, ya que anteriormente se efectuó un clásico tapatío en aquella mítica cancha (véase 21 de octubre).

28 DE JULIO DE 1957: CON CINCO BAJAS

El Guadalajara se enfrentó al Atlante con plantel incompleto por lo acontecido ocho días antes contra el Irapuato, donde fueron expulsados tres jugadores de la plantilla rojiblanca. Además, Chato Vázquez y Bigotón Jasso tampoco participaron ante los azulgranas por lesión.

Chava Reyes, Tigre Sepúlveda y Chato Nuño no terminaron el partido ante la Trinca y no tuvieron actividad contra los morenitos, por lo que el estratega Javier de la Torre mandó a la cancha a cinco futbolistas con la etiqueta de suplentes: Lima, Tepa II, Chivo Cásares, Martín del Campo y Tomás Balcázar fueron los encargados de orientar a los rojiblancos a buscar la victoria.

El Guadalajara, con la perfecta combinación entre experiencia y juventud, salió a la cancha con las intenciones flagrantes de hacer daño en la portería del guardameta Mota y en el primer tiempo ya llevaban ventaja de dos goles gracias al doblete de Crescencio Gutiérrez.

Los dos puntos estaban en la bolsa, pero Atlante cerró con fiereza el partido y puso a sufrir a unas Chivas que se confiaron, a pesar de que por lapsos del partido apretaron buscando el tercer gol. Sin embargo, los capitalinos reaccionaron a cuatro minutos del final con la anotación de Jesús Rico, quien tuvo la fortuna de que su centro al área llevara dirección de portería.

El equipo rojiblanco podría tener cinco ausencias y el funcionamiento era el mismo. La filosofía era la misma. Las ganas de ganar eran las mismas. Y la generación del Campeonísimo quedará grabada para siempre.

29 DE JULIO DE 2001: MADRUGUETE

La afición presente en el Estadio Azul, así como jugadores, cuerpo técnico y toda la nación rojiblanca festejaban con ahínco el tercer gol del Guadalajara contra Cruz Azul. Era el 3-1 y todo parecía indicar que los rojiblancos conseguirían su primer triunfo del torneo.

Israel López anotó un gran gol de tiro libre, que entró en la portería de Óscar Pérez tras haber pegado en el travesaño.

La celebración se extendió. El equipo cementero reanudó las acciones y tomaron, literalmente, mal parado al Rebaño y Ángel Morales anotó el 3-2 ante los efusivos reclamos de los tapatíos al árbitro central, Jorge Eduardo Gasso.

El marcador no se movió más y todo quedó en un tremendo susto que pudo costarle al Guadalajara sumar esos tres puntos.

Además de López, anotaron por Guadalajara Luis Ignacio González y Manuel Sol, mientras que, por la Máquina Julio César Pinheiro y el Matute Morales.

30 DE JULIO DE 2010: EL ADIÓS DEL HIJO PRÓDIGO

Una de las noches de mayor fiesta en la historia reciente del Guadalajara fue la que se vivió en la inauguración del entonces llamado Estadio Omnilife.

Chivas recibió al Manchester United, equipo al que emigró, Javier el Chicharito Hernández y quien disputó un tiempo con cada equipo para ser la última vez que vistió la camiseta rojiblanca antes de su partida al fútbol europeo.

El anuncio de su traspaso al equipo inglés se dio el 8 de abril, pero continuó con el Guadalajara, quedando incluso campeón de goleo del Bicentenario 2010, con 10 tantos, empatado con Johan Fano del Atlante, y Herculez Gómez del Puebla.

No solo eso, Chicharito fue el autor del primer gol de la nueva casa del Guadalajara con un potente disparo desde fuera del área para vencer al arquero polaco, Tomaz Kuszczak. Tras la anotación, Hernández se acercó a la banca visitante a "pedir perdón" a su nuevo futuro entrenador, Sir Alex Ferguson. Gesto que, por cierto, cayó bien en el equipo británico.

El Manchester United igualó el marcador luego de la definición de Chris Smalling. Y así el partido iba al entretiempo, donde Chicharito se quitó la camiseta rayada por última vez, para enfundarse la roja por primera ocasión y sustituir al búlgaro Dimitar Berbatov.

Cayeron los goles del Bofo Bautista y Héctor Reynoso para que Chivas obtuviera dos tantos de ventaja y once minutos del final, el portugués Nani decretó el 3-2 definitivo en favor de los mexicanos.

Del último encuentro de Javier Hernández 45 000 espectadores fueron testigos, antes de su aventura europea.

31 DE JULIO DE 1960: UN RING DE BOXEO

El árbitro Fernando Buergo tuvo que escenificar de juez de boxeo durante el partido entre el Guadalajara y el Tampico Madero, disputado en la capital jalisciense.

Se presentaron numerosas acciones que son dignas del deporte de los guantes, sin embargo, hubo una que es digna de haber sido protagonizada por cualquier peso completo.

Corría el minuto 51 de acción cuando el defensor Ayala le propinó sendo derechazo a Crescencio Gutiérrez, que lo dejó prácticamente noqueado, por algunos momentos, sobre el terreno de juego. El silbante observo la jugada de manera perfecta y sancionó la pena máxima, que capitalizó Héctor Hernández.

También Salvador Reyes jugó con exceso de brusquedad y recetó tremendo codazo a su marcador Rosas, que fue perfectamente bien marcado por Buergo.

Al final, la Jaiba Brava fue a Guadalajara y arrebató los dos puntos al Rebaño al imponerse claramente 4-2 en el marcador final.

AGOSTO

1 DE AGOSTO DE 1943: EL PRIMER CLÁSICO OFICIAL

La rivalidad entre el Guadalajara y el América es la más importante en el fútbol mexicano, y es una de las más destacadas del mundo.

El primer enfrentamiento entre estos dos equipos se llevó a cabo en el Parque Guadalajara, en partido correspondiente a la Copa México en 1943, donde el equipo rojiblanco tenía que imponerse sí o sí para mantenerse vivo en el certamen.

El encuentro generó mucha expectativa—sin siquiera saber la afición lo que significaría este partido años después—, por lo que se abarrotaron las localidades. Cerca de 7000 espectadores presenciaron el intercambio de hostilidades y, según reportes de la época recopilado por El Informador, la taquilla recaudó cerca de 10 000 pesos, una locura para la época.

El primer gol fue anotado por Pablo González, lo que significó el triunfo de los tapatíos por la mínima diferencia, mientras que el guardameta local fue Esteban Pérez, quien tuvo una extraordinaria actuación tapando cada balón que llevaba dirección de portería.

El árbitro fue Vicente Rubio, quien tuvo una buena participación.

Por cierto, el americanista Cubano Méndez sufrió la pérdida de un maxilar y poco le importó, pues siguió dentro del terreno de juego hasta el silbatazo final.

De esta forma, se escribe el primer capítulo entre estas dos escuadras que tanto significan en la vida diaria de México.

2 DE AGOSTO DE 2004: ESTADOS UNIDOS ABRIÓ SUS PUERTAS

El propietario del Guadalajara, Jorge Vergara, anunció la creación de la franquicia de Chivas en la Mayor League Soccer, con el nombre de Chivas USA, con el fin de exportar la marca al mercado estadounidense con la venia del comisionado Don Garber, quien con buenos ojos recibió el nombre del equipo más popular en los dos países para incursionar en el fútbol norteamericano.

La ciudad sede fue Los Ángeles, California, y el estadio el Home Depot Center, casa de Los Ángeles Galaxy, con quien se intentó, por buenas y malas, hacer una rivalidad con tintes de 'clásico', situación que no funcionó.

En primera instancia, la gente mexicana radicada en aquellos lares vio con buenos ojos la llegada del equipo más popular a su país y recibieron la noticia con cantos, música y banderas, pero al tiempo cayeron en cuenta de que no era el Club Deportivo Guadalajara y se alejaron del equipo.

Los dueños, Jorge Vergara, así como los hermanos Lorenzo y Antonio Cué decidieron reforzar la plantilla con futbolistas con mucho arraigo y que, además, eran ídolos mexicanos: Ramón Ramírez y Juan Francisco Palencia.

El proyecto duró solamente diez años y no hubo los resultados esperados ni las entradas a los estadios como se tenía estimado.

3 DE AGOSTO DE 2011: EL GOL QUE LE DIO LA VUELTA AL MUNDO

Corría el minuto 63 cuando Omar Arellano desbordó por la banda derecha, solo y su alma entró al área, alzó la mirada y vio sin marca a Marco Fabián, a quien le sirvió el balón con toda la ventaja para que realizara un gol de bandera.

Fabián de la Mora se echó para atrás y, con una media tijera, empalmó el esférico con rencor para mandarla al fondo de las redes de la portería de José Manuel Pinto.

Era el segundo gol de la noche para Marco y el 2-1 parcial en el electrónico de aquella noche histórica donde el Guadalajara de José Luis Real se impuso 4-1 al poderoso Fútbol Club Barcelona dirigido por Josep Guardiola. El Estadio Sun Life de Miami, con sus más de 70 000 espectadores, fue el escenario donde el equipo rojiblanco borró del terreno de juego al vigente campeón de la Liga de Campeones de Europa en duelo de carácter amistoso.

El conjunto catalán saltó con Pinto, Andreu Fontás, Gerard Piqué, Eric Abidal, Jonathan dos Santos, Seydou Keita, Xavi Hernández, Thiago, Isaac Cuenca, Carlos Carmona y David Villa, quien había adelantado a los blaugranas al minuto 4.

Por su parte, el Rebaño alineó con Luis Michel, Omar Esparza, Héctor Reynoso, Mario de Luna, Miguel Ponce, Edgar Mejía, Patricio Araujo, Xavier Báez, Marco Fabián, Alberto Medina y Omar Arellano.

Giovani Casillas y José Luis Verdusco fueron los anotadores de los otros dos goles, mientras que Fabián se convirtió en el segundo futbolista del Guadalajara en marcarle doblete al Barça (véase 30 de abril).

4 DE AGOSTO DE 1963: EL CÉSPED NO AYUDÓ

El partido entre Irapuato y Guadalajara, correspondiente a la jornada 6 de la campaña 1963-1964, quedó a deber, cuando prometía mucho, principalmente por las condiciones climatológicas que se presentaron en tierras freseras, además del terrible estado de la cancha del Estadio Revolución.

Toda la mañana de aquel domingo cayó una gran cantidad de agua y el terreno de juego lo resintió. Pausó el chaparrón, aunque cuando se disputaba la segunda mitad, volvió a llover, lo que evitó que se desplegara un buen partido.

Jugadas de ambos equipos no terminaron con el balón en el fondo del arco. Primero Rey tuvo un contrarremate a placer, luego del tiro al poste de Miloc, pero el balón por el agua pesaba demasiado y no pudo empalmar su disparo correctamente.

Posteriormente, Héctor Hernández tuvo la oportunidad para los tapatíos, pero tras la serie de rebotes que se generó en el área local, no conectó bien y se perdió el gol.

Y quizás la más importante de todas, cuando el marcador seguía sin estrenarse y el cronómetro estaba por llegar a su fin, Belmonte se plantó frente al Cuate Calderón, pero se resbaló, perdiéndose así la opción de anotar.

De haber sido otras las condiciones, el resultado no hubiera quedado en empate sin goles.

5 DE AGOSTO DE 1951: PUDO SER DE ESCÁNDALO

Raúl el Tarzán Landeros fue un portero de época para el equipo del Tampico Madero, alcanzando el grado de ídolo para la afición de la Jaiba, siendo quizás, el mejor futbolista del equipo a finales de la década de los cuarenta.

En el partido correspondiente a la jornada 3 de la temporada 1951-1952, el Guadalajara recibió al entonces invicto Tampico Madero, quien había ganado en la fecha inaugural 2-0 al Veracruz y empatado a dos goles contra León.

Sin embargo, la maquinaria ofensiva de los tapatíos fue mucho más que la defensiva tampiqueña. El Parque Oro presenció la insistente metralla rojiblanca a las redes visitantes y el Rebaño se alzó con la victoria 4-2, con goles de Manuel Enciso, Chuco Ponce, en dos ocasiones, y Tomás Balcázar.

Sin embargo, hay que destacar que el guardameta visitante provocó un corte en la ceja izquierda a Manuel Enciso, por lo que así jugó gran parte del partido. El Panochero abrió el marcador al minuto 15 de acciones y generó otras jugadas de peligro, sin embargo, el Tarzán evitó una goleada que pudo ser más abultada, siendo el mejor jugador de los jaibos.

Por cierto, Francisco Flores vio sus primeros minutos como futbolista de Primera División.

6 DE AGOSTO DE 2006: POR PARTIDA DOBLE

El Guadalajara tuvo que partirse en dos para encarar, primero, el compromiso de la jornada inaugural del Apertura 2006 contra Toluca en el Nemesio Diez y posteriormente para disputar el encuentro amistoso ante Barcelona en Los Ángeles, California.

Al mediodía, el equipo tapatío enfrentó a los Diablos Rojos, donde jugaron con un plantel con jóvenes, en su mayoría. Alinearon Luis Michel, Antonio Patlán, Jonny Magallón, Héctor Reynoso, Omar Esparza, Patricio Araujo, Emilio López, Gonzalo Pineda, Alberto Medina y Edwin Borboa, y entraron de cambio Jesús Padilla por López, Juan Garza por el Gaucho y Jesús Morales por Borboa.

El resultado fue en favor de los escarlatas, que se impusieron por la mínima diferencia gracias a la anotación de Bruno Marioni.

Por la noche, en punto de las 21:00 horas, en el Memorial Coliseum, el Rebaño salió con la mayoría del equipo estelar. Oswaldo Sánchez fue el único jugador en salir sustituido por Alfredo Talavera al arranque del segundo tiempo. Además, tuvieron participación Javier Ledezma, Edgar Mejía, Francisco Javier el Maza Rodríguez, Diego Martínez, Manuel Sol, Juan Pablo Rodríguez, Ramón Morales, Sergio Santana, Adolfo Bautista y Omar Bravo.

Barcelona hizo muchos cambios, siendo Ronaldinho el que más gustó a la afición, al jugar la segunda mitad y provocando que la afición se levantara de sus butacas.

El marcador terminó empatado a un gol, siendo Eiður Guðjohnsen y Diego Martínez los encargados de hacerse presentes en el marcador.

El estratega José Manuel de la Torre tomó un vuelo justo al terminar el compromiso en Toluca y viajó a Los Ángeles para dirigir el partido ante los catalanes.

7 DE AGOSTO DE 1947: RETRASADOS

El Guadalajara disputó en la cancha del Oblatos un partido amistoso ante el Ferencvarosi de Hungría, reforzado con algunos elementos de otros cuadros del fútbol mexicano, destacando el portero Tarzán Landeros del Tampico Madero, además de Felipe Zetter y Chapete Gómez del Atlas, Durán y Solórzano del León.

El vuelo del conjunto europeo se retrasó antes de llegar a Guadalajara, por lo que el equipo se vio imposibilitado de adaptarse y conocer el terreno de juego durante la que sería su última sesión de entrenamiento previo al partido, lo que provocó el bajo rendimiento durante el mismo.

La afición tomó con mucha seriedad el encuentro, por lo que, la gente que se ubicó en la zona de Sol accedió al inmueble con cohetes, mismos que fueron lanzados y que provocaron sustos a más de uno.

El equipo rojiblanco se impuso 2-1, gracias a las anotaciones de Pablo González y el Pachuco Durán, mientras que, por los húngaros, Szabó recortó distancias.

De esta manera, el Guadalajara conseguía su primer triunfo ante un rival europeo.

8 DE AGOSTO DE 1965: REGALO PATROCINADO QUE PUDO SER DE VALDIVIA

La marca de ropa, Camisas Medalla, otorgaría una prenda al anotador del primer gol del partido entre el Guadalajara y Oro, que se disputó en el Estadio Jalisco.

Ante dicha estrategia publicitaria, todos los futbolistas buscaron anotar el gol, además del regalo, para ayudar a sus equipos a salir airosos en el encuentro.

Fue precisamente en el minuto 34 de acciones cuando el brasileño José de Oliveira Filho Berico, llamado el nuevo Pelé en su país, anotó el primer tanto del encuentro para hacerse acreedor del souvenir otorgado por la marca.

Javier el Cabo Valdivia estuvo cerca de convertirse en el ganador del premio, sin embargo, falló la clara oportunidad que se le presentó luego de que el arquero Velázquez evitara la caída de su marco.

Al final, Francisco Jara emparejó los cartones y el marcado final fue un agradable empate a un gol.

---

9 DE AGOSTO DE 1953: TUMBAN LAS REJAS

La locura por ver el debut de Adalberto el Dumbo López con la camiseta del Guadalajara fue de tal magnitud, que la afición no cupo en la zona de Sol del Parque Oblatos, por lo que tuvieron que tumbar los enrejados que separaban las diferentes áreas para situarse en Preferente.

Además, el partido presentó un buen ritmo, llegadas de peligro y, lo más importante, goles y el triunfo del equipo rojiblanco 3-2 al siempre bien trabajado León.

Si bien, el Dumbo no anotó, sí fue factor fundamental para que el equipo tapatío se quedara con los dos puntos frente a su gente que abarrotó el graderío.

Por el Guadalajara marcaron Tomás Balcázar en dos ocasiones en el primer tiempo, mientras que Raúl el Pinacate Arellano hizo el tercero. Por los Cuereros se hicieron presentes en el marcador Agustín Santillán y Leonel Bossa.

---

10 DE AGOSTO DE 1960: GUADALAJARA ES DE JUSTICIA Y DE NOBLEZA

Cuando el cronómetro marcaba el minuto siete de arrancadas las hostilidades entre Guadalajara y América, Salvador Reyes, ídolo eterno de la afición rojiblanca, evitó un encontronazo que pudo significar la lesión del portero adversario Walter Ormeño.

Reyes y Moreno realizaron una jugada colectiva de grandes hechuras, sin embargo, el balón se le alargó al Melón, aunque pudo llegar y buscar ganar el esférico, prefirió darlo por perdido, antes que poner en riesgo a la Pantera Negra.

Y ese gesto generoso redituó, más tarde, en favor del propio Reyes, quien anotó el gol del triunfo para el Guadalajara a tres minutos del final.

Reza un verso del himno del Guadalajara: "Es de justicia y de nobleza" y quedó claro que, más allá de los colores y rivalidades, la integridad física de un compañero de profesión es más importante.

---

11 DE AGOSTO DE 2002: OSWALDO SÁNCHEZ DETIENE UN PENAL GRACIAS A SU HERMANO

El clásico de clásicos del Apertura 2002 se pintó amarillo. El América borró por completo al Guadalajara del minuto uno al 90 ante la incomprensión de los miles de aficionados que se presentaron en el Estadio Jalisco.

A pesar del triunfo americanista 1-0, gracias a la anotación de Marcelo Lipatín, la figura del encuentro fue Oswaldo Sánchez, que evitó una goleada que pudo ser histórica.

Una de las tantas atajadas que realizó el experimentado guardameta se dio al minuto 25 del primer tiempo cuando el silbante, Felipe Ramos Rizo, decretó una pena máxima en favor de los emplumados por una mano cometida por Joel Sánchez.

El encargado de ejecutar el castigo fue Iván Zamorano. El portero volteó atrás y le preguntó a su hermano, que era balonero, que adónde lanzaría el disparo el futbolista chileno, y él le indicó precisamente el lugar del cobro.

Oswaldo Sánchez se lanzó sobre su costado derecho y atajó el penal, luego se dirigió justo al lugar donde se encontraba su hermano para festejar con él.

Cuando parecía que el Guadalajara haría la hombrada de no recibir gol, apareció el uruguayo Lipatín para hacer el 1-0 definitivo al minuto 85.

12 DE AGOSTO DE 2011: CHIVAS SE CRECIÓ ANTE LA ADVERSIDAD

El Guadalajara llegó al Estadio Morelos para enfrentar al Morelia con una racha negativa de siete años sin conocer la victoria en aquellos lares. El balance durante ese tiempo fue de seis derrotas y solamente dos empates entre liga y liguilla.

Desde que el principal, Juan Genaro Medrano, sonó su silbato para arrancar el encuentro, el Rebaño se fue con todo en búsqueda del arco de Federico Vilar y lograron terminar varias jugadas, pero sin aprietos, sobre todo con Marco Fabián como el futbolista más peligroso.

Chivas se puso al frente al arranque del segundo tiempo gracias al autogol de Yasser Corona, pero fueron sorprendidos dos minutos más tarde con el gol del Damián la Pulga Manzo.

Cinco minutos después de la anotación del empate del equipo purépecha, Jonny Magallón se fue expulsado por una fuerte entrada sobre Kalú Gastelum, por lo que el árbitro Medrano no dudó en mostrar la cartulina roja y, al minuto 70, Pato Araujo corrió con la misma suerte y se fue a bañar antes por la falta cometida a la Pulga.

El Guadalajara jugó contra dos futbolistas más y también contra las estadísticas, que no eran nada favorables. Morelia acosaba y José Luis Real realizó tres cambios para reforzar su defensa: Mario de Luna, Javier

Ledezma y Antonio Gallardo ingresaron al campo por Omar Arellano, Marco Fabián y Alberto Medina.

Cuando al cronómetro le restaban diez minutos, Jesús Sánchez realizó una jugada por la banda de la derecha, que terminó en gol del joven Gallardo, para así conseguir su primera diana en el máximo circuito, acabar con la mala racha en el Estadio Morelos y poner momentáneamente líder al Rebaño Sagrado.

13 DE AGOSTO DE 2005: CON MUCHAS AUSENCIAS Y MUCHO CORAZÓN

El partido de la jornada 3 del Apertura 2005 fue vibrante de principio a fin. Chivas presentó cinco ausencias de futbolistas que se encontraban concentrados con la selección mexicana: Oswaldo Sánchez, Carlos Salcido, Francisco Rodríguez, Ramón Morales y Omar Bravo.

El estratega Benjamín Galindo echó mano de Kristian Álvarez y Emilio López, dos canteranos que debutaron aquella noche contra el Atlante, en sustitución del Maza y Morales, respectivamente.

Patricio Galaz puso al Atlante en ventaja al aprovechar dos errores defensivos, primero de Johnnie García y luego del guardameta Alfredo Talavera. Corría el minuto 61 y los Potros ganaban 2-0.

Chivas debió reaccionar pronto y lo hizo por conducto de Héctor Reynoso, que anotó el gol que dio vida y esperanza a la afición tapatía y a su propio equipo. Alejandro Vela emparejó los cartones y lo mejor estaba para el final.

Manuel Sol corrió con fortuna al momento de impactar el balón desde fuera del área, que fue desviado, para vencer al Federico Vilar. El Estadio Jalisco era una locura y el Rebaño Sagrado logró remontar un marcador que se veía imposible en tan solo ocho minutos.

Tras el partido, el chileno Sebastián Chamagol González sentenció: "Atlante puso el fútbol y Chivas el corazón".

14 DE AGOSTO DE 2004: GOL OLÍMPICO DE RAMONCITO

Un festival de goles se vivió la tarde de aquel sábado cuando Chivas goleó estrepitosamente 7-0 a los Potros de Hierro del Atlante en el Estadio Jalisco. La cascada de anotaciones arrancó antes de que se cumpliera el primer minuto de juego tras la anotación de Adolfo Bautista.

En la jugada del gol, el portero Rafael Cuevas chocó con el Bofo y salió de cambio, dando ingreso al debutante Alejandro Arredondo, que permitió seis goles.

Alejandro Vela, quien también vivía sus primeros pasos en Primera División, anotó el segundo.

El nerviosismo invadió al joven guardameta azulgrana y cometió el error de recibir un gol olímpico al minuto 38 del primer tiempo. Ramón Morales ejecutó a primer poste el tiro de esquina por el lado derecho. Nadie lo remató, ni lo despejó, ni lo desvió y el balón se incrustó en las redes atlantistas.

Gol con mucha fortuna y que no intentó anotarlo Morales, sin embargo, así lo consiguió.

Francisco Palencia hizo el cuarto y así acabó el primer tiempo. Atlante no metió ni las manos y Chivas anotó a racimos. Y es que, para la segunda mitad, siguió el vendaval rojiblanco; Bofo consiguió su doblete mientras Alberto Medina y Ramón Ramírez completaron la canasta de goles.

Todo le salió al Rebaño Sagrado, incluso Oswaldo Sánchez también fue parte del espectáculo al detener un penal a Luis Gabriel Rey.

15 DE AGOSTO DE 1993: ARRANCA LA ERA DE LAS SUPERCHIVAS

Luego de que la directiva de la Promotora, encabezada por Salvador Martínez Garza, abriera la chequera para contratar jugadores estelares para el Guadalajara, un equipo renovado se presentó en el Estadio Cuauhtémoc para ofrecer un recital a su afición.

Misael Espinoza, uno de los flamantes refuerzos, se llevó las ovaciones al conseguir tres anotaciones y, de esa forma, empezar a escribir su historia en el equipo rojiblanco.

El primer tiempo fue bien disputado y con poca claridad, aunque Chivas se puso en ventaja con el primero en la cuenta personal de Espinoza. Y para la segunda mitad fueron anotados otros cuatro goles para el Guadalajara y tres para el Puebla de la Franja.

Narciso Cuevas empató momentáneamente el encuentro, pero el conjunto rojiblanco se fue con todo en búsqueda de la victoria y apareció nuevamente Misael Espinoza, Guillermo el Campeoncito Hernández y Benjamín Galindo para completar la media decena de goles rojiblancos.

El Puebla peleó con la frente en alto y en los últimos diez minutos marcó nuevamente Cuevas y Amarildo para dejar el 5-3 definitivo.

Fue el comienzo de una nueva era en el Club Deportivo Guadalajara.

16 DE AGOSTO DE 1969: ¡VAYA BERRINCHE!

La expulsión de Jaime López en el Estadio Tecnológico de Monterrey se convirtió en un verdadero espectáculo y de mal gusto.

López cometió una infracción sobre Flores en los linderos del área, por lo que el silbante, Javier Galindo, no dudó en mostrarle la tarjeta roja. Los reclamos airosos de Sabás Ponce al árbitro generaron que también fuera expulsado.

Una vez que López abandonó el terreno de juego, se dirigió al fotógrafo Rogelio Villarreal, de El Norte, y le lanzó la camiseta en clara señal de molestia por haberlo retratado mientras salía de la cancha. Posteriormente, la afición regiomontana abucheó el comportamiento, por lo que el futbolista del Guadalajara se quitó los pantaloncillos, haciendo señas obscenas.

Al ver las acciones, el silbante solicitó ayuda a la policía para que calmaran al jugador del Rebaño, quien pudo ser detenido, pero intervino el encargado del inmueble para llevarlo a los vestuarios sin más contratiempos.

El partido terminó 0-0.

17 DE AGOSTO DE 1986: BATALLA CAMPAL

Fue el partido de despedida del árbitro internacional Antonio R. Márquez, el mismo que expulsó a Diego Maradona en el Mundial de España 1982.

El escenario era inmejorable, el clásico de clásicos en el Estadio Azteca con sus más de 100 000 espectadores.

América ganaba el partido 1-0 gracias a la anotación de Eduardo Bacas y se prendieron los ánimos.

Al minuto 72 de partido, el autor del gol impidió el saque del portero Javier Ledezma y Fernando Quirarte le dio un empujón y fue expulsado, pues, R. Márquez lo consideró como una agresión.

Llegaron los reclamos de los futbolistas rojiblancos sobre el árbitro y Carlos Hermosillo pateó al Sheriff, misma que fue sancionada con tarjeta roja. Cuando el defensor rojiblanco estaba tendido en el césped, el delantero americanista le dio un puntapié en la cara. Ante el hecho, Demetrio Madero, Ángel Torres y Benjamín Galindo surtieron a patadas a Hermosillo. Se desató la campal en la portería norte, en el área del Guadalajara, al minuto 72. Todos contra todos. Se vaciaron las bancas y la cancha del Estadio Azteca se convirtió de pronto en un campo de batalla donde todos dieron y recibieron golpes.

Luego de cuatro minutos de una auténtica guerra, se calmaron las hostilidades y el árbitro decretó la expulsión para los 22 jugadores.

El futbolista más agraviado fue Fernando Dávalos, quien fue trasladado al hospital por una conmoción y una herida de cinco centímetros en el rostro, mientras que Alex Domínguez solamente tuvo una cortada en la ceja izquierda.

Carlos Hermosillo fue considerado el culpable de iniciar la riña y fue suspendido 12 partidos, mientras que Fernando Quirarte y Alfredo Tena fueron sancionados con cuatro juegos cada uno.

El 1 de octubre se reanudó el encuentro con los 18 minutos restantes. Jugaron 10 futbolistas por equipo, dado que Hermosillo y Quirarte ya habían sido expulsados antes del comienzo de la gresca.

En el complemento, fue expulsado Concepción Rodríguez por una falta sobre Guillermo Naranjo y el marcador ya no se movió.

18 DE AGOSTO DE 2010: TREMENDA FALTA DE RESPETO

Previo al arranque de la final de vuelta de la Copa Libertadores, el sonido local cortó el himno nacional mexicano a medio cantar ante la sorpresa de todos los futbolistas y cuerpo técnico del Guadalajara.

Chivas visitó el siempre complicado Estadio Beira-Rio para medirse al Internacional de Porto Alegre con la misión de dar vuelta al marcador adverso que se consiguió en la ida, 2-1 en favor de los brasileños.

Una vez que fue censurado el himno azteca, comenzó rápidamente el del país sudamericano. Los cerca de 56 000 espectadores entonaron con orgullo sin saber lo que había sucedido.

Cuando comenzó el canto del país amazónico, Adolfo el Bofo Bautista rompió filas y comenzó a realizar trabajos de estiramiento y ejercicios físicos en señal de protesta por la falta de respeto. La afición se percató de la situación y dejó de entonar su himno para hacer sonar una tremenda silbatina al futbolista del Guadalajara.

Inter se coronó campeón de la copa al imponerse 5-3 en el marcador global y los ánimos terminaron encendidos. De hecho, tras el silbatazo final del árbitro colombiano, Óscar Ruiz, hubo un breve conato de bronca motivado por el trato hostil que recibió el equipo mexicano.

19 DE AGOSTO DE 1985: VESTIDOS POR EL ENEMIGO

Carlos Reynoso y Francisco Hernández son dos símbolos del americanismo más puro. Panchito fue más destacado en las oficinas, ejerciendo el puesto de directivo y responsable de las contrataciones de los futbolistas extranjeros con etiqueta de ídolo, entre ellos, el chileno Reynoso, Daniel Brailovsky, Antonio Carlos Santos, entre otros.

Ambos fundaron su marca deportiva y para 1985 vistieron al Deportivo Guadalajara con Reyher, camiseta peculiar que traía, además del escudo,

una gráfica que asemejaba una chiva y que había sido adoptada previamente por la directiva rojiblanca.

El primer partido de aquella temporada fue un soporífero empate sin goles ante los rojinegros del Atlas.

Para esa temporada, además, fue retirado el número 12 en homenaje a la afición del Club Deportivo Guadalajara.

20 DE AGOSTO DE 1967: DOBLE REGALO

Guadalajara llegó a la capital del Estado de México con la misión de colocarse en la parte alta de la tabla general. El encuentro ante los Diablos Rojos del Toluca, disputado en el Estadio Gutiérrez Dosal, tenía tintes de ser un partidazo. Y así lo fue.

La ofensiva del Rebaño trabajó a marchas forzadas para ponerse adelante en el marcador gracias al tanto de Javier Valdivia, lo que suponía que podía aumentarse la ventaja en cualquier momento, además de regresar a casa con los dos puntos.

Pero errores de concentración generaron que los escarlatas pudieran dar vuelta al marcador con las anotaciones de Ruvalcaba y Juan Dosal.

En los minutos finales del encuentro, el árbitro, Vicente Medina, sancionó la pena máxima en favor de los tapatíos producto de una infracción cometida por el portero Florentino López sobre el joven Cárdenas.

El encargado de ejecutar el penal fue Manuel Sánchez, quien sin fuerza regaló el balón a López, que rechazó el esférico y nuevamente el pateador erró el contrarremate, lo que provocó que se esfumara la posibilidad de, por lo menos, sumar un punto.

Toluca amaneció como líder de la competencia con 13 puntos, mientras que el Guadalajara se quedó con siete unidades en el séptimo peldaño.

21 DE AGOSTO DE 1962: EL PORTERO RIVAL SE GANÓ LOS APLAUSOS

Chivas consiguió su primer título como monarca de la Copa de Campeones de la Concacaf al imponerse cómodamente 5-0 al Comunicaciones del Guatemala en el partido de vuelta para un global de seis goles por cero.

La figura del encuentro fue, irónicamente, el guardameta chapín Guillermo Gamboa, quien detuvo al menos otros nueve disparos con etiqueta de gol de parte de los atacantes rojiblancos.

El público tapatío reconoció en al menos tres ocasiones al portero rival, sin embargo, la mejor atajada que realizó se presentó en los minutos finales del encuentro cuando Salvador Reyes empalmó de tijera su remate y el cancerbero logró evitar la caída de su marco.

La afición tapatía, en un acto de generosidad, brindó una serie de aplausos en señal de aprobación por el esfuerzo de Gamboa.

Chava Reyes anotó tres goles, mientras que Juan Jasso lo hizo en dos ocasiones.

22 DE AGOSTO DE 1956: LA TARDE QUE CHIVAS MASACRÓ AL AMÉRICA

La tarde de ese miércoles será imposible de olvidar para la nación rojiblanca. Chivas masacró, literalmente, al América en el Estadio Felipe Martínez Sandoval con el escandaloso marcador de 7-0.

El destino le sonrió al Rebaño, que se puso al frente en el marcador apenas al minuto ocho con gol de Bigotón Jasso.

Crescencio Gutiérrez fue la figura del encuentro al anotar tres goles y eso que le fue anulado uno recién comenzó el partido. Díaz, Reyes y Arellano se encargaron de marcar una vez, cada quien, para redondear el histórico resultado.

Si bien es cierto, el mediocampista Ferrari sufrió una lesión a los sesenta segundos de haber arrancado el cotejo, y no pudo continuar para el segundo tiempo, Chivas generó 29 disparos a gol, además de varias llegadas al arco defendido por Huerta.

23 DE AGOSTO DE 1964: LA HISTORIA DEL CLÁSICO CAMBIÓ EN TRES MINUTOS

El primer clásico tapatío de la temporada 1964-1965 cambió en tres minutos, sobre la recta final del primer tiempo.

Primero, el defensa Valle cometió una burda falta al atlista Pistache Torres para que el árbitro central, Fernando Buergo, decretara la pena máxima, que fue ejecutada de manera terrible por Delgado, logrando que Gilberto Rodríguez detuviera el penal.

Y después, al 43, Fernando Navarro perdió la cabeza y agredió sin el balón de por medio a Francisco Jara, delantero del Guadalajara. Esta acción fue sancionada con la expulsión por parte de Buergo.

Chivas se impuso, una vez más, en el clásico tapatío 3-1, con goles de Vera, Díaz y Jara, mientras que, por Atlas, Mellone había empatado momentáneamente.

24 DE AGOSTO DE 1994: FIN DE LA GIRA POR ITALIA

Con un saldo favorable, el Guadalajara terminó su gira por Italia luego de una serie de cinco partidos amistosos, siendo el último ante el Padua de la máxima categoría del Calcio italiano, hoy Serie A.

El Rebaño se impuso 4-1 al equipo de la región de Véneto con los goles de Daniel Guzmán y José Manuel el Chepo de la Torre con un doblete cada uno. Por los europeos marcó Cavezzi.

El balance fue positivo para el Rebaño Sagrado, donde, en cinco juegos, cayó 3-1 ante Salerno y se impuso 3-0 al Triestina, 3-1 a Treviso, 2-0 al Cremonese y 4-1 al Padua, con 13 goles a favor y solamente tres en contra.

En la campaña 1994-1995, el Padua logró salvarse del descenso tras disputar un partido de desempate contra el Genoa, donde igualaron a un gol y se impusieron 5-4 en penales.

25 DE AGOSTO DE 1996: MANITA E INVITADO DE HONOR

Uno de los clásicos más memorables fue el que se disputó en la cancha del Estadio Jalisco en agosto de 1996, donde el Guadalajara le pasó por encima al América y el resultado 5-0 reflejó lo que realmente sucedió en el terreno de juego.

En el palco del presidente de la Promotora, Salvador Martínez Garza, hubo un invitado de honor: el arzobispo de Guadalajara Juan Sandoval Íñiguez.

En la cancha solamente hubo un equipo y fue el Rebaño Sagrado, que al minuto cinco ya se había puesto al frente gracias a la correcta definición de Ramón Ramírez.

El gol sirvió para motivar a la afición a corear el tradicional "ole". En una de las posesiones largas del Guadalajara, Luis García perdió la cabeza y se barrió con fuerza desmedida sobre Joel Sánchez. Arturo Brizio expulsó al delantero y el América se quedó con 10 hombres desde el minuto 13.

El resto del encuentro fueron llegadas al arco de Oswaldo Sánchez, que nada pudo hacer para evitar la escandalosa goleada. Sergio Pacheco amplió la ventaja al 23. Para el segundo tiempo, Paulo César el Tilón Chávez y Gabriel García en dos ocasiones, decretaron la manita, el baile y la humillación al eterno rival.

La tranquilidad fue total, Ricardo Ferretti gastó uno de sus cambios en sacar al portero Martín el Pulpo Zúñiga, que no se encontraba al 100 % para dar ingreso a Eduardo Fernández.

26 DE AGOSTO DE 1945: DE DIEZ

Un festival de diez goles se vivió en la capital del país cuando el Guadalajara se impuso 6-4 ante los Cremas del América, donde hubo emociones desde el comienzo.

El equipo amarillo se quedó con diez futbolistas debido a la lesión que sufrió el Zarco Vázquez luego de golpearse con uno de los postes de la portería tras lograr evitar otra anotación cuando en el cronómetro restaban diez minutos para la finalización del encuentro.

Los locales se pusieron en ventaja con dos goles al minuto 23 gracias a los tantos de Octavio Vial y Saucedo. Pablotas González acercó a los tapatíos, pero nuevamente los capitalinos aumentaron la ventaja por conducto, otra vez, de Vial.

Antes de que finalizara el primer tiempo, Guadalajara alcanzó en el marcador al América con Luis Reyes y González.

Para la parte complementaria, Vial adelantó de nueva cuenta a los Cremas con el perfecto cobro desde el manchón penal. Luis Reyes, con su doblete, volvió a emparejar los cartones. Y de ahí en adelante, el encuentro se pintó de rojo y blanco.

El Pelón Gutiérrez dio la voltereta al partido y Pablotas, con el tercero en su cuenta personal, sentenció el resultado definitivo.

27 DE AGOSTO DE 1961: CORTINA DE ACERO

Los Diablos Rojos del Toluca llegaron al Estadio Jalisco con una maquinaria tremenda para conseguir goles. Luego de diez jornadas jugadas en la temporada, el equipo escarlata había conseguido la espectacular cifra de 25 goles, lo que le generó hacer 16 unidades, producto de 8 triunfos y 2 derrotas.

La ofensiva mexiquense estaba compuesta por delanteros de gran capacidad goleadora, como Alfredo del Águila, Miguel Sordo, Carlos Carús, Iván Melo y Sigifredo Mercado.

La defensa de Chivas, con Curita Chaires, Tigre Sepúlveda y Jamaicón Villegas, se comportó a la altura para frenar el poderoso arsenal rojo y con un juego excelso en la zona baja, lograron que la artillería se fuera en blanco. Incluso, Sepúlveda, que se lesionó en el primer tiempo, se fue al ataque y anotó el primer gol del partido. Ya no saltó a la cancha para el segundo tiempo.

Tras la salida del Tigre, el Bigotón Jasso dejó la media cancha para dedicarse a defender y lo hizo de gran manera, mientras que Sabás Ponce fue recorrido a la mitad de la cancha para elaborar el juego.

Toluca insistió, pero la defensiva y el arquero Jaime el Tubo Gómez no permitieron que pasara nada y, a menos de cuatro minutos del final, Chava Reyes anotó el 2-0 definitivo.

28 DE AGOSTO DE 2010: EL PRIMER PARTIDO DE LIGA EN EL OMNILIFE

Ya se había jugado el partido inaugural ante Manchester United y la final de Copa Libertadores ante Inter de Porto Alegre. Faltaba el primer encuentro dentro del campeonato mexicano de la Liga MX.

El rival en turno fue Pumas de la UNAM, donde la rivalidad, que ha sido desde hacía muchos años, se acentuó más tras la final del Clausura 2004. La entrada de afición dejó mucho que desear, pues solamente asistieron 20 000 aficionados, de los 45 000 que tiene de aforo el inmueble.

Y si en las tribunas el ambiente fue triste, en la cancha fue completamente desangelado. Chivas y Pumas se dedicaron a no perder y a no ganar. Se conformaron con el empate y, en un soporífero encuentro, al final repartieron unidades tras igualar sin anotaciones.

Marco Antonio Palacios, férreo defensa universitario, manifestó que la cancha, al ser pasto sintético, era peligrosa. Ese factor pudo ser la razón por la cual tanto rojiblancos como auriazules dieran un lamentable espectáculo.

José Luis Real, estratega de Chivas, realizó un cambio en el primer tiempo al sacar a Omar Arellano por Jesús Sánchez, sin embargo, la sustitución no funcionó y el Guadalajara no generó opciones de gol.

29 DE AGOSTO DE 1954: HASTA AL ÁRBITRO LE TOCÓ

Toluca y Guadalajara protagonizaron un encuentro caliente de comienzo a fin. Y es que los escarlatas se fueron al frente muy temprano en el marcador, al minuto ocho, gracias al gol de Mateo Tijera y el Guadalajara empezó a perder el control de sus emociones.

El partido se caracterizó por la cantidad de veces que el árbitro Ramiro García detuvo las acciones, sobre todo por las infracciones con dureza cometidas por Adalberto López, Salvador Reyes y Rafael Rivera.

Este último se fue expulsado por jalonear al silbante tras una decisión que, para el futbolista de Chivas, fue localista. Por supuesto, el jugador se tuvo que ir a las regaderas antes de tiempo por amedrentar física y verbalmente las decisiones del colegiado.

A pesar del cortado partido, el equipo rojiblanco le dio la vuelta al marcador gracias a las anotaciones de Tomás Balcázar y Chava Reyes.

30 DE AGOSTO DE 1970: CABO RECONOCIDO

El delantero Javier el Cabo Valdivia fue reconocido como el mejor futbolista mexicano que disputó el noveno Campeonato Mundial de Fútbol celebrado en el país azteca del 31 de mayo al 21 de junio y que dio como vencedor a la selección de Brasil.

El premio a tal reconocimiento, otorgado por una empresa privada, constó de un viaje para dos personas para Europa, con todos los gastos pagados o, en caso de rechazar dicha travesía, podría solicitar el regalo en dinero en efectivo.

La selección mexicana disputó cuatro encuentros, donde Valdivia anotó dos de los seis goles conseguidos por el Tricolor en el certamen. Ambos goles los anotó a su similar de El Salvador, en el segundo compromiso del representativo nacional.

31 DE AGOSTO DE 2016: A TODO LUJO

Alan Pulido llegó al Rebaño Sagrado, procedente del Olympiakos de Grecia. Al aterrizar en el Aeropuerto Internacional de Guadalajara fue recibido con todos los lujos para amenizar sus primeros momentos en la ciudad como jugador de Chivas.

El nuevo refuerzo rojiblanco partió del aeropuerto Miguel Hidalgo y Costilla con rumbo a las instalaciones de Verde Valle, donde más tarde sería presentado ante los medios de comunicación. El trayecto lo realizó desde el helicóptero del propietario del equipo, Jorga Vergara.

Además, para su presentación, estuvieron presentes el dueño, en compañía de José Luis Higuera, CEO de Chivas, y Matías Almeyda, director técnico del Guadalajara.

Alan Pulido conquistó una liga, una copa, una Concacaf Liga de Campeones, además del campeonato de goleo junto con Mauro Quiroga en el Clausura 2019, con doce anotaciones.

Para el Apertura 2019, fue vendido al Real Salt Lake de la MLS luego de haber ganado prácticamente todo con el Rebaño Sagrado.

SEPTIEMBRE

1 DE SEPTIEMBRE DE 1996: ¡QUÉ EMOCIONANTE CIERRE!

Los últimos seis minutos del partido entre Guadalajara y Morelia, disputado en casa de los Ates, fue de un ritmo intenso, con muchas emociones, angustia, incertidumbre y hasta suspenso.

El Rebaño se puso al frente cerca de cumplirse la hora de partido gracias a la anotación del joven Gabriel García. El partido fue de ida y vuelta con llegadas y generación de peligro en ambos lados.

Al 84, Gustavo Nápoles tuvo la fortuna de ampliar el marcador y tranquilizar a la afición chiva, sin embargo, esa sensación de calma se volvió un sentimiento de nerviosismo cuando el costarricense, Jafet Soto, acercó a los locales al minuto 88.

Chivas no reculó y buscó hacer daño, y lo consiguió. Y por partida doble. Y es que Alberto Coyote anotó el tercero para la causa rojiblanca un minuto después del gol del Tico, mientras que, al 90, Gaby García marcó su doblete y el 4-1 definitivo.

Tras la victoria, el equipo dirigido por Ricardo Ferretti se convirtió en el líder general de la competencia con diez unidades en cuatro jornadas, con once goles a favor y solamente uno en contra.

2 DE SEPTIEMBRE DE 1953: TENÍAN RAZÓN

Los partidos entre Atlas y Guadalajara siempre han sido de alto voltaje. La realidad es que, desde el siglo anterior, sobre todo en los primeros años del profesionalismo en el fútbol mexicano, ha sido una rivalidad encarnizada a sol y sombra.

Gente de fútbol realizó la petición a la Federación Mexicana de Fútbol Asociación, que quien pitara el encuentro fuera el árbitro inglés, Mr. Crawford, por la autoridad que impone, además, de los criterios para este tipo de choques.

Los federativos designaron a Garza Manzano, acompañado en las bandas por los auxiliares José María Oliva y Antonio Quiñonez. El partido se le fue de las manos. Las jugadas que sancionó fueron siempre desaprobadas por la afición de ambos equipos, la indignación llegó a tal grado que aventaron los cojines al terreno de juego del Parque Oblatos.

La jugada que desarrolló la campal, producto de la falta de liderazgo del silbante, fue cuando Felipe Zetter derribó a Adalberto López, para hacerse acreedor de la expulsión. La gresca duró cerca de diez minutos y tuvo que intervenir la policía municipal, así como las tropas federales.

Otra cosa hubiera sucedido si el colegiado inglés hubiese llevado las riendas del encuentro.

3 DE SEPTIEMBRE DE 1944: CELEBRAN AL GUADALAJARA EN OTRO ESTADIO

Al tiempo que Chivas se imponía contundentemente al Atlante al son de ocho goles contra dos en el Parque Oro, en la capital de la República Mexicana, el Asturias derrotaba a los rojinegros del Atlas cinco a cuatro.

Lo peculiar del encuentro celebrado en el Distrito Federal es que el marcador iba apuntando los goles del Guadalajara, por lo que la afición presente en el Parque Asturias celebró las ocho anotaciones de los rojiblancos.

Chivas aplastó 8-2 al Atlante, donde la figura del encuentro fue Max Prieto, autor de cinco goles. Las otras anotaciones corrieron a cargo de Luis Reyes, Pablo González y José Gutiérrez desde los once pasos.

Por los atlantistas, el mítico Horacio Casarín anotó los dos goles para su causa, siendo el segundo de ellos, al minuto 85, el gol más bonito del partido, al empalmar la pelota con una especie de media tijera.

4 DE SEPTIEMBRE DE 1955: REVANCHA ATLISTA

Cinco meses después de aquella imagen poderosa que trascenderá para siempre y quedará en la memoria de rojiblancos y rojinegros, el Atlas tuvo su revancha y Jaime Gómez pagó la mofa (véase 24 de abril).

El Guadalajara cayó 2-1 en el Parque Oblatos con doblete de Rodolfo Franco. En los instantes finales del encuentro, un aficionado rojinegro invadió el terreno de juego al saltarse una reja, luego le lanzó una revista al portero Tubo Gómez y le gritó "Para que sigas leyendo".

Ante la acción, el guardameta y el Tigre Sepúlveda se fueron a los golpes con el espectador, por lo que se generó una gran gresca que al poco tiempo se había expandido por toda la cancha y que la policía disipó.

Al tiempo, Jesús del Muro, defensor atlista, contó para Televisa Deportes que aquel aficionado resultó ser familiar de Paulo César el Tilón Chávez, futbolista que fue campeón con el Guadalajara en 1997.

5 DE SEPTIEMBRE DE 1970: SORPRENDIÓ A TODO MUNDO

Monterrey y Chivas se enfrentaron en la jornada nueve, correspondiente al torneo México 70, en el Estadio Jalisco. El partido tuvo poco que contar.

La rispidez con la que ambos equipos disputaron el encuentro provocó que las porterías tuvieran pocas emociones y que los porteros estuvieran pensando en todo menos en detener balones. Y quizás, eso fue lo que aprovechó Juan Manuel Olague.

Corría el minuto 49, ya en la parte complementaria, cuando sacó un tremendo obús, a más de cuarenta metros del arco regiomontano, para colocar el balón dentro de la portería que mal defendió el cancerbero Hugo Pineda.

El árbitro, Abel Aguilar, testigo de primera fila de aquel tremendo zapatazo, tampoco podía creer la clase de disparo que sacó el futbolista rojiblanco.

Chivas se impuso al Monterrey con un gol, literal, de otro partido.

6 DE SEPTIEMBRE DE 1959: LA DUDA QUE RECLAMÓ TODO IRAPUATO

Irapuato y Guadalajara se enfrentaron en el Estadio Revolución, en Guanajuato, con un césped en terrible estado, producto de una intensa lluvia antes de comenzar el partido.

El encuentro fue muy entretenido para la afición, a pesar de las malas condiciones climatológicas, y el marcador final dibujó un 3-3 que dejó satisfecho a todos, pero únicamente por la entrega de los veintidós futbolistas.

Al minuto cuatro de iniciadas las hostilidades se produjo la jugada polémica que cambió el rumbo del encuentro: Isidoro Díaz recibió el balón de Salvador Reyes, pero el Chololo se encontraba en clara posición adelantada. Incluso el futbolista rojiblanco condujo el balón con visibles dudas porque consideró que se sancionaría el fuera el lugar. Y no fue así.

Se enfiló y se plantó frente al portero Barrón para fusilarlo y abrir el marcador. Los futbolistas de la Trinca le reclamaron airosamente a Ranul-

fo Lara, árbitro central del partido, aunque no prosperaron las quejas y el marcador se movió en favor de los visitantes.

7 DE SEPTIEMBRE DE 2020: LA LUCHA DE LICHA

Las Chivas Femenil es un equipo de garra, lucha y entrega, y tan pronto Alicia Cervantes arribó al equipo de sus amores, comprendió la grandeza de la institución a la que representaría.

Y es que, desde el primer partido y quizás desde el primer entrenamiento, Licha lo entendió de la mejor manera. El encuentro ante Mazatlán fue el reflejo de lo que para ella es vestir la camiseta rojiblanca.

Anotó tres goles de buenas hechuras en el primer tiempo, siendo para muchos la primera mejor exhibición de la atacante. Abrió el marcador apenas a los nueve minutos tras ejecutar de la mejor manera un lanzamiento desde el manchón penal.

A los 25 minutos ya había conseguido el doblete y, en el tiempo de compensación del primer lapso, hizo su tercero y cuarto para la causa tapatía, ya que Norma Palafox había anotado el segundo tanto del partido al 22 de tiempo corrido.

Chivas se impuso 5-0, ya que Carolina Jaramillo cerró la pizarra cuando el silbante, Salvador Pérez Villalobos, iba a sancionar otro penal y que seguramente ejecutaría Cervantes.

Licha tiene otra lucha personal y es la de anotar la mayor cantidad posible de dianas para seguir incrementando el récord de máxima goleadora del equipo femenil del Club Deportivo Guadalajara.

8 DE SEPTIEMBRE DE 1946: SABER PERDER

El delantero argentino, Oscar Garro, goleador del equipo de San Sebastián, fue el villano del equipo al fallar un penal al minuto 12 de haber iniciado el encuentro. El portero, Salvador Mota, detuvo la ejecución, lo que le valió el aplauso de la afición que llenó el Parque Oblatos aquella tarde.

Era la oportunidad perfecta que tenía el Santos para abrir el marcador y ponerse al frente de la pizarra.

Y luego vino la pesadilla visitante.

El Guadalajara fue un vendaval para atacar. Cayeron goles a racimos y el conjunto tapatío se impuso por el contundente marcador de 8-1.

Luis Reyes se despachó con la cuchara grande al anotar cuatro goles. Pablo González hizo dos, mientras que José Morales y Javier de la Torre marcaron uno cada uno. Por los santistas, el propio Garro anotó desde el manchón penal en las postrimerías del encuentro.

Al sonar el silbatazo final de Vicente Rubio, el sudamericano Oscar Garro se acercó a cada futbolista del Guadalajara para felicitarlos personalmente por la contundente y merecida victoria que habían conseguido. El acto le valió al delantero el ganarse los aplausos de la gente.

9 DE SEPTIEMBRE DE 2006: EL DEBUT QUE SIEMPRE SOÑÓ EL CHICHARITO

Javier Hernández pensó en el retiro. Familiares y jugadores, especialmente Ramón Morales, hablaron con él y lo convencieron de no renunciar a su sueño.

Y el sueño llegó aquella noche contra Necaxa.

El Chicharito ingresó de cambio al minuto 82, tomando el lugar del atacante Omar Bravo. ¡Vaya que la misión de llenar esos zapatos era complicada!, habrá pensado Hernández.

Solamente llevaba seis minutos como futbolista de Primera División cuando recibió el balón de Alberto Medina, controló y con un recorte descomunal se plantó frente a Iván Vázquez Mellado para definir ante la salida del guardameta.

No lo podía creer. Y eso se veía en los gestos de incredulidad que formaron parte de su primer festejo. El primero de muchos, de hecho.

Así comenzó la historia de Javier Hernández en el fútbol de Primera División.

10 DE SEPTIEMBRE DE 1967: CAMPAL EN RESERVAS

La atención estaba puesta en el partido entre Guadalajara y América, correspondiente a la jornada diez la temporada 1967-1968.

Sin embargo, el duelo quedó a deber y, a pesar de los grandes atacantes que había en cada bando, el marcador terminó igualado sin anotaciones en la cancha del Estadio Jalisco.

Y por obvias razones, este compromiso era fácil de olvidar y más si se señala que, en el encuentro de reservas de ambas instituciones, se formó tremenda batalla campal donde todos los jóvenes futbolistas de los dos equipos se dieron con todo.

El marcador terminó 1-1 y el responsable, según las crónicas del día, fue el árbitro central, Austreberto Gutiérrez, quien fue permisivo para que los futbolistas sacaran el hacha y se pusieran a repartir golpes, en vez de conseguir los puntos.

El sentimiento de una u otra camiseta se valora, se forja y se entiende cuando uno juega en las reservas de los equipos. No hay otro lugar para comenzar a defender el honor de los colores y el escudo.

11 DE SEPTIEMBRE DE 1965: ¡QUÉ MANERA DE SUBIR DE PRECIO EL BOLETAJE!

Es bien sabido que el Guadalajara llena el estadio donde se presente, ya sea de liga, de copa, de exhibición, amistoso o del carácter que sea el partido.

El equipo Ciudad Madero aprovechó la visita del equipo rojiblanco, que en aquel entonces ya tenía un arraigo popular importante a lo largo y ancho de México e incluso en Estados Unidos, para subir sustancialmente el precio del boletaje.

Las entradas, que regularmente su precio era de 15 pesos de los de aquella época, fueron vendidas a los aficionados en 60 y 100 pesos. La gente respondió, adquirió sus boletos, aunque consideró que era un aumento fuera de toda proporción.

Chivas se impuso 2-1 gracias a los goles de Francisco Jara e Isidoro Díaz para satisfacer a su afición y, de paso, hacerles más placentero el hecho de haber tenido que romper la alcancía para presenciar a sus ídolos.

12 DE SEPTIEMBRE DE 1963: LA CARAMBOLA QUE PUSO A SUFRIR A MÁS DE UNO

Guadalajara visitó al Atlante en la cancha de Ciudad Universitaria para encarar un verdadero partidazo.

Chivas se puso al frente al minuto 16 gracias a la contundencia de José Luis Pérez. Al 40, Carlos Malvido empató por los azulgranas y, todavía en la primera mitad, Chava Reyes volvió a poner al frente a los rojiblancos.

Para la segunda parte, los locales se fueron con todo para conseguir el tanto de la igualada. Y llegó. Y de la manera más cómica que puede caer un autogol. O una de las más.

Restaban nueve minutos en el cronómetro y el Atlante generó una oportunidad clara para empatar el partido, sin embargo, la mala fortuna invadió el área tapatía para marcar un gol en propia puerta que arrancó algunas sonrisas y risas dentro del respetable.

Jamaicón Villegas quiso despejar el peligro de su portería y reventó el balón con la intención de enviarlo lo más lejos posible, sin embargo, el esférico rebotó en la pierna de Javier Valle, que se encontraba defendiendo su arco. El balón se incrustó dramáticamente en la Cabaña rojiblanca para que el marcador se empatara a dos goles.

Cuando todo parecía que terminaría con la repartición de puntos, apareció Héctor Hernández para convertirse en la figura del partido, mutilar las esperanzas atlantistas y borrar las risas de sus rostros al hacer el gol del triunfo al minuto 89.

13 DE SEPTIEMBRE DE 1959: INTERCAMBIO DE GOLPES

El arbitraje del señor Ramiro García dejó mucho que desear al permitir por todos lados que se pegaran los futbolistas y que fuera muy entrecortado el juego.

Chivas le ganaba 3-0 al León con cierta tranquilidad con las anotaciones de Salvador Reyes, Héctor Hernández e Isidoro Díaz, este último con notoria colaboración del portero Antonio Carbajal, que incluso fue blanco de burla de unos niños.

Al minuto 77 de tiempo corrido, el Pachuco López, de los cuereros, con señales claras de impotencia porque su equipo era superado por los rojiblancos, le recetó un fuerte cabezazo al atacante Chale Hernández, quien molesto por el accionar del oponente reviró con una poderosa patada.

Se encendieron los ánimos, pero no pasó más. Afortunadamente.

Al final del encuentro, Alfredo Hernández descontó por el León y el marcador final fue 3-1 en favor de los rojiblancos y un golpe certero por cada bando.

14 DE SEPTIEMBRE DE 1952: SIN PIEDAD

El Guadalajara masacró contundentemente a la Piedad al ritmo de 7-0 para pasar un día de campo auténtico en la cancha del Parque Oblatos ante las concurridas tribunas que se convirtieron en una agradable fiesta por el triunfo de los locales.

El mejor gol del encuentro fue el de Tomás Balcázar que, sin piedad, burló a cuanto enemigo se le cruzó en el camino. Comenzó el segundo tiempo y Balcázar condujo el balón tras el saque de reanudación. Superó con facilidad a Blomberg, y a Rodríguez y quedó frente a Barbosa para batirlo sin problemas.

La Piedad era un desastre y el estar mal parados les costó un gol infantil, apenas a los veinte segundos de reanudarse el segundo lapso.

Ángel Vázquez anotó en tres ocasiones, mientras que Juan Jasso, Noriega, De la Torre y Tomás Balcázar se despacharon con un tanto cada uno para sellar el 7-0 definitivo.

15 DE SEPTIEMBRE DE 2004: PIDEN PERDÓN

El 31 de agosto, Alberto Medina y Omar Bravo fueron detenidos en Guadalajara por conducir a exceso de velocidad y en supuesto estado de ebriedad.

Dos semanas después, se reencontrarían con su afición, y de la manera más pura, leal y sincera.

Guadalajara recibió a Tigres en el Estadio Jalisco, en medio de una tremenda tromba que incluso arruinó los festejos que había preparado la directiva rojiblanca con motivos del Día de la Independencia.

Chivas ganaba 2-0. Y el momento cumbre llegó. Alberto Medina mandó un servicio al segundo poste, donde apareció Omar Bravo solo para lanzarse de palomita y anotar un gol, que sirvió para que los compadritos le pidieran perdón a la afición. Se hincaron ante ellos. Y fueron perdonados.

La indisciplina se olvidó con más actuaciones destacadas de ambos futbolistas, que se ganaron el corazón de la afición tapatía.

El Guadalajara terminó por imponerse 3-1 a los Tigres aquella noche lluviosa en la Perla Tapatía.

16 DE SEPTIEMBRE DE 1962: SE CONTROLAN

En el partido correspondiente a la jornada doce de la temporada 1962-1963, Chivas visitó al Necaxa en la cancha del estadio Universitario, en la capital del país.

El compromiso se pintó de un solo color: rojiblanco por el Guadalajara, que desde que Fernando Buergo dio por comenzado el compromiso, siempre buscó el arco enemigo y, desde el minuto cuatro, se puso al frente con el extraordinario gol de Salvador Reyes de tiro libre.

En el ecuador del partido, Héctor Hernández aumentó la ventaja y, tras el gol, los necaxistas empezaron a perder la cabeza. Tiraron golpes de mala leche y fueron provocativos con el Guadalajara, que nunca compró ningún pleito. Al contrario, siguió por su camino de buscar más goles y al minuto 66 encontró el definitivo en la humanidad de Francisco Jara.

Bien Fernando Buergo en sancionar las malas intenciones y fuertes entradas de los electricistas, y excelente el Guadalajara en no caer en las provocaciones para que el desarrollo del partido fuera siempre en favor del espectáculo y en la consecución de los dos puntos, que era el objetivo principal del chiverío.

17 DE SEPTIEMBRE DE 1972: LAS CELEBRIDADES ROJIBLANCAS

El Guadalajara realizó una pequeña gira por California, Estados Unidos, con el propósito de llevar al equipo más popular de México a los paisanos que viven del otro lado de la frontera.

En dos días, el Rebaño Sagrado enfrentó a dos equipos estadounidenses. Primero a Kings de San Francisco, al que derrotaron 2-1 y posteriormente a Senadores de Sacramento, al que aplastaron con el marcador de 8-1.

Tras el segundo partido, los organizadores de la gira por la Unión Americana realizaron una especie de convivio con los jugadores del primer equipo del Guadalajara, otras celebridades y diversas personalidades de otros ámbitos, quienes además de la celebración, estuvieron presentes en el partido.

El fenómeno del Guadalajara traspasó fronteras desde hace muchas décadas.

18 DE SEPTIEMBRE DE 1983: SNOOPY SE PUSO LOS GUANTES

Bonifacio Núñez expulsó a Javier Ledezma y Fernando Quirarte en el mismo minuto.

El árbitro central sancionó un penal al minuto 58 que ejecutó el brasileño Evanivaldo Castro. El Zully Ledezma lo detuvo y, en el intento de contrarremate, Luis Fernando Tena atropelló al Cabo, y Núñez decretó nuevamente la pena máxima.

Ledezma no lo podía creer, por lo que, en señal clara de inconformidad, pateó el balón a la tribuna. El nazareno no le toleró el aspaviento y lo mandó a las regaderas antes de tiempo. Fernando Quirarte le reclamó con ahínco y también se fue expulsado.

El encargado de parar la última media hora de juego fue el Snoopy Pérez. Cabinho le anotó el penal y empató el marcador momentáneamente. El León se fue con todo al frente en búsqueda del gol que diera la vuelta al marcador y otorgarle una satisfacción a su afición.

Pérez, en plan grande, atajó al menos cuatro balones que iban en dirección de gol y, cuando menos atacaba Chivas, que parecía que se conformaba con el empate en calidad de visitante, Euzebio le cometió una burda infracción a Pajarito dentro del área y Bonifacio Núñez sancionó el penal.

Eduardo Cisneros colocó el balón y anotó su doblete con el que Chivas ganó 2-1 a León, con todo y que dos de sus hombres en defensa no terminaron el partido.

19 DE SEPTIEMBRE DE 2020: SOLIDARIDAD

América y Chivas disputaron el primer clásico oficial sin aficionados. Ya habían jugado, bajo estas condiciones, el partido de la Copa por México (véase 16 de junio).

Sin embargo, el motivo que se destacó para este encuentro fue la solidaridad de ambas instituciones para recordar con cariño a las víctimas de los terremotos que cimbraron el corazón de México en 1985 y 2017, además de que se guardó un minuto de silencio por las pérdidas humanas como consecuencia de la pandemia del coronavirus.

"Nos separan los colores, pero nos une la misma bandera. En memoria de las víctimas de los terremotos de 1985 y 2017", fue el mensaje que se leyó en redes sociales.

En la cancha, América se impuso 1-0 con gol de Giovani dos Santos, en un clásico donde faltó el aderezo principal: la afición.

20 DE SEPTIEMBRE DE 1953: BORRAN AL CAMPEÓN

El vigente campeón, Tampico Madero, era una máquina de hacer goles. En las seis primeras fechas del certamen, los tamaulipecos habían anotado doce goles, divididos entre ocho futbolistas, considerando el autogol de José Vela, del Zacatepec y siendo Carlos Septién el puntero en ese departamento con tres anotaciones.

La variedad ofensiva del equipo jaibo era sorprendente y, por esa razón, habían conquistado el título de liga la campaña anterior.

El partido correspondiente a la jornada siete, contra el Guadalajara, fue de un solo lado. Los tapatíos anularon por completo al monarca con el escandaloso marcador de 7-1.

Hay que señalar, que el silbante, Barba Tamayo, expulsó a dos futbolistas visitantes al minuto 53. Benito el Güero Ayán y Salvador el Médico Ayala se fueron expulsados por protestar airadamente un polémico penal que se sancionó en favor de los rojiblancos.

El conjunto tapatío ya ganaba 3-0 cuando Tampico Madero se quedó con dos hombres menos, sin embargo, con ese disparo desde el manchón penal cayó la cuarta anotación y posteriormente otros tres goles.

Por Chivas marcaron Javier de la Torre y Rafael Rivera, además de Crescencio Gutiérrez, que anotó dos, y Adalberto el Dumbo López que hizo tres.

Por los jaibos, Julio Ayllón hizo el de la honra.

21 DE SEPTIEMBRE DE 1947: UN SEÑOR

El director técnico de los Cremas del América, Rafael Gutiérrez, Récord, se comportó como un verdadero señor a pesar de la injusticia a la que fue sometida su escuadra, según sus propios futbolistas.

Corría el minuto 87 y el equipo capitalino caía 4-3 ante el Guadalajara; por las circunstancias propias del partido, los Cremas se encontraban bombardeando la cabaña tapatía, hasta que cayó el gol del empate por conducto de Zeledón.

Sin embargo, el silbante, Blat Garay, decidió anular el tanto por una supuesta posición adelantada, lo que sorprendió a los americanistas es que la invalidación se dio instantes después de haberse anotado el gol y no en la jugada previa, donde pudo haber existido el fuera de lugar.

Ante la acción arbitral, los pupilos de Récord amagaron con abandonar el terreno de juego, pero su entrenador los exhortó a no hacerlo y a terminar de disputar los últimos minutos.

Al final, el marcador no se movió y Guadalajara derrotó 4-3 a los Cremas.

22 DE SEPTIEMBRE DE 1963: CAMBIO SUSTANCIAL

El Estadio Jalisco recriminó con ahínco las decisiones del árbitro García, quien impartió justicia en aquel Chivas contra América; la afición consideró que las primeras decisiones perjudicaron alevosamente al equipo local.

El público externó su inconformidad dedicándole un sinfín de porras ofensivas y hasta de mal gusto por la forma parcial de dirigir las acciones en favor de los americanistas.

Tras percatarse de lo que sucedía entre la relación tribuna-juez, determinó modificar su actuación y la manera de pitar el encuentro, a tal grado que terminó siendo de la simpatía del respetable, y aunque el partido finalizó sin anotaciones y con un aburrido empate, la afición logró su cometido: evitar las injusticias por parte del silbante para con su equipo.

23 DE SEPTIEMBRE DE 2009: CLÁSICO CHIVA

El primero de tres duelos entre Guadalajara y Chivas USA se llevó a cabo en el Rose Bowl de Pasadena, California, con el triunfo del equipo mexicano 2-0 con doblete de Omar Arellano Riverón.

El inmueble se llenó hasta las lámparas para ver al equipo dirigido por el estratega Raúl Arias, y es que ver a las originales Chivas en Estados Unidos siempre es un negocio taquillero redondo para los organizadores.

Y el estadio celebró el doblete de la Pina en solo cinco minutos, pues al 73 y al 78 marcó los goles que le dieron el primer clásico a los tapatíos.

En 2010 y 2013 se volvieron a enfrentar ambas escuadras con dos empates, 0-0 y 3-3 respectivamente.

24 DE SEPTIEMBRE DE 1961: ¿GOL OLÍMPICO, GOL O AUTOGOL?

El Guadalajara recibió a Monterrey en la jornada 15 de la campaña 1961-62 y el dominio tapatío fue total y absoluto desde el primer momento del partido.

Al minuto 16 de tiempo corrido se presentó la jugada de la polémica. Y es polémica por determinar quién fue el autor del gol.

Isidoro Díaz ejecutó el tiro de esquina muy cerrado y el balón iba muy cerca de la portería regiomontana. El portero Alfonso Mancilla intentó rechazar de puños para despejar el peligro de su meta, sin embargo, no lo hizo de la manera correcta y desvió el esférico a su cabaña.

Podría habérsele otorgado al Chololo, aunque el árbitro central, Vicente Medina, dictaminó que el gol fue marcado en propia puerta por el cancerbero de la Pandilla. No obstante, hay quien cree que Salvador Reyes logró rematar el esférico tras la pifia del guardameta.

Chivas goleó 5-0 a Rayados gracias a los dobletes de Crescencio Gutiérrez e Isidoro Díaz, quien pudo haber hecho tres si el árbitro central le hubiese concedido el primer tanto.

25 DE SEPTIEMBRE DE 1952: A COJINAZOS

Partidazo en Guadalajara. Chivas y Puebla se enfrascaron en una lucha muy agradable donde el marcador terminó en favor de los locales 3-2.

Sin embargo, con la euforia del triunfo, la afición del Guadalajara le provocó una auténtica lluvia de cojines al árbitro abanderado, Chón Díaz, pues marcó cualquier cantidad de jugadas en contra del Rebaño Sagrado, predominando fueras de lugar que, en la opinión general, eran inexistentes.

El público recriminó tales marcaciones y no dudó en mostrar el desprecio al juez de línea, quien recibió un centenar de blandos proyectiles.

La balanza se inclinó en favor de los de casa gracias a las anotaciones de Ángel Vázquez, Gregorio Torres, quien marcó en su propia portería, y Raúl Arellano. Por los enfranjados, Edwin Cubero hizo el 1-1 momentáneo con un tremendo golazo desde la mitad de la cancha y el propio Tepa Gómez, quien se quitó la espina del autogol, anotando desde los once pasos.

26 DE SEPTIEMBRE DE 2010: SE JUEGA EL TIGRES VS CHIVAS

El partido estaba agendado para el 25, pero un aguacero impresionante evitó que se realizara el compromiso, por lo que tuvo que jugarse dieciséis horas después en el Estadio Universitario de Nuevo León.

El silbante del encuentro, Jorge Isaac Rojas, junto con los estrategas Ricardo Ferretti y José Luis Real determinaron la postergación del encuentro. La afición ya había entrado a las gradas del Volcán, los equipos realizaron los últimos trabajos de calentamiento, sin embargo, el estado de la cancha evitó que la pelota corriera, por la cantidad de agua y charcos que invadieron el terreno de juego.

El partido se jugó al mediodía del domingo 26 y el marcador terminó con igualdad. Francisco Acuña adelantó a los felinos al 46, mientras que el brasileño Junihno echó mano al Guadalajara y con el autogol sentenció el empate definitivo.

Jorge Vergara, blanco de críticas por el césped artificial de la casa de Chivas, ironizó en redes sociales: "¿Qué tal? Mucha crítica, pero el partido se jugó en el Estadio Omnilife con un chubasco; igual sí sirve la tecnología", en alusión al compromiso donde el Rebaño Sagrado se impuso a los Estudiantes Tecos 3-0, el 5 de septiembre.

27 DE SEPTIEMBRE DE 1962: DE CARAMBOLA

Chivas recibió a León en el Estadio Jalisco en el juego correspondiente a la fecha 14 del torneo 1962-1963.

El marcador se abrió a los once minutos de acción con una jugada completamente desafortunada para el conjunto leonés, pero con toda la suerte en favor de los rojiblancos.

Javier el Cabo Valdivia disparó con potencia al arco rival y la figura de Antonio la Tota Carbajal impidió que el balón perforara su meta, sin embargo, el esférico llevaba tanta potencia que, en el rechace del Cinco Copas, el balón le rebotó en la pierna al mediocampista Carlos Cisneros y se anidó en la portería cuerera. Inoportuno autogol que celebró con fervor la nación rojiblanca.

El Cabo, quien se quedó cerca de abrir el marcador, amplió la ventaja tapatía y Francisco Jara hizo el 3-0. Por el León recortó distancias Salvador Enríquez, a dos minutos de que el silbante, David Ledezma, dictaminara el final del partido.

28 DE SEPTIEMBRE DE 1986: HOMENAJE A PALILLO

Previo al Clásico Tapatío frente a los rojinegros del Atlas, la directiva del Guadalajara, encabezada por su presidente, Marcelino García Paniagua, realizó un merecido homenaje a quien se le considera el porrista número uno del Rebaño Sagrado, Jesús Martínez Palillo.

Luego de 62 años apoyando a las Chivas, el distinguido aficionado recibió un cálido reconocimiento en la cancha del Estadio Jalisco, donde la afición que abarrotó el inmueble también se le entregó con sonoras ovaciones y múltiples aplausos.

Palillo recibió, de manos de García Paniagua, un diploma como parte del reconocimiento del club por su entrega desde las tribunas, lugar desde donde siempre animó al equipo.

En lo que fue el partido, el equipo rojiblanco respondió a las expectativas y superó tranquilamente a los Zorros con el marcador 3-0 gracias a los goles de Eduardo de la Torre, Fernando Quirarte, de penal, y Benjamín Galindo.

29 DE SEPTIEMBRE DE 1974: SIN BALONES

Todo estaba listo para el comienzo del partido entre el Guadalajara y el Puebla de la Franja, correspondiente a la jornada 10 de la temporada 1974-1975. O bueno, casi todo.

El árbitro, Domingo de la Mora, estaba listo para hacer sonar su silbato y dar arranque al partido celebrado en el Estadio Jalisco, pero faltaba un detalle: no había balones para disputar el compromiso.

Luego de diez minutos, por fin apareció el objeto sagrado del fútbol y el choque comenzó. Chivas le pasó por encima a los camoteros con un contundente 3-0. Pepe Martínez marcó dos goles, mientras que el tercero fue obra de Hugo Díaz gracias a un grandioso cobro de tiro libre.

30 DE SEPTIEMBRE DE 2006: EL CIRCO ROJIBLANCO

En la semana previa al Clásico de Clásicos, el director técnico del América, Manuel Lapuente, refirió que, si la gente quería ver espectáculo, mejor se fueran al circo.

Y lo que sucedió en la cancha del Estadio Jalisco fue un auténtico acto circense. Primero, al minuto ocho de juego, un aficionado disfrazado de payaso irrumpió en el terreno de juego, lo que obligó al árbitro central, Germán Arredondo, a detener momentáneamente las acciones.

Para el segundo tiempo, Adolfo el Bofo Bautista abrió el marcador al 67 con un golazo, desde fuera del área, pegado al poste derecho de Francisco Guillermo Ochoa para que explotara la afición tapatía.

Gonzalo Pineda advirtió a la afición de que observaran la celebración. El Bofo se paró de cabeza y abrió las piernas, mientras que Omar Bravo se lanzó con un salto mortal hacía en frente por en medio de las extremidades del calvo jugador.

El festejo es y será recordado por mucho tiempo, considerando que, 15 años después, lo han vuelto a realizar diferentes categorías del Guadalajara.

Guadalajara ganó aquel Clásico 2-0, siendo Alberto Medina el que sepultó las esperanzas americanistas.

OCTUBRE

---

1 DE OCTUBRE DE 1948: ASÍ NACIÓ EL MOTE 'CHIVAS'

La sección deportiva de El Informador sorprendió a todos con el encabezado del viernes 1 de octubre: "Jugaron a las carreras y ganaron las 'chivas' uno a cero".

Un día anterior, el Guadalajara se impuso por la mínima diferencia al Tampico Madero en el Parque Oblatos con anotación de Ángel Vázquez al minuto 14 de acción. El encuentro fue aburrido y el equipo tapatío dio un muy mal partido.

Tras el compromiso, la afición quedó inconforme por el ritmo de juego de los rojiblancos y lanzaron cualquier cantidad de cojines al terreno, pese a la victoria de su equipo.

El reportero aficionado al Guadalajara, Manuel Gómez Gutiérrez Magog, fue el encargado de realizar la crónica para el mencionado periódico, mientras que el editor, Reinaldo Martín del Campo, de filias atlistas, fue quien realizó el sempiterno encabezado, a manera de mofa.

"… se pusieron a jugar a las carreras y aquello fue un verdadero disloque…", se leía en el cuerpo de la nota.

La burla proveniente de un recalcitrante atlista se convirtió en parte de la idiosincrasia mexicana.

---

2 DE OCTUBRE DE 1996: DE MILAGRO

En partido pendiente de la jornada 6 del Torneo de Invierno, disputado a media semana, el Guadalajara recibió a Cruz Azul en medio de una tromba que mantuvo inundada la cancha del Estadio Jalisco durante gran parte del encuentro.

A pesar de las condiciones complejas para jugar, el silbante, Arturo Brizio, determinó que sí se disputara el compromiso.

Previo al arranque, Paulo César el Tilón Chávez se lesionó en los trabajos de calentamiento y su lugar fue ocupado por el atacante Ignacio Vázquez. Para el segundo tiempo, Alberto Coyote abandonó el terreno de juego, igual, por cuestiones físicas.

La única anotación del partido fue conseguida por Gabriel García, al minuto 68 de acción, cuando enfrentó a Norberto Scoponi, lo eludió, ganándole el mano a mano, para definir suavemente. Guadalupe Castañeda, quien realizó correctamente el recorrido hacia su portería, no logró rechazar el esférico, ya que se fue de largo al resbalarse por las condiciones del campo.

Y así, en una de las pocas jugadas que presentó el encuentro, Chivas se impuso 1-0 a la Máquina para hacerse del liderato de la clasificación general.

3 DE OCTUBRE DE 1959: CERCA DE UN RIDÍCULO MEMORABLE

Chivas visitó el puerto petrolero para la jornada 14 de la temporada 1959-1960. El recién ascendido Tampico Madero era un equipo ríspido que alcanzó resultados interesantes, pero no era un rival de peligro serio para los vigentes campeones, al menos en el papel.

El Guadalajara tomó ventaja de 4-1 en el primer tiempo y todo parecía indicar que los locales se llevarían una goleada de escándalo. Francisco Flores, Sabás Ponce y dos veces Isidoro Díaz marcaron los goles rojiblancos, mientras que Mike Oropeza había empatado momentáneamente la pizarra.

Antes de finalizar los primeros cuarenta y cinco minutos, la Jaiba recortó distancias gracias al gol de Roberto Rolando con polémica incluida. Disparó con potencia, Jaime Gómez alcanzó a desviar el balón y pegó en el poste. El abanderado señaló el gol ante los reclamos de los rojiblancos. Al final, el esférico sí entró en el arco del Tubo.

Para el segundo lapso, en poco más de quince minutos, Tampico Madero emparejó el marcador 4-4. Nuevamente Rolando anotó y Francisco Banda empató al 61.

Sin embargo, el Guadalajara presionó tras la igualada y Héctor Hernández logró marcar el quinto del chiverío, que a la postre significó los dos puntos y así evitar un ridículo memorable.

4 DE OCTUBRE DE 2000: GOL DE OSWALDO SÁNCHEZ

En el partido de la jornada seis de fase de grupos de la Copa Merconorte 2000, el Guadalajara visitó al Nacional de Ecuador en el Estadio Atahualpa con la consigna de conseguir al menos un punto para acceder a la siguiente etapa, dentro del Sector A del certamen.

Muy temprano en el partido, el Rebaño Sagrado ya tenía una desventaja de dos anotaciones gracias a los goles de Ángel Fernández y Evelio Ordoñez, a los minutos 4 y 13 respectivamente.

El Maestro Benjamín Galindo recortó las distancias, diez minutos más tarde, con una gran ejecución desde el manchón penal para meter de lleno a las Chivas en la búsqueda del boleto a semifinales del torneo.

Ya en el segundo tiempo, Manuel Ríos igualó la pizarra y el Guadalajara tenía un pie en la siguiente fase, sin embargo, un descuido en defensa dio el gol de la ventaja, nuevamente por conducto de Ordoñez a tres minutos del final.

El cronómetro marcaba el tiempo de reposición, cuando Juan Pablo Alfaro ejecutó un tiro libre al área ecuatoriana y apareció el guardameta Oswaldo Sánchez para elevarse por todo lo alto y al tocar el cielo, remató sólido con la cabeza para mandar el balón al fondo de las redes ante el silencio rotundo de la afición. Chivas terminó como líder del primer pelotón y enfrentaría el 18 y 25 de octubre al Atlético Nacional de Colombia, equipo que los superó en tanda de penales y que a la postre se convirtió en el campeón.

5 DE OCTUBRE DE 2018: ING. ZALDÍVAR

El delantero tapatío, Ángel Zaldívar, fue recibido con fanfarrias en la práctica vespertina en el Estadio Akron, luego de haberse recibido como Ingeniero Industrial en la Universidad del Valle de Atemajac.

Sus compañeros, así como miembros de la directiva y el cuerpo técnico lo recibieron con globos y realizaron el tradicional lance al cielo como muestra de felicitación por el logro académico que consiguió.

Además, Zaldívar recibió la tradicional pamba al pasar por en medio de un pasillo que hicieron los futbolistas rojiblancos. Fue un día de fiesta.

En redes sociales, el Chelo destacó la importancia de su familia, así como del Club Deportivo Guadalajara por el apoyo, pues considera que los estudios deben ser fundamentales para cualquier deportista, sobre todo para el futuro y, cuando llegue la hora del retiro, estar preparado para encarar la vida.

6 DE OCTUBRE DE 1963: ¡ÁRBITRO COME MINUTOS!

El clásico tapatío de la temporada 1963-1964 de la primera ronda, disputado en el Estadio Jalisco correspondiente a la jornada 13, vivió de todo. Anotaciones, goles anulados, expulsiones y algo muy peculiar: el silbante pitó el final del encuentro antes de cumplirse los noventa minutos reglamentarios.

El árbitro central, Diego de Leo, mandó a las regaderas a Juan Jasso al minuto 85. Después, decidió echar para atrás la expulsión y dictaminó el final del encuentro ante la sorpresa de jugadores y aficionados presentes en el Estadio Jalisco.

Tras la finalización del cotejo, los espectadores despidieron con una lluvia de cojines al colegiado, pues, además de comerse cinco minutos, había expulsado a Arturo Chaires al 82 y, un minuto después, anuló un gol a Guillermo Sepúlveda por una infracción al portero atlista.

Los rojinegros se impusieron 2-1 gracias a los goles de Alfredo Torres al 18 e Ignacio Buenrostro al 82, momento donde se le vino el partido encima al juez. Por Chivas, Javier Valdivia había empatado al 79.

7 DE OCTUBRE DE 2020: JANELLY FARÍAS DA CONFERENCIA EN HARVARD

La defensa mexicana, nacida en California, Estados Unidos, Janelly Farías, se convirtió en la primera futbolista, varonil y femenil, en impartir una conferencia para la prestigiosa Universidad de Harvard, donde tocó temas de interés global, como las libertades, en el marco del Mes del Orgullo Latino en la Unión Americana.

La espigada defensora charló sobre su vida privada y lo difícil que ha sido para ella enfrentarse a los diferentes obstáculos para alcanzar el sueño de ser futbolista profesional.

Por motivos de la pandemia del coronavirus, la plática, que tuvo una duración de poco más de una hora, fue vía digital y con la interacción de cientos de personas en todo el mundo.

Además, junto con Farías, la conferencia contó con la participación de Gloria Anzaldúa, poeta, académica, activista y escritora estadounidense.

8 DE OCTUBRE DE 1978: SE VAN JUNTOS A LAS REGADERAS

El Estadio Azteca fue testigo del enfrentamiento entre los Toros del Atlético Español y las Chivas Rayadas del Guadalajara, dentro de la jornada cinco de la temporada 1978-1979.

Marco A. Dorante fue el encargado de impartir justicia en el terreno de juego y tuvo mano dura, ya que, al minuto 45 del primer tiempo, no se tocó el corazón y mandó a bañarse, antes de tiempo, a Jesús Rico por los astados y a José Luis Caballero del Guadalajara.

Caballero, quien a los once minutos anotó el gol del triunfo de Chivas, agredió a Rico, que respondió con otro golpe, por lo que el árbitro central no dudó en ningún instante para mostrarles la cartulina roja.

El ritmo del partido se mantuvo, con Chivas buscando ampliar la ventaja y los Toros con agresiones, y producto de ello fue que Miguel Barberena también fue expulsado al minuto 78.

9 DE OCTUBRE DE 2016: JUEGO DE LEYENDAS

Adolfo el Bofo Bautista fue la figura central del partido de leyendas entre Guadalajara y América celebrado en el Estadio Jalisco y donde se disputó un bonito trofeo, que ganó el equipo rojiblanco.

La afición se le rindió al Bofo y, tan pronto saltó a la cancha, fue recibido con una larga ovación, misma que rindió frutos al motivar al calvo futbolista en retiro, quien, al minuto tres de haber arrancado el encuentro, abrió el marcador. El Jalisco era una locura.

Reinaldo Navia empató el partido y Diego Martínez sentenció el triunfo en el clásico de las leyendas.

Otro de los momentos memorables de Bautista durante el juego fue cuando se encaró con Isaac Terrazas, férreo defensa americanista. Bofo besó el escudo del Guadalajara en la cara del zaguero y este respondió con un soez ademán que se ganó el abucheo de la afición.

Tras finalizar el compromiso, Bautista cargó el trofeo y fue a mostrárselo a la afición azulcrema que se encontraba atrás de una de las porterías. Esta situación generó la algarabía de los rojiblancos y la desaprobación absoluta de los capitalinos.

Salvador Cabañas, aquel delantero paraguayo que fue víctima de un disparo con arma de fuego en la cabeza en enero de 2010, arrancó el partido como titular y salió de cambio al minuto 14 por el chileno Reinaldo Navia.

Por Chivas participaron Javier Ledezma, Oswaldo Sánchez, Gustavo Sedano, Joel Sánchez, Héctor Reynoso, Camilo Romero, Diego Martínez, Rafael Medina, Alberto Coyote, Paulo César Chávez, Adolfo Bautista, Benjamín Galindo, Ramón Morales, Gustavo Nápoles, Ramón Ramírez, Ignacio Vázquez y Sergio Pacheco. Fernando Quirarte fungió como estratega.

Héctor Miguel Zelada, Alejandro García, Juan Hernández, Alfredo González Tahuilán, Raúl Mendoza, Isaac Terrazas, Braulio Luna, Francoise Omán Biyik, Fabián Estay, José Antonio Castro, Germán Villa, Israel Martínez, Reinaldo Navia, Salvador Cabañas, Hugo Alberto Castillo

y Andrés Chitiva fueron los futbolistas que jugaron por el lado del América, siendo Daniel Alberto el Ruso Brailovsky su director técnico.

10 DE OCTUBRE DE 1975: PELÉ CERCA DE JUGAR CON CHIVAS

El futbolista brasileño, Edson Arantes do Nascimento, pudo convertirse en el primer extranjero en jugar con el Rebaño Sagrado.

Pelé recibió la invitación del equipo Gallos Azucareros de Jalisco para participar con ellos en un torneo amistoso, que se disputó en Guadalajara, donde compitieron, además de los emplumados, Atlas, Chivas y la U. de G.

El contrato manifestaba que el astro brasileño disputaría dos partidos del certamen. El primero de ellos con los Gallos y el segundo con las Chivas Rayadas, siempre y cuando los primeros fueran eliminados y los segundos avanzaran a la final del certamen que se disputó el 10 de octubre.

El Rebaño Sagrado quedó eliminado al caer 3-1 en penales contra Leones Negros de la Universidad de Guadalajara, mientras que Gallos sí avanzó al imponerse 3-2 al Atlas, por la misma vía, donde Pelé marcó una de las ejecuciones, por lo que O Rei jugó nuevamente con los emplumados.

En la final, la U. de G. se impuso 2-0 a los Gallos de Jalisco.

De esta manera, Pelé pudo convertirse en el primero y posiblemente último futbolista en jugar con el Club Deportivo Guadalajara.

11 DE OCTUBRE DE 1959: GUERRERO CONMOCIONADO

El portero del Club Oro, Pablo Guerrero, quedó conmocionado al caer con la cabeza al minuto 63, luego de realizar una espectacular atajada al disparo del atacante rojiblanco, Héctor Hernández, por lo que quedó inconsciente por varios minutos.

Doce minutos después de la lamentable acción, el guardameta salió del arco para jugar en la posición de delantero, mientras que el ariete, Ascencio, se puso los guantes, se enfundó el suéter y terminó el partido bajo los tres postes donde, por cierto, mantuvo su meta imbatida durante los quince minutos restantes.

El clásico entre Chivas y Oro terminó con triunfo para los rojiblancos por marcador de 4-2, donde la figura del encuentro fue Salvador Reyes, quien marcó un triplete. La otra anotación del Rebaño Sagrado fue obra de Isidoro Díaz. Delio Gamboa y Evelio Alpízar fueron los goleadores de los áureos.

12 DE OCTUBRE DE 2003: PRIMER DESPLEGADO

Con la victoria 2-0 del Guadalajara contra Puma dentro de la jornada 12 del Apertura 2003, los periódicos deportivos fueron el medio para comunicar el que sería el primero de una serie de desplegados que Chivas dedicaba a sus rivales.

"Nos pareció ver un lindo gatito", fue la leyenda que se encargó de destapar una dura enemistad entre tapatíos y felinos. Para muchos, el desplegado fue considerado una falta de respeto, mientras que, para otros, una forma sana de rivalidad fuera de la cancha.

El encuentro entre estas dos escuadras se disputó la noche del 11 de octubre en el Estadio Jalisco, donde Chivas se impuso con los goles de Joel Sánchez y Ramón Morales.

13 DE OCTUBRE DE 2007: SALE DE LA MALA RACHA

Omar Bravo salió de una racha de más de ochocientos minutos sin anotar gol al marcarle un doblete a los Rayos del Necaxa.

La anotación con la que cortó la sequía goleadora cayó al minuto 20 del primer tiempo, cuando Sergio Gauchito Ávila abrió el balón al sector de la derecha donde se encontró solo a Alberto Medina, quien de primera intención mandó un servicio a ras de pasto y apareció Bravo para empujar el balón al fondo de la portería

La vez más reciente que Omar se había hecho presente en el marcador fue el 5 de agosto, en el partido correspondiente a la primera jornada del torneo, en el minuto uno del encuentro ante los Pumas, donde el marcador terminó igualado 1-1.

Chivas se impuso 5-1 a los Rayos gracias al doblete de Bravo y las solitarias dianas de Patricio Araujo, Héctor Reynoso y Sergio Ávila.

14 DE OCTUBRE DE 2000: DESASTROSO CHIQUIMARCO

El árbitro, Marco Antonio Rodríguez, tuvo una mala tarde en el partido entre los Tecos de la U.A.G. y las Chivas, celebrado en el Estadio Tres de Marzo. Por este motivo, la afición emplumada, molesta con el trabajo arbitral de Chiquimarco, agredió al silbante en los túneles que conectan el terreno de juego con los vestidores de los árbitros.

Rodríguez inventó un penal para el segundo gol rojiblanco por una supuesta infracción dentro del área de Navarro sobre Ramón Morales, y en el momento de la marcación expulsó a Gilberto Adame por reclamar y al director técnico, Rubén Omar Romano.

La pena máxima significó el empate parcial a dos.

Benjamín Galindo sin importar las decisiones del árbitro central, tuvo un partido de ensueño al anotar los tres goles con los que el Guadalajara se impuso en la guerra civil tapatía 3-2 ante Tecos. Por su parte, Zdenko Muf marcó las dos anotaciones para el equipo cuadriculado.

15 DE OCTUBRE DE 2011: FESTEJO SICARIO

Uno de los festejos más lamentables, en la historia del Guadalajara se dio entre Marco Fabián de la Mora y Alberto Medina, y todo producto de una apuesta.

Al minuto 32, Fabián anotó el segundo gol del encuentro y festejó simulando que le disparaba en la cabeza al Venado con una pistola.

La directiva rojiblanca ofreció disculpas por las bochornosas imágenes que fueron tendencia en todos los medios. Además, Fabián y Medina fueron multados con 50 000 pesos y recibieron una fuerte llamada de atención.

Chivas venció 5-2 a Estudiantes Tecos gracias a los tres goles de Marco Fabián y al doblete de Érick el Cubo Torres.

En ese entonces, México vivía una ola de violencia terrible, a tal grado que, dos meses antes de esta situación, el partido entre Santos y Morelia, correspondiente a la jornada 6 del Apertura 2011, fue suspendido por una balacera en las inmediaciones del Territorio Santos Modelo.

16 DE OCTUBRE DE 1960: ¡EL ÁRBITRO SE COME LOS MINUTOS!

En el partido correspondiente a la jornada 15 de la temporada 1960-1961, disputado en el Estadio Jalisco, entre el Guadalajara y el Oro, el árbitro central, Felipe Buergo, fue el protagonista al suprimir cinco minutos de tiempo de juego: dos en el primer tiempo y tres en el segundo.

El Rebaño Sagrado se puso al frente en el marcador apenas al minuto seis gracias a la anotación de Crescencio Gutiérrez y, al 20, Sabás Ponce aumentó la ventaja tapatía.

Para el segundo tiempo, Javier Valle cometió el autogol que reavivó las esperanzas áureas al minuto 70 de las acciones, por lo que el Oro se fue con todo al frente buscando el gol de la igualada.

Es imposible saber qué hubiera pasado en esos tres minutos que le quitó al partido el juez central, pero lo que sí sucedió fue que generó un malestar general a toda la comitiva del Oro, quienes se sintieron ultrajados porque, además, al minuto 40 anuló un gol a Gamboa.

Una vez más, el silbante es el protagonista.

17 DE OCTUBRE DE 1954: DUMBO ANIQUILA AL CAMPEÓN

La actuación del delantero rojiblanco, Adalberto el Dumbo López, aquella tarde en Cuernavaca fue memorable, pues anotó un doblete, además de dar dos asistencias a sus compañeros para imponerse 4-0 al entonces vigente campeón Marte.

En el primer lapso, el Dumbo generó las oportunidades de gol que se concretaron correctamente, primero Raúl Arellano al minuto 21, y posteriormente Crescencio Gutiérrez al 39 de tiempo corrido.

Para la segunda mitad, el espigado atacante tuvo un desempeño de definidor al conseguir el tercero y cuarto gol del encuentro, al 48 y 75 respectivamente.

Tras el silbatazo final de Mr. Crawford, sus compañeros le reconocieron su participación, pues fue fundamental el momento personal del Dumbo para poder doblegar a uno de los equipos que mejor jugaba en el fútbol mexicano, donde la temporada anterior conquistó el título al sumar 26 puntos, producto de 11 victorias y 4 empates, en 22 jornadas..

18 DE OCTUBRE DE 1969: DEJAN SOLO AL ATLAS

El Guadalajara fue una máquina en ofensiva en el clásico tapatío de la primera vuelta de la temporada 1969-1970. En el primer lapso, el marcador favorecía a los rojiblancos con la pizarra 3-0, en el segundo tiempo no recularon, y siguieron buscando la manera de anotar más goles.

Al minuto diez de tiempo corrido, Carlos Calderón abrió el marcador. Posteriormente, apareció Alberto Onofre para ampliar la ventaja del chiverío y se visualizaba una goliza memorable. Todavía en la primera parte, Javier Valdivia hizo el tercero para que el Estadio Jalisco se convirtiera en una fiesta con tintes rojiblancos.

La afición atlista mantenía esperanzas, pero al 53, Raúl el Willy Gómez anotó el cuarto y, con ello, las gradas del estadio se fueron vaciando, dejando la afición rojinegra en desamparo a su equipo, que recortó distancias a los dos minutos. La gente ya se había esfumado.

El Atlas se quedó con un hombre menos por la expulsión de Juárez y la amargura se apropió de la atmósfera rojinegra. Y peor aún, a siete minutos del final, Herrada marcó el 5-1 definitivo

19 DE OCTUBRE DE 2001: EXPULSAN A CHIVAS DE CONMEBOL

El Guadalajara no se presentó a jugar el partido correspondiente a la tercera jornada de la Copa Merconorte 2001, donde enfrentaría al MetroStars, en la Ciudad de Nueva York.

El motivo por el que el Rebaño Sagrado se negó a jugar fue por el temor existente ante la posibilidad de que se llevara a cabo otro atentado terrorista en la Gran Manzana, como sucedió poco más de un mes atrás. Incluso ese día, el 11 de septiembre de 2001, Chivas cayó ante el Deportivo Italchacao de Venezuela 2-0 en el mismo certamen.

Ante la negativa de presentarse a jugar, la Conmebol decidió expulsar al Guadalajara por dos años de toda competición y, por supuesto, no continuó el torneo, donde quedó en último lugar con solamente tres puntos, producto del triunfo ante Millonarios, de Colombia.

Los dos partidos ante el MetroStars y los de vuelta contra Italchacao y Millonarios fueron perdidos por los rojiblancos con marcador 2-0.

La directiva buscó modificar la fecha y sede del partido ante los neoyorquinos, pero la respuesta por parte del organismo sudamericano fue negativa.

Además, el paraguayo Francisco Figueredo, secretario ejecutivo de Conmebol, multó al Guadalajara con 20 000 dólares, por daños deportivos y económicos provocados por la negativa a jugar.

20 DE OCTUBRE DE 1962: UN REGALITO BIEN APROVECHADO

Las oportunidades y los errores del oponente se deben de aprovechar sí o sí en un partido de fútbol, sobre todo cuando este se torna hosco.

Salvador Reyes realizó un ejemplar desborde por la banda de la derecha, imponiéndose por velocidad a los marcadores del Tampico Madero para mandar un servicio al ras de césped al área.

El esférico llevaba malas intenciones, pero el peligro pudo cortarse sin ningún problema, sin embargo, Braulio el Baby Pérez no pudo rechazar el esférico y, en un error de técnica individual y de concentración, dejó el balón a modo para que Javier el Cabo Valdivia fusilara al guardameta Conrado Pulido al minuto siete.

De ahí, el partido no pudo abrirse, por lo que el error bien capitalizado fue la llave al candado en el que se tornó el encuentro.

De esta forma, el Rebaño Sagrado se impuso por la mínima diferencia a un siempre difícil equipo del puerto petrolero que, además, en casa era doblemente difícil de batir por las cuestiones climatológicas que representaba jugar en Tamaulipas.

21 DE OCTUBRE DE 1943: EL PRIMER GRITO EN EL FÚTBOL PROFESIONAL

El Parque Asturias es el inmueble donde el Guadalajara debutó en la Liga Mayor del fútbol mexicano, en el encuentro de la jornada 2 de la temporada 1943-1944. El equipo tapatío no tuvo participación en la fecha inaugural por motivos de calendarización.

Para este encuentro, el equipo rojiblanco enfrentó al Atlante, a quien goleó sin contratiempos con el abultado marcador de 4-1.

Corría el minuto 13, desde que el silbante, Juan López, pitó el inicio del partido, cuando cayó el primer gol del Guadalajara como equipo profesional, por conducto de uno de los jugadores históricos: Pablo Pablotas González. Y no conforme, anotó el segundo gol del encuentro para alcanzar su primer doblete.

Además, Luis Reyes y Max Prieto se hicieron presentes en el marcador para redondear una tarde histórica en la capital mexicana, donde la gente que se dio cita en el Parque Asturias tumbó parte de las rejas de las tribunas por la necesidad impetuosa que tenían para ver a la escuadra rojiblanca.

Por los azulgranas, Martín Vantolrá fue el encargado de perforar por primera vez la portería del Guadalajara, siendo el gol de la honra en el primer partido en la historia del fútbol profesional del Club Deportivo Guadalajara.

La primer oncena rojiblanca quedó conformada por Esteban Pérez, José Gutiérrez, Rodolfo Hidalgo, Victorino Vázquez, Rafael Orozco, Wintilo Lozano, Teófilo García, Max Prieto, Pablo González. Luis Reyes y Manuel López, bajo la dirección técnica de Fausto Prieto.

22 DE OCTUBRE DE 2008: CON CARÁCTER Y DETERMINACIÓN

El equipo dirigido por Efraín Flores se plantó con autoridad y firmeza en uno de los escenarios más duros y complicados del continente.

El partido de ida de los cuartos de final de la Copa Sudamericana 2008, entre River Plate de Argentina y Guadalajara, se disputó en el Antonio Vespucio Liberti, mejor conocido como el Monumental, que registró una entrada descomunal para alentar a su equipo.

Los tapatíos no se intimidaron y con convicción jugaron un partido inteligente donde anotaron las oportunidades que se crearon; incluso para poner la pizarra 0-2 a su favor gracias a los goles de Omar Arellano y Marco Fabián.

Hugo Hernández, portero de la escuadra mexicana, se comportó a la altura, convirtiéndose en la figura del encuentro al detener cualquier cantidad de disparos de los futbolistas de River, siendo, quizás, la más importante, el mano a mano que le tapó al colombiano Radamel Falcao, apenas al minuto tres de partido.

Y el trámite del partido fue con posesión del balón de los argentinos, mientras que Chivas esperaba bien ordenado atrás y generando oportunidades en contragolpes.

Los minutos finales fueron de una metralla donde se generó el remate con la cabeza de Sebastián Abreu que impactó en el travesaño. El mismo delantero uruguayo anotó el gol que mantenía a River Plate con vida, al ejecutar de buena manera el tiro penal.

Para la vuelta, disputado el 6 de noviembre, River ganaba 2-0 en Guadalajara y con eso se clasificaría para la siguiente fase, pero nuevamente Marco Fabián y Alberto Medina se encargaron de sepultar las esperanzas del Millonario para avanzar a semifinales, donde caerían con el Sport Club Internacional de Brasil.

23 DE OCTUBRE DE1966: EL ADIÓS A LOS BIGOTES MÁS ROJIBLANCOS

Juan Jasso es uno de los pilares más sólidos en la historia del Club Deportivo Guadalajara. Jugó 433 encuentros de Liga en tres décadas diferentes con el Rebaño Sagrado.

Debutó en 1946 y veinte años después disputó su último partido con el equipo de sus amores y lo hizo anotando uno de los tres goles con los que Chivas se impuso 3-0 al Ciudad Madero.

La jornada 14 de la temporada 1966-1967 enfrentó al Guadalajara ante la escuadra tamaulipeca, siendo el día que el Bigotón se enfundó por última vez la casaca rayada. El Estadio Jalisco se despedía de uno de los Campeonísimos con más trascendencia a lo largo del tiempo.

Al minuto 33 de tiempo corrido, Jasso Martínez mandó el esférico por última vez a la portería rival al ejecutar un penal a la perfección y vencer al portero Díaz.

El Bigotón, futbolista que se desempeñó en labores defensivas, en la última línea o en el medio campo, conquistó siete títulos de liga, uno de copa, seis Campeón de Campeones y una Copa de Campeones de Concacaf.

24 DE OCTUBRE DE 1948: PUNTO, SET Y PARTIDO

La mala fortuna acompañó a los Cremas del América cuando su delantero, Enrique Gallegos, sufrió una luxación en el codo izquierdo luego de una dura caída producto de un choque con Juan Jasso, lo que provocó que se retirara del partido, dejando a su equipo con diez jugadores.

Al momento de la lesión, que sucedió en el minuto 52, el partido se encontraba igualado a un tanto, donde el ariete visitante había marcado el gol que había puesto al frente al América, cinco minutos después del silbatazo inicial del árbitro Carlos Esteva. Javier de la Torre emparejó el encuentro al nueve.

Tras la inoportuna salida de la cancha de Gallegos, el Guadalajara fue un vendaval y anotaron cinco goles más. Max Prieto se hizo presente en el marcador en dos ocasiones, mientras que Rafael Rivera, el Bigotón Jasso y Ángel Vázquez anotaron una vez.

A poco tiempo del final, Pedro Arnauda hizo el segundo para la causa crema y el equipo tapatío se alzó con la victoria 6-2.

25 DE OCTUBRE DE 2018: A LA PANTALLA GRANDE

Amaury Vergara, propietario del Guadalajara y productor cinematográfico, se encargó de llevar a la pantalla grande parte de la historia reciente del equipo, desde la época más oscura donde se peleaba por la permanencia en Primera División hasta la obtención de los campeonatos en la era de Matías Almeyda, quien es el personaje principal del largometraje.

El Festival de Morelia fue el marco para la presentación del filme, donde hubo cientos de invitados, entre jugadores, cuerpo técnico, prensa y, por supuesto, el técnico argentino, a quien se le escaparon las lágrimas al emocionarse por recordar los momentos vividos en la institución tapatía. "Sin Matías no se pudo haber hecho la película", sentenció Vergara.

Se estrenó en los cines a nivel nacional el 23 de noviembre y también fue presentada en diferentes canales de streaming. Chivas: la película, fue del gusto de la afición, que remembró una de las épocas más gloriosas del equipo en un plazo corto.

26 DE OCTUBRE DE 2008: LAS DOS CARAS DE LA MONEDA

El clásico de clásicos del Torneo Apertura 2008 presentó dos caras de la misma moneda para la nación rojiblanca.

El Guadalajara se impuso 2-1 a las Águilas del América, en calidad de visitante, con el doblete de Omar Arellano, para conseguir que tres generaciones pudieran anotarle al eterno rival nacional: Primero lo hizo Raúl el Pina Arellano en la época del Campeonísimo, después Omar Arellano Nuño en la década de los ochenta y, posteriormente, su hijo Arellano Riverón.

Abuelo, padre e hijo lograron perforar la cabaña más odiada por la afición chiva.

De esta forma, Chivas se llevó los tres puntos del Estadio Azteca, aunque el costo fue muy caro al perder a Jonny Magallón, quien sufrió una fractura en el brazo derecho, en los minutos finales del encuentro, cuando

disputó un balón por aire con Juan Carlos Mosqueda, en una jugada accidental donde el tapatío se llevó la peor parte.

27 DE OCTUBRE DE 1997: CONVIVIO DE UNIÓN

El presidente de la Promotora Deportiva Guadalajara, Salvador Martínez Garza, consideró una buena idea realizar un convivio previo a la fase final del Torneo de Invierno para relajar a los futbolistas de cara a los partidos de cuartos de final ante América.

El Rebaño terminó en quinto lugar de la tabla general, por lo que aseguró su boleto a la liguilla, sin embargo, tendría que recibir a las Águilas en el juego de ida y visitar el Azteca para la vuelta.

José Manuel Correa, reconocido cantante que dio voz a algunas canciones rojiblancas, amenizó el evento y exhortó a los futbolistas a conseguir el bicampeonato.

Y tal parece que no dio el resultado anhelado el convivio, pues el Rebaño Sagrado cayó eliminado con el marcador de 4-1 en el marcador global, pero las risas y buenas pláticas armonizaron la unión del vestidor.

28 DE OCTUBRE DE 1945: LA AFICIÓN PONE DE SU PARTE

La Directiva del Guadalajara pidió a la afición del Rebaño que se comportara a la altura, toda vez que, en diferentes escenarios, incluido el estadio del chiverío, los espectadores lanzaban cualquier cantidad de objetos a los rivales y árbitros.

La firme intención de la dirigencia era que la gente que fuera a apoyar a los tapatíos pusiera el ejemplo de cómo debían responder ante la visita, ser cálidos y amables con ellos. La afición cumplió.

En el terreno de juego, el Guadalajara también hizo lo suyo y derrotó 3-0 al San Sebastián con goles de José Gutiérrez, desde el manchón de penal, y el doblete de Javier de la Torre, siendo el primero de ellos espectacular por la forma en la que prácticamente voló para conectar de palomita el servicio de Teófilo Tilo García para perforar el arco rival.

Jugadores del San Sebastián, así como el árbitro, Vicente Rubio, y sus abanderados, no tuvieron contratiempos en su visita a la perla tapatía.

La fanaticada rojiblanca salió feliz y los directivos quedaron satisfechos por el comportamiento de los suyos, tanto dentro como fuera del terreno de juego.

29 DE OCTUBRE DE 1961: AMISTOSO EN ESTADOS UNIDOS MIENTRAS CHAVA REYES DABA EL PASE AL MUNDIAL

El Guadalajara y el Oro se enfrentaron en un partido amistoso en el Wrigley Field de Los Ángeles, California, en partido de carácter amistoso, ante más de 6000 personas, donde el Rebaño Sagrado se impuso dos goles contra uno.

Al mismo tiempo, la Selección Mexicana se midió a su similar de Paraguay, para conseguir el boleto al Mundial de Chile 1962.

En el partido de ida, disputado en la capital de la República Mexicana, el equipo azteca se impuso por la mínima diferencia ante los guaraníes con gol de Salvador Reyes, que a la postre fue el único tanto de la serie, por lo que, con su anotación, los verdes clasificaron al torneo veraniego, donde consiguieron su primera victoria en mundiales al imponerse 3-1 al poderoso representativo checoslovaco con goles de Isidoro Chololo Díaz, Alfredo del Águila y Héctor Hernández.

30 DE OCTUBRE DE 2002: JORGE VERGARA ADQUIERE AL REBAÑO SAGRADO

El Guadalajara cambió de dueño. El Club Deportivo Guadalajara fue adquirido por el empresario Jorge Vergara Madrigal luego de celebrarse una asamblea extraordinaria entre los socios, donde 143 votaron en favor de la venta, solamente tres en contra, hubo once abstenciones y 39 ausencias.

Con esa resolución, el proyecto que presentó Vergara fue aprobado por la gran mayoría para así crearse la sociedad anónima.

Los mismos asociados pidieron que se retirara de la asamblea el entonces presidente Francisco Cárdenas, quien fue siempre opositor al proyecto nuevo, por lo que Jorge Mojica fue el encargado de llevar a cabo la sesión.

De esta manera fue que, tras un proceso largo de duras negociaciones, Jorge Vergara adquirió al equipo más popular del país y llegó para innovar el fútbol mexicano.

31 DE OCTUBRE DE 1954: BURLAS FRESERAS

Previo al arranque del partido entre Irapuato y el Guadalajara, correspondiente a la jornada 11 de la campaña 1954-1955, disputado en el Estadio Revolución en Guanajuato, simpatizantes del equipo fresero se burlaron del combinado rojiblanco.

Y es que cuando iba a comenzar el encuentro, un grupo de campesinos irrumpieron en el terreno de juego arreando once chivas y cada una de

ellas llevaba el nombre de un jugador del Rebaño Sagrado y, ante la cómica situación, la afición local aplaudió y festejó el momento.

En el partido, Chivas se vengó y derrotó al Irapuato por la mínima diferencia gracias a la solitaria anotación de Tomás Balcázar a los 80 minutos de juego.

NOVIEMBRE

1 DE NOVIEMBRE DE 1987: UN ESPECTADOR MÁS

El Guadalajara recibió la visita de Coyotes Neza en el Estadio Jalisco. La atmósfera que se vivía en el ambiente era de absoluta confianza por el buen paso que mantenía el equipo rojiblanco luego de nueve jornadas, donde acumulaba cinco triunfos, tres empates y solamente un descalabro.

El partido se tornó muy ríspido, cortado y demasiado trabado, sobretodo por los mexiquenses a la hora de defender. El silbante, Marco Antonio Miranda, fue un espectador más durante el desarrollo del partido al no sancionar tres penales, por demás, claros y perdonar una tarjeta roja.

Luis el Cadáver Valdez fue derribado dentro del área por una infracción cometida por Ángel Martínez y, ante la sorpresa de la afición, el nazareno decidió no sancionar nada. Luego, fue el turno de Coyotes de sufrir la pifia arbitral cuando Francisco Uribe fue derribado y el árbitro dejó correr la jugada.

Posteriormente, ya sobre el final del encuentro, el zaguero César Cervantes trastabilló a Concepción Rodríguez, lo que era un penal inobjetable, pero Mirada decretó la falta afuera del árca.

Alfredo Killer debió haberse ido expulsado por agredir al Cadáver y el central únicamente mostró la cartulina amarilla.

El gol con el que el Rebaño Sagrado se impuso a Coyotes Neza lo marcó Néstor de la Torre cuando el partido estaba por finalizar.

2 DE NOVIEMBRE DE 1975: RECLAMAN GOL FANTASMA

Chivas visitó la siempre complicada cancha del Estadio Cuauhtémoc en la jornada inaugural de la campaña 1975-1976.

El árbitro central llevaba muy bien dirigido el encuentro hasta el minuto 77 de tiempo corrido, cuando Leonardo Peralta remató un servicio pasado de Juan Alvarado para incrustar el esférico en la cabaña tapatía.

Los jugadores rojiblancos le reclamaron airadamente a Domingo de la Mora, quien dio el gol por bueno, al considerar que el esférico se coló por fuera, entre las redes rotas de la portería, sin embargo, el central no cambió su postura y dio por válido el gol camotero.

Ante los reclamos, de la Mora expulsó al Coco Rodríguez.

Y tras esa jugada, el partido se volvió brusco por ambos lados; Amaury da Silva, del Puebla, golpeó sin balón a Rubén Cárdenas, de Chivas, quien respondió la agresión y los dos futbolistas se fueron antes de tiempo a sus vestidores.

La Franja se alzó con la victoria y el Rebaño Sagrado comenzó con el pie izquierdo la naciente temporada.

3 DE NOVIEMBRE DE 1949: PORTERO PIERDE LA VISTA Y RECIBE GOL

Ángel el Ranchero Torres, portero del Veracruz, sufrió una conmoción cerebral al disputar el balón con los atacantes rojiblancos Max Prieto y Tomás Balcázar, lo que le provocó la pérdida del sentido de la visión por algunos minutos.

El guardameta siguió jugando y fue cuando el Guadalajara aprovechó las condiciones del Ranchero para empatar el marcador por conducto de Rodrigo Ruiz al minuto 68 de tiempo corrido.

Ante la imposibilidad de seguir atajando, Grimaldo González se puso los guantes para defender su portería en los minutos finales, donde no recibió ningún disparo al arco.

Carlos Chavira abrió el marcador para el Rebaño Sagrado. Los Tiburones dieron la vuelta gracias a los goles de Luis de la Fuente y Julio Ayllón. El chiverío empató la pizarra debido al autogol de Miguel Vázquez. Nuevamente Ayllón aventajó a la visita y el gol del empate final fue obra de Ruiz.

El partido correspondiente a la jornada 5 de la campaña 1949-1950, entre Guadalajara y Veracruz, terminó con un agradable empate a tres goles, donde la afición llenó el Parque Oblatos, dejando excedentes de 1675 pesos, mismos que fueron repartidos entre ambos equipos.

4 DE NOVIEMBRE DE 2017: CAPITANIA METE EL PRIMER GOL OLÍMPICO DE LA LIGA MX FEMENIL

El escenario para que se anotara el primer tiro de esquina en la historia de la Liga MX Femenil fue inmejorable. El Estadio del Guadalajara fue testigo de aquella pincelada que salió de la pierna izquierda de Tania Morales para darle la vuelta al marcador en la semifinal de ida del Clásico Nacional contra el América.

Las Águilas ganaban 2-0 en patio ajeno, apenas pasando la primera media hora de partido, y parecía que amarrarían el boleto a la gran final desde el primer encuentro.

Pero apareció la figura de la capitania de las rojiblancas, primero para recortar distancias y luego para dar la voltereta con ese exquisito cobro desde la esquina.

Corría el minuto 82 y la pizarra estaba igualada cuando Capitania ejecutó el lanzamiento desde el sector de la derecha. El esférico se cerró y superó a la guardameta emplumada, Cecilia Santiago, para hacer bailar las redes y que explotara el estadio.

Chivas se impuso 4-2 aquel encuentro. Arlett Tovar había igualado la pizarra y el cuarto gol fue obra de Daniela Carrandi.

Al año siguiente, el 6 de enero, Morales volvió a anotar un gol olímpico contra Querétaro en el Estadio Corregidora.

5 DE NOVIEMBRE DE 1944: NO HACE CASO A LA BANDERA

El vigente campeón de la Liga Mayor, el Asturias, visitó al Guadalajara en el Parque Oblatos en duelo referente a la fecha 12 del certamen.

Desde el arranque del encuentro, el equipo rojiblanco se plantó mejor en el terreno de juego, trató mejor el balón y dio profundidad a sus ataques, y se vio recompensado al minuto 24 cuando Diego Martínez abrió al marcador.

Para el segundo tiempo, la tónica del desarrollo del partido fue similar a la primera parte y Javier de la Torre y nuevamente Martínez lograron aumentar considerablemente la ventaja, pese a tener lesionado a Wintilo Lozano, quien, tras un taponazo con Carlos Guevara, quedó tocado de la pierna izquierda.

A pesar de la superioridad en el marcador, los capitalinos no renunciaron al ataque y anotaron el 3-1 por conducto del propio Guevara. La situación bochornosa para los tapatíos fue que el árbitro abanderado levantó la bandera para marcar un claro fuera de lugar. Sin embargo, y pese al señalamiento del juez de línea, el silbante, Serrano Linares, no marcó

la posición adelantada, dejando correr la jugada, misma que terminó en gol de la visita.

6 DE NOVIEMBRE DE 1947: EL ERROR DE BLAT GARAY QUE INUNDÓ LA CANCHA DE OBJETOS

En el partido de la jornada 11 de la temporada 1947-48 entre el Guadalajara y el Veracruz, el protagonista fue, sin lugar a duda, el árbitro central, Blat Garay, quien tras una polémica marcación desató la ira de la afición que se presentó en el Parque Oblatos.

Restaban dos minutos para el silbatazo final cuando Benjamín Mero fue derribado por el Negro León dentro del área penal y el silbante determinó que la infracción fue afuera, lo que provocó que la gente lanzara cualquier cantidad de objetos al terreno de juego en señal de protesta.

Tras la lluvia de proyectiles, en su mayoría cojines, el juez suspendió por unos momentos el partido para que fueran retirados del campo y, cuando reanudó las acciones, nuevamente cayeron decenas de artículos a la cancha.

La gente consideraba que debió haber sancionado con mayor severidad al futbolista visitante, quien, con anterioridad, había lesionado a Max Prieto.

Guadalajara se impuso 3-1 al Veracruz, equipo que se mostró antipático durante el partido, ya que su directiva presentaba adeudos a los futbolistas.

7 DE NOVIEMBRE DE 2009: EN UN DOS POR TRES

Se jugó el clásico tapatío 123 en la cancha del Estadio Jalisco y, en un santiamén, el Guadalajara ya ganaba el partido, desde los 14 segundos gracias al gol de Omar Bravo.

Al arranque de la jugada se dieron seis toques al balón, incluido un rozón con la cabeza de un zaguero atlista que habilitó a Bravo, para que este definiera suavemente por encima del arquero, Mariano Barbosa, cuando todavía la afición buscaba sus butacas.

Y en un abrir y cerrar de ojos, Chivas aumentó la ventaja al minuto 2:30 por conducto de Javier Hernández. Ricardo Antonio La Volpe, director técnico de los rojinegros, no lo podía creer, mientras que el estratega rayado, José Luis Real, dio indicaciones para mantener la hidalguía y no confiarse por el favorable marcador.

El descuento del Zorro cayó al 12, gracias a Daniel Osorno y la afición pensó que el duelo se emparejaría, pero no fue así, ya que diez minutos después, en un tiro libre indirecto dentro del área penal, Aarón Galindo mandó la pelota al fondo de las redes.

Aún no terminaba el primer tiempo y Chicharito marcó su doblete para sentenciar el partido. Para la segunda mitad no se movió el marcador y, una vez más, Guadalajara se pintó rojiblanca.

8 DE NOVIEMBRE DE 1998: SEDANO SUPLE AL PULPO

La posición más complicada para ser suplente es la de portero. Es el futbolista que menos juega, pues las rotaciones en el arco rara vez se dan y, generalmente, conseguir una oportunidad es más complicado que en otras zonas del terreno de juego.

Sin embargo, el guardameta Gustavo Sedano tuvo la posibilidad de ser titular ante León por un motivo lamentable. La familia de Martín Zúñiga, cancerbero estelar de las Chivas, había sufrido un accidente automovilístico tres días antes, donde estuvieron involucrados sus padres y su hermano.

La directiva y cuerpo técnico, encabezado por Ricardo Ferretti, apoyaron a Zúñiga y le dieron permiso de ausentarse para estar cerca de los suyos.

En lo que corresponde al partido ante los esmeraldas, Gustavo Sedano tuvo una buena actuación en el triunfo rojiblanco 5-1, siendo la primera vez que el Rebaño Sagrado anotaba tal cantidad de goles en el Nou Camp.

9 DE NOVIEMBRE DE 1958: LA PANTALLA QUE HIPTONIZÓ A TODOS

Sabás Ponce terminó una jugada que surgió en un tiro de esquina ejecutado por Raúl Arellano y sirvió para abrir el marcador en el estadio Felipe Martínez Sandoval.

Lo peculiar de la anotación fue la manera en la que Salvador Reyes habilita, sin tocar el esférico, a Ponce, haciendo una pantalla que dejó pasmada a la defensa rojinegra y alborotó al gentío que abarrotó las gradas y los pasillos del inmueble.

Guadalajara venció 3-2 al Atlas con los goles de Panchito Flores, Héctor Hernández, además del ya mencionado tanto de Ponce. Por los Zorros, Carlos Chavaño y Rubí Cercone

10 DE NOVIEMBRE DE 2007: EL REGRESO DEL BOFO

En el marco de los 400 partidos de Ramón Morales como futbolista profesional, se presentó el regreso de Adolfo el Bofo Bautista al Estadio Jalisco con los Jaguares de Chiapas.

Y fue el centro de atención. Incluso se ganó los aplausos de la afición cuando anotó el cuarto gol para la causa del equipo visitante y por el respeto que le tiene a la institución rojiblanca, no celebró la anotación, que había significado el momentáneo empate.

Al minuto cuatro de juego ya habían caído tres goles. André Luiz anotó en propia puerta el primer gol del encuentro apenas a los sesenta segundos. Oscar Rojas y Lenilson Batista dieron la voltereta y el partido ya era una locura.

El festejado, Ramón Morales, empató el encuentro al 15 y, dos minutos después, Omar Bravo puso al frente al Rebaño Sagrado. Cuando se pasó la primera media hora de juego, André Luiz emparejó el marcador y en la siguiente jugada se fue expulsado.

Todavía en el primer tiempo, Alberto el Venado Medina adelantó nuevamente a los rojiblancos.

Para la segunda mitad, Adolfo Bautista ganó las espaldas de los zagueros tapatíos para marcar la mencionada anotación y el mejor gol del partido fue obra de Sergio Ávila, quien, con un recorte, dejó atrás a cuatro defensores chiapanecos para definir cruzado y decretar el 5-4 definitivo.

11 DE NOVIEMBRE DE 1980: PEPE MARTÍNEZ OPACÓ A DIEGO MARADONA

"...la gente iba a ver a Diego, porque él era el fenómeno de Argentina. Hubo una gran entrada y la gente acabó observando a Pepe Martínez. Jugó como nunca. Fue de los partidos más completos que yo le vi", declaró Fernando Quirarte para el sitio oficial del Guadalajara.

Diego Maradona enfrentó a las Chivas Rayadas una vez en su carrera, en el Memorial Coliseum de Los Ángeles, California, ante 30 000 espectadores que fueron a ver a la atracción estelar: el Pelusa.

Sin embargo, José Martínez jugó uno de sus mejores partidos, donde anotó el único gol del encuentro, pasando la hora de juego, tras impactar con potencia el balón que rechazó el guardameta uruguayo, Walter Corbo.

Directivos de Boca Juniors presentes en el inmueble quedaron maravillados con la actuación del mexicano, incluso hubo pláticas para reforzar al equipo argentino, pero no se concretó el fichaje, a pesar de la venia del futbolista, por el trágico accidente donde perdió la vida (véase 14 de febrero).

Diego Maradona jugó los noventa minutos, aunque no desplegó su fútbol como hubiera deseado por culpa de un joven mexicano llamado José Martínez.

12 DE NOVIEMBRE DE 1950: CORTE EN LA CEJA

El Parque Oblatos recibió el partido entre el Guadalajara y el Club Oro dentro de la jornada ocho de la temporada 1950-1951. La afición abarrotó el graderío para ver un espectáculo donde los goles estaban garantizados.

Y no solo las anotaciones, sino que el encuentro presentó todo tipo de situaciones desde el arranque de este. Primero, al minuto tres, el Chato Vázquez sufrió una lesión, por lo que tuvo que jugar al frente, dejando la defensiva rojiblanca endeble.

Diez minutos después, el Oro aprovechó la flaqueza defensiva y se puso al frente en el marcador con el gol de Santiago Mendoza, y los áureos recularon, buscando defender el resultado.

Sin embargo, para el segundo tiempo, el equipo rojiblanco se fue al frente para buscar la igualada y la consiguió, vía Tomás Balcázar, a los pocos minutos de iniciarse la parte complementaria.

Al 67, se presentó la jugada más bochornosa del partido y fue cuando el guardameta, Luis Heredia, sufrió un corte en la ceja, producto de un choque con Palma, y quedó leso y en condiciones para no poder ver durante un lapso del juego. Un minuto después, la visita se fue al frente con un gol de Luis Acosta y, al 70, empataron las Chivas con el gol de Javier de la Torre.

El tanto del Ingeniero fue producto de la poca visibilidad que tenía el portero Heredia, misma que fue aprovechada por el futbolista tapatío.

Cuando parecía que cada plantel se llevaría un punto a su bolsillo, apareció Rodrigo Noriega quien, sobre la hora, hizo el tercer gol rojiblanco para provocar una explosión de júbilo en las tribunas del estadio y para que el Guadalajara consiguiera las dos unidades.

13 DE NOVIEMBRE DE 1955: TERRIBLE ERROR ARBITRAL

En la capital del Estado de México, en el entonces nombrado Estadio Héctor Barraza, hoy conocido como la Bombonera, Toluca recibió al Guadalajara dentro de la fecha 19 del certamen.

Los Diablos se fueron dos veces al frente en el marcador con el doblete de Carlos Blanco, primero al once, desde el manchón de penal, y luego al 42 del primer tiempo. Chivas había igualado por conducto de Crescencio Gutiérrez un minuto después de que los locales abrieran el marcador.

Para el segundo tiempo, se presentó la jugada polémica que significó el empate. Mellone se encontraba en posición adelantada y el árbitro asistente levantó la bandera para marcar el fuera de juego. El juez central, Ramiro García, determinó señalarlo. Sin embargo, Gutiérrez siguió la acción y anotó ante la inmovilidad del guardameta Juan José Tello, confiado en que la jugada no contaba.

Para sorpresa de todos, García dio por bueno el gol. Tello le reclamó con todo y fue expulsado. Su lugar fue tomado por el atacante Carlos Carús, quien no tuvo complicaciones para mantener la portería imbatida desde ese momento y el marcador no se movió más.

14 DE NOVIEMBRE DE 1943: INVASIÓN

El Guadalajara recibió al España en el Parque del Paradero, que tenía gradas insuficientes para albergar a la gran cantidad de aficionados que quisieron ver el encuentro.

La gente, al no caber en las tribunas, invadió los alrededores de la cancha para poder presenciar el partido, lo que generó que hubiera un tumulto pasando los límites del terreno de juego. Esta situación fue el motivo por el cual los futbolistas no desplegaron sus mejores pinceladas, ya que fue un partido plagado de errores.

Los rojiblancos cayeron 5-3, siendo la primera derrota del Club Deportivo Guadalajara como local en la Liga Mayor..

15 DE NOVIEMBRE DE 1953: NO SUPO PERDER

Guadalajara vapuleó contundentemente al Atlas 5-1, con anotaciones de Crescencio Gutiérrez, Adalberto López, en dos ocasiones, Felipe Velázquez y Gregorio Gómez. Por los Zorros hizo el del honor Miguel de la Torre.

Una vez terminado el encuentro, Felipe Zetter recetó tremendo golpe a Juan Jasso, quien abandonaba el terreno de juego. Ante la agresión, el Bigotón respondió. Los compañeros de ambos bandos observaron la gresca, que sucedió en medio del campo, y fueron a separar a los involucrados.

Mr. Crawford determinó expulsar a ambos futbolistas.

La situación traspasó el terreno de juego y, en las gradas del Parque Oblatos, algunos aficionados se enfrascaron en solitarias peleas que fueron creciendo hasta formarse una lucha entre bastantes espectadores de ambos equipos.

Molesto por la derrota, Zetter provocó un clásico tapatío con violencia dentro y fuera de la cancha.

16 DE NOVIEMBRE DE 1952: ÉPICO JUEGO DE VOLTERETAS

El Estadio Olímpico de la Ciudad de los Deportes, de la capital del país, vivió uno de los mejores clásicos de su historia. El partido correspondiente a la jornada 18 de la temporada 1952-1953 brilló por la calidad, intensidad y amor propio de los jugadores.

América se impuso 3-2 al Guadalajara, donde se brindó un espectáculo al por mayor, siendo, además, los aficionados de los Cremas los grandes beneficiados al presenciar un buen partido de fútbol.

José González anotó el gol de la quiniela apenas a los 10 minutos, luego de cucharear el balón por encima del Tubo Gómez.

Cinco minutos después, Tomás Balcázar se plantó frente a Humberto Gama para batirlo y emparejar los cartones ante la eufórica afición rojiblanca. La primera voltereta se dio a los 38, cuando Ángel Vázquez aprovechó un regalito de Paredes para cruzar su disparo y adelantar a la causa rojiblanca.

Los locales reaccionaron y Pedro Nájera, aún en el primer tiempo, realizó una jugada individual para dejar en el camino a Barba, Tepa y al portero Gómez emparejar los cartones y, además, animar a su afición.

El segundo tiempo fue ríspido, donde ambos conjuntos buscaron el gol del triunfo y este llegó en favor de los Cremas gracias a la picardía de Eduardo González Palmer, que su viveza pudo más que la defensiva tapatía, para batir al Tubo.

Partidazo, sin más.

17 DE NOVIEMBRE DE 1963: CORTA CHIVAS IMPORTANTE RACHA A IRAPUATO

El Irapuato era uno de los equipos que mejor fútbol desplegaba, tanto de local como en calidad de visitante, y por eso fue que lograron una importante cantidad de siete encuentros sin conocer la derrota dentro de la temporada 1962-1963

La racha comenzó en la jornada doce, cuando visitaron a Toluca y sacaron un empate a dos goles. Después, los freseros se impusieron al León, Atlas, Pumas y Zacatepec, además de las igualadas ante Morelia y América.

El 19 de septiembre de 1963 fue su última derrota, antes de comenzar la buena racha, ante los Rayos de Necaxa, con el marcador de 2-1.

Guadalajara salió con la portería tatuada en la mente y, desde el silbatazo inicial, se volcó con todo al frente para buscar hacer daño y, al 31, Sabás Ponce abrió el marcador, cuatro minutos después, Isidoro Díaz aumentó la ventaja.

Los jugadores del director técnico, Sergio Figueroa, no pudieron contener los embates rojiblancos y, en el segundo tiempo, se hicieron presentes Agustín Moreno, José Villegas y Javier Barba para decretar el 5-0 definitivo.

18 DE NOVIEMBRE DE 2017: EL ÚLTIMO CANTO DEL GALLO

Uno de los medios de contención con mayor rendimiento en el Guadalajara se despidió del equipo rojiblanco enfrentando a sus excompañeros en el partido ante León.

Matías Almeyda decidió darle el gafete de capitán a José Juan Vázquez para despedir honrosamente al autor del gol del título 12 en la historia del Rebaño Sagrado (véase 28 de mayo).

El Gallo fue titular y disputó los 90 minutos en la victoria 2-0 de Chivas sobre la Fiera en el Estadio León con los goles de Carlos Fierro e Isaac Brizuela.

La jugada más importante que tuvo Vázquez en aquel duelo se presentó al minuto 87, cuando el marcador favorecía 1-0 a las Chivas. Luego de un tiro de esquina, hubo una serie de rebotes en el área rojiblanca y Álvaro Ortiz remató con el muslo, y el Gallo, de inglesita, sacó el balón de la línea de gol y evitó así la caída del marco de Miguel Jiménez.

Un minuto después cayó el gol del Conejito que sentenció el partido.

José Juan Vázquez ganó la Supercopa en 2016, además del doblete en 2017 (liga y copa), para jugar el siguiente torneo en Santos Laguna, donde fue campeón en el Apertura 2017.

Regresó a Chivas para el Clausura 2020, llamado Guardianes 2020 y salió un año después por motivos extracancha para enrolarse con los Diablos Rojos del Toluca.

19 DE NOVIEMBRE DE 1964: CARÍSIMO TRIUNFO

El Guadalajara se impuso por la mínima diferencia a los Tiburones del Veracruz, en el partido correspondiente a la jornada 25 del torneo, con anotación de Salvador Reyes al minuto 23 de tiempo corrido.

Javier Valdivia salió lesionado del terreno de juego del Estadio Jalisco, luego de sufrir una fuerte lesión en el tobillo tras caer y pisar mal después del choque que se presentó con el defensor uruguayo, Francisco Majewski.

El Cabo fue retirado en camilla para posteriormente evaluar la lesión mediante radiografías, donde se determinó que presentó un esguince de tobillo. Estuvo fuera más de un mes y reapareció en la fecha 29, en el empate a un gol entre Nacional y Chivas, lo que significó la obtención del séptimo título en la historia del Guadalajara.

20 DE NOVIEMBRE DE 1971: REAPARECE ALBERTO ONOFRE

El habilidoso futbolista, Alberto Onofre, reapareció ante su gente en el Estadio Jalisco, luego de casi dos años de ausencia por una fractura que sufrió cuando estaba concentrado con la selección mexicana a escasos días del debut del Tricolor en el Campeonato Mundial México 1970 (véase 27 de mayo).

Después de 542 días de haberse lesionado gravemente la pierna, Onofre volvió al cuadro titular en el partido ante Irapuato, donde el Guadalajara se impuso 2-0 a los freseros.

Onofre tuvo una oportunidad clara de gol al minuto 68, sin embargo, erró el intento de anotar y se reivindicó al 81, cuando participó en el segundo gol del partido al asistir a Vicente Mata para sentenciar el encuentro.

Alberto Onofre fue ovacionado por la afición que se presentó en las tribunas del coloso de la Calzada Independencia y respondió con un pase para gol que enloqueció a la nación rojiblanca.

21 DE NOVIEMBRE DE 1948: SE MOLESTA LA AFICIÓN

En la jornada 10 de la temporada 1948-1949, Guadalajara y Oro llegaron en calidad de invictos al choque que se presentó en el Parque Oblatos.

La expectativa para este clásico fue enorme y la afición abarrotó el estadio, a tal grado que saltaron a la cancha para acomodarse afuera del terreno de juego.

El árbitro, Carlos Esteva, tuvo que suspender el encuentro al no presentarse garantías para su desarrollo, de manera que la policía tuvo que intervenir para acomodar a la gente en otros sectores de las gradas.

Los uniformados decidieron habilitar a los espectadores en unas zonas más costosas, por lo que la gente presente en aquellos sectores mostró su inconformidad al señalar que los boletos de los invasores eran de un costo menor al que ellos pagaron para adquirir los suyos.

El malestar general pasó y el partido se llevó a cabo con normalidad; el Guadalajara se impuso 3-1 con goles de Max Prieto, Rafael Rivera y Fernando Figueroa para afianzarse en el liderato y como único equipo invicto del certamen.

22 DE NOVIEMBRE DE 2006: ESE GOL DEBIÓ ANOTARSE DE ESA MANERA

En la ida de los cuartos de final del Apertura 2006, entre Guadalajara y Cruz Azul, Adolfo el Bofo Bautista tenía en mente cómo iba a anotar aquella noche.

Al minuto cuatro de partido, Alberto Medina sirvió el balón para Bautista, quien dentro del área bombeó el balón por encima de Óscar el Conejo Pérez. El esférico iba en dirección a la portería, pero apareció Salvador Carmona para evitar que entrara y, sobre la línea, despejar el peligro rojiblanco.

En el segundo tiempo, al 70 de tiempo corrido, nuevamente se conjugó la fórmula. Venado asistió a Bofo, quien controló el balón con el pecho y volvió a disparar suavemente sobre el Conejo Pérez, quien observó detenidamente cómo el balón se incrustó en su portería ante el esfuerzo insuficiente de la zaga cruzazulina por despegar nuevamente.

El segundo gol del partido lo anotó Omar Bravo al minuto 48, fue el tanto con el que Chivas se llevó la ventaja a la capital del país, donde empató a dos goles para así avanzar a la semifinal del torneo.

23 DE NOVIEMBRE DE 2017: DE PORTERÍA A PORTERÍA

Chivas se imponía 2-1 al los Tiburones en la última jornada del Apertura 2017 y Veracruz estaba condenado a ser desafiliado por cuestiones extracancha. Sin embargo, querían despedirse del torneo al menos con un punto de la cancha del Estadio Akron.

En el tiempo de compensación se presentó un tiro de esquina que ejecutó por la derecha Rodrigo López y el portero escualo, Sebastián Jurado, subió a rematar. Luego de una serie de rebotes, el balón cayó en los dominios de José Antonio Rodríguez, guardameta rojiblanco.

Pepe Toño no salió jugando rápido, como lo pedía la afición, pues pudo haber sido un contragolpe letal y así sentenciar el encuentro. Al contrario, el portero se acomodó y despejó con la pierna derecha, tan fuerte pudo, para mandar el esférico al marco contrario y así anotar un gol histórico.

El balón se elevó tan alto que el defensa Carlos Gutiérrez perdió la ubicación y no pudo cortar el disparo del portero, así que solo le quedó ver cómo su marco caía por tercera vez.

Alan Pulido hizo los dos primeros goles para la causa rojiblanca, los cuales lo llevaron a coronarse como campeón de goleo con 12 tantos, igualado con el atacante del Necaxa, Mauro Quiroga.

24 DE NOVIEMBRE DE 2017: HACEN HISTORIA

El equipo femenil del Guadalajara se convirtió en el primer campeón de la categoría de la Liga MX al imponerse al Pachuca 3-2 en el marcador global, en el Estadio Akron, para remontar el marcador adverso de 2-0 que las Tuzas consiguieron en la ida.

La casa de las Chivas fue un carnaval con más de 30 000 aficionados en las tribunas deseando que las chicas lograran coronarse.

Arlett Tovar fue la gran figura del encuentro al anotar los primeros dos goles del partido, además de jugar con mucha solvencia y seguridad en la zona baja del cuadro que dirigía Luis Camacho Haro.

La portera Blanca Félix dejó de ser una guardameta más para convertirse en una de las futbolistas más queridas para la afición, sobre todo por su valentía a la hora de exponer el físico con tal de buscar un balón.

El momento cumbre llegó al minuto 68 cuando Norma Palafox se plantó frente a la portera rival, Alejandría Godínez, luego de la asistencia precisa de Brenda Viramontes. Palafox encaró y tocó suavemente ante la salida de la cancerbera visitante.

El Akron explotó. Norma Palafox celebró con su tradicional baile y la afición le reconoció con tremenda serie de aplausos.

La silbante, Quetzalli Alvarado, decretó el final del partido y los fuegos artificiales iluminaron la noche en Zapopan para reconocer a las nuevas campeonas.

La capitana, Tania Morales, se encargó de alzar al cielo el trofeo que las consolidó como la mejor escuadra del Apertura 2017.

25 DE NOVIEMBRE DE 1970: EL INICIO DEL CALVARIO

La temporada 1970-1971 fue larguísima para el Guadalajara, pues los resultados no fueron los esperados y, al final de esta, el equipo casi pierde la categoría (véase 14 de julio).

Zacatepec fue el primer rival de las Chivas en aquella campaña y llegaba recién ascendido luego de haber bajado a Segunda División en la 1965-1966, por lo que, en el papel, era un triunfo amarrado para la escuadra rojiblanca.

El Estadio Jalisco presenció el inicio de un desastroso torneo y los Cañeros se impusieron 2-1 debido al autogol de Raúl Monroy, que fue el primer gol de la temporada y, a dos minutos del final, Gonzalo Fragoso hizo el segundo.

Por el Guadalajara, Salvador Espinoza, hizo el gol con el que Chivas había empatado momentáneamente en las postrimerías del primer tiempo.

El gol en propia puerta de Monroy, conjugado con el descalabro ante un rival que tenía cinco años jugando en la segunda categoría, fue el preludio del desastre que apenas comenzaba.

26 DE NOVIEMBRE DE 1969: SE SUSPENDIÓ

Corría el minuto 72 de tiempo corrido cuando el silbante, Alfonso González Archundia, finalizó el partido, tomó el balón y se dirigió a los vestidores.

El árbitro central había sancionado penal en favor del Rebaño Sagrado y, tras expulsar a cinco jugadores, decidió dar por finalizado el encuentro. Por Chivas fue sancionado Jaime López, mientras que, por la Pandilla, Juan González, Guaraci Barbosa, Ernesto Flores y Javier Bazán. Todos se fueron a bañar antes de tiempo por protestar.

Al tiempo, el Guadalajara vencía por la mínima diferencia al Monterrey con la anotación de Carlos Calderón al 55. Ni se ejecutó la pena máxima ni se repusieron los 18 minutos restantes y el equipo rojiblanco se alzó con la victoria 1-0.

La afición presente en el Estadio Jalisco recriminó la acción de González Archundia, al terminar el partido antes de tiempo.

27 DE NOVIEMBRE DE 1955: NO SE QUISO SALIR

Salvador Reyes se fue expulsado en el encuentro ante León, disputado en el Estadio La Martinica, correspondiente a la jornada 21, cuando el Guadalajara se encontraba abajo en el marcador.

Chava insultó desmedidamente al árbitro central, Felipe Buergo, porque le dijo que tenía que abandonar el terreno de juego, a lo que el delantero rojiblanco se negó.

Tras varios minutos tratando de sacar de la cancha a Reyes Monteón, tuvieron que intervenir los directivos de la Federación, presentes en el Estadio, para reconvenirle su mala actitud. Finalmente abandonó el campo y se fue a los vestidores.

Con un hombre menos y hambre de conseguir el resultado, el Rebaño Sagrado alcanzó una desventaja de dos goles que arrastraba desde el primer tiempo, para empatar el marcador con anotaciones de Rafael Rivera y Raúl Arellano.

28 DE NOVIEMBRE DE 2020: "¿LA QUIERES?"

En el marco de los cuartos de final de vuelta del Guardianes 2020, el Guadalajara se impuso 2-1 a las Águilas del América para eliminar al archirrival con el marcador global 3-1.

Fue la tarde de los chicotazos. Christian Calderón anotó los tres goles de la eliminatoria con la marca registrada: tres disparos desde fuera del área penal para superar al portero Francisco Guillermo Ochoa.

América necesitaba marcar cuatro goles para avanzar a la siguiente fase. Y al minuto 83, en un intento de desborde de Sergio Díaz, perdió el esférico al no poder superar a Miguel Ponce.

El Niño, frustrado por saberse eliminado, se tiró dentro del área buscando que el silbante, Jorge Antonio Pérez Durán, sancionara la pena máxima. Así que el Pocho Ponce sonrió por el intento desesperado del americanista.

Díaz se levantó para amedrentar a Ponce y luego de un jalón, el zaguero rojiblanco se tomó la playera, se la mostró y con una perversa sonrisa le dijo: "¿La quieres?", en clara señal de que la camiseta del Guadalajara es más importante que la del América.

Díaz se molestó y llegaron a separar a ambos jugadores Raúl Gudiño, Guillermo Sepúlveda y Federico Viñas.

No pasó a mayores y el Guadalajara eliminó al América en el Estadio Azteca, en una noche soñada para el Chicote Calderón y, desde luego, terrible para Sergio Díaz y el resto de sus compañeros.

29 DE NOVIEMBRE DE 1964: EL GOL QUE CALMÓ LA HOSTILIDAD

El árbitro central, Felipe Buergo, sancionó un penal inexistente a favor del Guadalajara, que significó el empate momentáneo en la visita de Chivas a Toluca dentro de la jornada 26 de la temporada 1964-1965.

La hostilidad invadió el terreno de juego tras la marcación, pues la afición choricera consideró injusta la falta que marcó el central. El guardameta español, Florentino López, detuvo el balón con la mano y, por la inercia, golpeó accidentalmente a Salvador Reyes por la potencia del disparo.

Los reclamos de los futbolistas no esperaron, pero el central no cambió su postura, y el mismo Chava se encargó de anotar su segundo gol del partido, que significó el 2-2 al minuto 75.

La gente se quería comer vivo a Buergo, quien pudo haber abandonado el terreno de juego con la ayuda de escolta policial por el tremendo ambiente en contra del central.

Sin embargo, Sigifredo Mercado anotó el tercer gol para los locales en los momentos finales del partido, lo que provocó que el enojo de los aficionados se convirtiera en alegría y algarabía, por lo que el árbitro abandonó el campo sin ningún problema.

El Toluca ganó el partido y la afición se fue contenta a casa.

30 DE NOVIEMBRE DE 2006: SAN OSWALDO Y EL BERRINCHE DEL BOFO

En la ida de la semifinal del Apertura 2006, Guadalajara recibió al América en el Estadio Jalisco. Oswaldo Sánchez y Adolfo Bautista fueron las figuras del encuentro.

Primero, el Bofo provocó el penal con el que se adelantó el Rebaño Sagrado luego de recibir una clara infracción dentro del área de parte de José Antonio Castro, que bien capitalizó Ramón Morales y, posteriormente, asistió para que Omar Bravo hiciera el segundo con un sólido remate con la cabeza.

Al minuto 85, el director técnico, José Manuel de la Torre, decidió sacar a Bautista, por lo que el Bofo se molestó con su estratega y le dijo cualquier cosa. Entró Morales para calmar a su compañero. En la siguiente jugada, el árbitro Marco Rodríguez decretó la pena máxima en favor del América, por lo que Bautista se retiró de la banca y se fue a los vestidores.

Era turno del portero de poner su granito de arena. Y así lo hizo. Salvador Cabañas ejecutó sobre la izquierda de Sánchez, quien recostó y tapó el disparo para evitar la caída de su marco.

Chivas se llevó la ventaja de dos goles al Estadio Azteca, misma que supo conservar para avanzar a la gran final del fútbol mexicano contra Toluca (véase 10 de diciembre).

DICIEMBRE

1 DE DICIEMBRE DE 1957: PRIMERA CONDECORACIÓN

El Parque Oblatos se engalanó con una festiva ceremonia donde el Club Deportivo Guadalajara fue condecorado por la obtención de su primer título de Liga Mayor conseguido en la temporada 1956-1957.

Además, los futbolistas del Rebaño Sagrado recibieron, cada uno, una medalla que los acreditaba como los vigentes monarcas del fútbol mexicano.

Todos los integrantes de la plantilla fueron ferozmente ovacionados por la afición, siendo el estratega, Donaldo Ross, quien se llevó la máxima aclamación por lograr el campeonato al frente de la escuadra rojiblanca.

Tras la entrega de reconocimientos, el Guadalajara enfrentó al equipo de Cuautla, siendo vencedores los tapatíos con el marcador de 2-1.

Los morelenses se fueron al frente al minuto 41 con gol de Jaime Belmonte y tenían las intenciones de apagar la fiesta, pero en el segundo tiempo, los rayados se volcaron con todo buscando el triunfo y lo consiguieron gracias a las anotaciones de Isidoro Díaz y Crescencio Gutiérrez.

Además, se guardó un minuto de silencio en memoria del fundador, Edgar Everaert, quien falleció el 8 de noviembre a la edad de 69 años.

2 DE DICIEMBRE DE 1956: CON ESPECIAL DEDICATORIA

Guillermo el Tigre Sepúlveda se encontraba de luto por la muerte de su abuela, unos días atrás, por lo que previo al encuentro ante el América se guardó un minuto de silencio en el estadio Ciudad de los Deportes, en la capital del país.

El momento lamentable por el que atravesaba el zaguero rojiblanco no le impidió hacer el viaje al Distrito Federal para enfrentar a los Cremas, ser titular y jugar todo el partido en la victoria del Guadalajara 3-1.

Salvador Reyes abrió el marcador al minuto 23 y poco duró el gusto, pues al 29, Antonio Figueroa emparejó los cartones.

Pero los rojiblancos se rompieron el alma y lograron tomar ventaja nuevamente por conducto de Chava, mientras que Crescencio Gutiérrez fulminó las esperanzas locales.

El Tigre brindó un gran partido custodiando la zona baja del equipo mientras a él lo fortaleció un ángel desde el cielo.

3 DE DICIEMBRE DE 1998: TUCA RECIBE BOTELLAZO

El director técnico brasileño, Ricardo Tuca Ferretti, fue blanco de una cobarde agresión al recibir el impacto de una botella, lanzada desde la tribuna, en el partido de ida de la semifinal entre Pumas y Chivas, correspondiente al Invierno 98, disputado en Ciudad Universitaria.

Corría el minuto 42 del primer tiempo cuando el estratega fue alcanzado por el proyectil y cayó en el suelo rodeado de decenas de fotógrafos y camarógrafos. Además, el servicio médico lo atendió, posteriormente, en el vestidor.

El juego fue suspendido cerca de diez minutos, mientras que el árbitro, Eduardo Brizio, amagó con suspender el partido en forma definitiva en caso de que la gente reincidiera con el lanzamiento de cosas al terreno de juego.

Para el segundo tiempo, Ferretti salió con una gasa en la cabeza y encabezó, desde el banquillo, a su equipo, que igualó el primer compromiso 1-1. Ricardo Peláez puso en ventaja a los rojiblancos, mientras que Mario Álvarez empató el encuentro dejando la moneda en el aire para el juego de vuelta (véase 6 de diciembre).

4 DE DICIEMBRE DE 1960: EL GOL QUE IBA A ANOTAR VALLE

El partido entre América y Guadalajara, correspondiente a la jornada 20 de la temporada 1959-1960, tuvo pocas emociones, sin embargo, una jugada levantó a medio mundo de sus asientos, emocionados por la acción que realizó Javier Valle.

Al minuto 25 de tiempo corrido, el defensor recuperó el balón en su terreno y salió con gran control para hacer un recorrido de más de setenta metros, dejando en el camino a cuanto futbolista rival se le plantara en frente.

Valle eludió oponentes a diestra y siniestra para plantarse frente a Enrique López Huerta, pero como buen jugador de zona baja, no supo cómo definir, por lo que sacó un disparo sin fuerza y sin colocación que le llegó sin problemas al guardameta local.

La afición presente en Ciudad Universitaria aplaudió la gran carrera que realizó el futbolista rojiblanco, pero a la hora de finalizar la jugada las ovaciones fueron sustituidas por silbatinas.

Chivas ganó el partido por la mínima diferencia con el gol de Salvador Reyes, ocho minutos después de la gran faena de Javier Valle.

5 DE DICIEMBRE DE 1943: PRIMER CLÁSICO TAPATÍO EN LIGA MAYOR

Tarde redonda la que vivió la afición del Club Deportivo Guadalajara cuando se enfrentaron por primera vez rojinegros y rojiblancos en la Liga Mayor, en el partido de la jornada 8 de la temporada 1943-1944.

El cuadro rayado borró por completo al Atlas, ya que se desfundó en el segundo tiempo para propinarles una escandalosa goliza al son de 7-3, en el Parque Atlas.

Además, por vez primera, incursionó en el profesionalismo el joven Javier de la Torre, que más tarde se convertiría en el técnico más laureado de la institución, además de ser el pilar de una familia rojiblanca que dio vida a otras épocas del club.

De la Torre hizo un partido interesante, donde disputó cada balón, peleó, luchó y se ganó la ovación de la gente; llegando el momento cumbre en el segundo tiempo, al minuto 73, donde se estrenó como goleador al anotar el sexto tanto para la causa rojiblanca.

Pablo González hizo tres goles. Luis Reyes se despachó con un doblete. Además del mencionado tanto de Javier de la Torre y el séptimo fue autogol de Ricardo Ornelas. Por los locales administrativos, José Valdivieso marcó dos tantos y uno más de Agustín Medina.

Atlas y Guadalajara ya se habían enfrentado con anterioridad, en partido de la Copa México, donde los rojinegros se impusieron 3-1.

6 DE DICIEMBRE DE 1998: LA FINAL QUE ESPERABA JALISCO

Lo que pudo ser un día de fiesta tapatía, terminó por ser un día de felicidad exclusivamente para la afición rojiblanca y de amargura para los rojinegros.

Chivas despachó a Pumas con marcador global de 2-1 gracias al único gol marcado por Luis García, de chilena, en el encuentro de vuelta, mien-

tras que Atlas no pudo imponerse al equipo de la década, los Rayos del Necaxa, y cayeron 3-2 en su partido llevado a cabo en el Estadio Azteca.

El Guadalajara, con polémica incluida por parte del silbante Antonio Marrufo, que no sancionó dos posibles penales en favor de Pumas, se clasificó a la final tras jugar al mediodía y esperaba con ansias el boleto de los Zorros, que jugaron en la tarde en la capital del país.

Y no todo fue algarabía para la nación rojiblanca radicada en Guadalajara, pues, más temprano, se determinó la sede para los Juegos Panamericanos 2003 y, aunque todo parecía indicar que la Perla Tapatía albergaría el evento, este fue otorgado a Santo Domingo, capital de República Dominicana.

7 DE DICIEMBRE DE 2018: UNIDOS POR EL ZULLY

Javier el Zully Ledesma, quien fuera portero del Guadalajara en la década de los ochenta, sufrió un aneurisma cerebral, por lo que fue intervenido quirúrgicamente el 16 de noviembre.

Futbolistas del Guadalajara, Atlas y Leones Negros realizaron un partido benéfico nombrado "Unidos por el Zully", en apoyo al guardameta, y dejando en claro que la rivalidad existe únicamente en el terreno de juego y que este tipo de actos generosos fomentan la unión.

El encuentro fue disputado en el Estadio Tres de Marzo, ante más de 15 000 espectadores, siendo las leyendas de Chivas los vencedores 4-3 ante los integrantes de la generación dorada de los rojinegros del Atlas.

Adolfo el Bofo Bautista, Joel el Tiburón Sánchez, Omar Bravo y Abraham Coronado marcaron los goles del Rebaño Sagrado, mientras que Miguel Zepeda, Gregorio Torres y Hebert Alférez anotaron por los Zorros.

El Zully recibió el alta médica el 11 de diciembre.

8 DE DICIEMBRE DE 1949: OSO ESCANDALOSO

Guadalajara midió fuerzas ante el Moctezuma de Orizaba en el Parque Oblatos donde la constante en el partido fueron las fallas del equipo rojiblanco, tanto en zona de definición como en su propia área.

En los instantes finales del primer tiempo, el guardameta local, Cristóbal Jaime, cometió uno de los errores más burdos que pudiera provocar un portero.

Ricardo Martínez realizó un desborde y mandó el servicio al área. El balón iba en la dirección donde estaba ubicado el cancerbero rojiblanco; sin embargo, en un error de técnica individual midió mal el esférico y, al quererlo detener, este le rebotó en el pecho para incrustarse en el arco.

Para la segunda mitad, eran evidentes los nervios de Jaime, ya que por poco comete otra pifia al meterse en problemas tras recibir un disparo del Monicaco Martínez que no llevaba etiqueta de peligro.

En la otra portería se cometieron muchos errores al fallar los delanteros oportunidades manifiestas de gol. Pese a ello, Guadalajara se sobrepuso a las constantes equivocaciones y, al 51, Max Prieto capitalizó una buena jugada, para decretar el 1-1 definitivo.

9 DE DICIEMBRE DE 1986: ¡COMO SABUESOS!

El Stuttgart de Alemania se enfrentó al Guadalajara en un partido amistoso celebrado en el Memorial Coliseum de Los Ángeles, como parte de una gira de los alemanes por Estados Unidos.

Más de 15 000 espectadores se dieron cita en el recinto para ser testigos de un agradable encuentro de fútbol, donde hubo muchas emociones y sobre todo goles. Chivas tenía ventaja de dos goles y los teutones apretaron en los últimos veinte minutos para alcanzar en el marcador el Rebaño Sagrado.

Los delanteros rojiblancos se comportaron como verdaderos perros de caza al aprovechar dos disparos a los postes y convertirlos en gol, haciendo alarde de la posición e intuición en ambas jugadas.

Primero fue Luis el Cadáver Valdez, quien, al minuto 28, empujó el balón al fondo de las redes, tras encontrarse un rebote, luego del remate a la madera por parte de Fernando Quirarte.

En la segunda parte, Benjamín Galindo disparó al metal y fue Fernando Dávalos quien, con picardía, se ubicó para empujar el esférico y ampliar la ventaja rojiblanca.

Los alemanes pisaron el acelerador y, en cuestión de diez minutos, habían conseguida anotar los dos goles por conducto de Andreas Müller al 73 y 83.

El marcador no se movió más, pero el encuentro fue disfrutado por el gentío presente en las tribunas.

10 DE DICIEMBRE DE 2006: EL LLANTO DEL BOFO Y EL VALOR DE ESE GOL

Adolfo el Bofo Bautista fue el héroe de la onceava estrella en la historia del Guadalajara.

Chivas visitó la cancha de la Bombonera para medirse en el compromiso de vuelta de la final a los Diablos Rojos del Toluca.

El partido estaba empatado a un gol. Bruno Marioni adelantó a los locales con un certero cabezazo al minuto 18. En la segunda etapa, Francisco

el Maza Rodríguez igualó la pizarra al rematar con el hombro y superar a Hernán Cristante.

Las gargantas rojiblancas estaban destinadas a estallar al minuto 69. El Bofo recibió un balón en la mitad de la cancha y lo filtró para Alberto Medina, quien llegó a línea de fondo, esperó el recorrido de Bautista y sirvió para el 100, quien de primera intención golpeó el esférico con pierna izquierda para batir a Cristante.

"Mamá, mamá", fue el grito que salió del corazón de Bautista mientras rompía en llanto y le dedicaba la anotación a su madre, Cristina Herrera Dorantes, quien había perdido la vida a principios de año.

Ese soberbio gol y esa eufórica dedicación quedarán para siempre en la memoria de la nación rojiblanca.

11 DE DICIEMBRE DE 1983: FIN A UNA LARGA RACHA

Guadalajara recibió, en la jornada 15, al Puebla de la Franca en el Estadio Jalisco; el equipo rojiblanco llegaba con una importante racha de diez partidos sin conocer la derrota.

Su más reciente descalabro había sucedido en la fecha cuatro, el 25 de septiembre, cuando perdieron en casa por la mínima diferencia con el Atlante con gol de Rubén Ayala.

De ese hilo de encuentros, Chivas solamente ganó dos, ante Oaxtepec y Curtidores, y empató ocho: contra Morelia, Tampico Madero, Toluca, Atlas, Monterrey, Pumas, Necaxa y Cruz Azul.

El equipo camotero fue el encargado de derrotar al Rebaño Sagrado, en calidad de visitante, con la colaboración del portero Javier Ledezma, que cometió un infantil error en una de la segunda anotación de los enfranjados.

El Guadalajara se puso al frente a los 28 minutos con el gol de Raúl Willy Gómez, pero instantes después, Paul Moreno emparejó los cartones. Para la segunda mitad, nuevamente la escuadra tapatía se puso con ventaja gracias al gol de Fernando Quirarte.

A los 68 de tiempo corrido, cayó el empate a dos tantos, obra de Enrique López Zarza, quien disparó a las manos del Zully, pero el balón se le resbaló de forma lamentable, incrustándose en la portería.

Cuando parecía que Chivas volvería a empatar, apareció Ángel Ramos para darle el triunfo al Puebla.

Ambos equipos terminaron con un hombre menos, debido a las expulsiones de Gustavo Moscoso y Demetrio Madero, quienes se enfrascaron en una burda riña y el árbitro central, Antonio R. Márquez, los echó del partido.

12 DE DICIEMBRE DE 1968: LE ARREBATAN EL BOLETO A NECAXA

El Necaxa estaba prácticamente en la semifinal del torneo de Copa México, pero un cabezazo de Carlos Calderón, en el último minuto, fulminó las esperanzas de los capitalinos para mandar a los tiempos extra. Los Rayos habían ganado 1-0 el juego de ida, celebrado en el Estadio Jalisco.

El árbitro, Ricardo Basurto, fue el protagonista del encuentro al expulsar a cuatro futbolistas, dos por bando. Por el Rebaño salieron del campo, antes de tiempo, Arturo Jáuregui y Francisco Jara, mientras que por Necaxa se fueron a bañar temprano Mario Pichojos Pérez y Alberto Magaña.

Luego de los 90 minutos y los dos tiempos de 15, la definición del semifinalista se llevó a cabo desde los once pasos. Pedro Herrada se encargó de ejecutar los tres lanzamientos del Rebaño Sagrado anotando dos y fallando uno, mientras que Javan Marinho erró sus dos primeros lanzamientos; de esa forma, los tapatíos avanzaron a la siguiente etapa.

Pedro Herrada y Carlos Calderón fueron sacados en hombros por la multitud que invadió la cancha del Estadio Azteca para celebrar con sus futbolistas.

Chivas quedó eliminado por Monterrey y Cruz Azul se coronó campeón del torneo copero al superar al equipo de la Pandilla.

13 DE DICIEMBRE DE 1987: UN MOTIVO ESPECIAL

El Guadalajara perdió a uno de sus estandartes en la madrugada del 12 de diciembre. José Anacleto Macías dejó de existir al sufrir una trombosis cerebral, a la edad de 76.

La misa de cuerpo presente se realizó en la Sala de Trofeos del club y fue despedido entre porras y música de guitarra.

Un día después de la lamentable pérdida, el Rebaño Sagrado brindó su partido contra el Tampico Madero a la memoria de Tolán, quien fuera masajista del club durante 30 años. Prácticamente su vida se la dedicó al equipo de sus amores.

Antes del arranque del encuentro, se guardó un minuto de silencio y después fue ovacionado por la gente.

Las Chivas Rayadas dieron una exhibición casi perfecta al superar claramente a la Jaiba Brava y bailarlos al son de un 5-1. Benjamín Galindo tuvo una extraordinaria participación al anotar en tres ocasiones, mientras que los hermanos Eduardo y José Manuel de la Torre se hicieron presentes en el marcador una vez cada uno.

Sin duda, Tolán será recordado por siempre por la nación rojiblanca por amar, como nadie, al Club Deportivo Guadalajara.

14 DE DICIEMBRE DE 1958: LAS BURLAS DE CARBAJAL

A falta de cuatro partidos para terminar la campaña 1958-1959, León se impuso categóricamente al Guadalajara 4-0, en el Estadio La Martinica, para poner presión a los rojiblancos en la lucha por el campeonato de liga.

Con el resultado, el histórico portero, Antonio la Tota Carbajal, se burló de la afición tapatía que estuvo presente en la tribuna, señalando con los dedos los goles que marcó el equipo local para cerrar dramáticamente la contienda.

Los seguidores visitantes reprobaron la actitud antideportiva del Cinco Copas.

El partido fue una carnicería por parte del defensa Gerónimo Di Florio, quien, desde el arranque, se dedicó a repartir patadas a diestra y siniestra sin que el árbitro, Rafael Valenzuela, lo recriminara. Golpeó arteramente a Francisco Flores y cazó todo el encuentro a Salvador Reyes, quien devolvió la agresión y el drama del leonés impactó al silbante, quien amonestó a Chava.

Otro que entró al quite fue Cuéllar, quien cargó con violencia a Isidoro Díaz, quien se estampó contra una barda y, al chocar con la cabeza, quedó conmocionado.

Osvaldo Martinolli anotó un doblete, mientras que los tocayos Luis López y Luna anotaron un tanto cada uno..

15 DE DICIEMBRE DE 1957: HOMENAJE MÁS QUE MERECIDO

El técnico uruguayo, Donaldo Ross, se convirtió en el primer estratega en ser campeón de la Liga Mayor con el Club Deportivo Guadalajara, alcanzando el título en la temporada 1956-1957.

Previo al arranque del partido entre Chivas y Morelia, el Pato recibió un emotivo homenaje al serle entregada una medalla de oro de 14 quilates, otorgada por Blas Lara en representación de la porra rojiblanca.

Una vez recibida la insignia, Ross recorrió el lateral de la cancha en señal de agradecimiento y la afición presente en el Parque Oblatos se le rindió con un efusivo aplauso.

El Guadalajara goleó a los purépechas 7-0 con los dobletes de Salvador Reyes, Crescencio Gutiérrez y Raúl Arellano, además del autogol de Luis Reyes.

16 DE DICIEMBRE DE 1979: GONINI SALVA A LEDESMA EN SU DEBUT

Javier Ledesma debutó como portero del Guadalajara en el partido donde Chivas se impuso 2-1 a Curtidores, en el Estadio Jalisco.

El Zully demostró tener buenas aptitudes para defender el arco rojiblanco y realizó algunas intervenciones atractivas para la gente, que ovacionó al joven guardameta.

Sin embargo, que el resultado fuera positivo para Chivas se debió, en gran parte, al defensa Arturo el Gonini Vázquez Ayala, quien, en tiempo de compensación, evitó el empate al despejar sobre la línea de gol un remate de Hugo Dávila.

El Rebaño se fue al frente con el gol de José Cedano al minuto 23. Para la segunda mitad, Arturo Razo anotó en propia puerta al 61 para empatar el marcador y, quince minutos después, Javier Cárdenas hizo el gol de la victoria rojiblanca.

17 DE DICIEMBRE DE 1969: LOS DESPOJAN DE SUS PRENDAS

El silbante, Arturo Yamasaki, decretó el final del partido y el júbilo estalló en el Estadio Jalisco porque las Chivas Rayadas del Guadalajara consiguieron su octavo título de liga al derrotar por la mínima diferencia al Atlante con solitaria anotación de Alberto Onofre.

La afición invadió el terreno de juego para festejar con sus futbolistas y les quitaron las camisetas, los pantaloncillos y los zapatos para quedarse con un valioso suvenir. Los jugadores intercambiaron abrazos entre sí y con sus seguidores, quienes, eufóricos, celebraron en la cancha y sacaron en hombros a sus héroes.

En la celebración se vio gente aficionada al Atlas y Oro, equipos de Jalisco, quienes estaban felices por otro logro más para el fútbol tapatío.

Diez años atrás, Chivas había conquistado su segundo título de liga al imponerse, precisamente, al Atlante.

18 DE DICIEMBRE DE 1971: EL GOL DEL WILLY QUE RECORDÓ A PELÉ

Guadalajara cayó 3-1 ante el América en el clásico nacional. Lo poco rescatable para la afición fue el gol que marcó Raúl Willy Gómez, que hizo recordar a Edson Arantes do Nascimento.

En el Mundial de México 1970, Brasil venció a Checoslovaquia 4-1. El segundo tanto de los sudamericanos, conseguido al minuto 59, lo marcó

Pelé, quien, al recibir un balón de Gerson, controló con el pecho y fusiló al guardameta Ivo Viktor.

El Willy lo hizo similar. Trazo largo de Manuel Chavarría, que mató Gómez para batir al arquero americanista, Prudencio Cortés.

Ambos, además, marcados en el Estadio Jalisco.

El bello gol significó el empate momentáneo al minuto 24 de acción. Oswaldo Castro hizo la primera diana, Sergio Ceballos volvió a poner en ventaja a la visita y nuevamente el Pata Bendita se hizo presente para sentenciar el encuentro.

Por Guadalajara debutaron José Luis Real y el güero Hans Friessen, nacido en México, pero de padres alemanes.

19 DE DICIEMBRE DE 1954: IMPOTENCIA

El partido correspondiente a la jornada 18 de la temporada 1954-1955, entre Guadalajara y Tampico Madero, se caracterizó por la cantidad de faltas cometidas por el equipo visitante.

Los jugadores Carlos el Veteranísmo Septién, Médico Ayala, Lecca y Molina fueron quienes más cortaron el juego por sus temerarias infracciones, a tal grado que lesionaron a Pedro el Chato Nuño, así como a Raúl Arellano. Por su parte, Guillermo el Tigre Sepúlveda tuvo que ser atendido por un corte en la ceja izquierda.

La impotencia de los jugadores del Rebaño Sagrado era evidente, y es que, a pesar de que el silbante, Ramiro García, realizó un buen trabajo al sancionar cada una de las faltas, tratando de que se jugara limpio, el partido sufrió demasiados cortes.

Chivas goleó 4-1 a los Jaibos, con anotaciones de Rafael Rivera, Francisco Flores y el doblete de Crescencio Gutiérrez.

20 DE DICIEMBRE DE 1962: MOTA IMPIDE EL TÍTULO DE CHIVAS. EL TUBO CERCA DE LA GLORIA

Chivas llegó a la última jornada de la temporada 1962-1963 con la consigna de empatar para coronarse campeón del fútbol mexicano por sexta vez en su historia y quinta de forma consecutiva. El empate le bastaba al equipo rojiblanco para conseguir el ansiado título.

El Oro era el rival y ellos necesitaban forzosamente los dos puntos para convertirse en nuevos monarcas de la Liga Mayor. El Estadio Jalisco fue el epicentro de emociones, siendo los áureos locales administrativamente.

En la segunda mitad, se llevaron a cabo las dos acciones que definieron al campeón. Al minuto 70, Manuel Tavares, Neco, impactó con la cabeza el balón que le sirvió el Tepo Rodríguez para marcar el único gol del partido.

Sin embargo, el equipo rayado buscó por todos los medios el gol del empate sin darse por vencidos. Aunque nunca llegó la anotación, en gran parte por la atinada intervención del portero Antonio Mota, quien, en la última jugada del partido, logró rechazar un certero frentazo de Jaime el Tubo Gómez. Sí, el portero rojiblanco se sumó al ataque en un tiro de esquina y se quedó a centímetros de convertirse en el héroe de la película, pero el destino había marcado que el cancerbero Mota fuera la figura.

De esa forma, el Club Oro consiguió su primer campeonato en la Liga Mayor.

21 DE DICIEMBRE DE 1958: AFICIÓN ENARDECIDA

En la jornada 23, a falta de tres partidos más para finalizar la campaña, el Guadalajara buscaba dar un enorme paso para la consecución de su segundo título de Liga Mayor ante el vigente campeón, Zacatepec, equipo al que le sacaban solamente dos puntos de diferencia.

El Parque Oblatos se llenó para apoyar al Rebaño Sagrado y, desde el arranque del encuentro, recriminaron todas las decisiones en contra que señaló el árbitro, Juan Rodríguez.

La atmósfera se tornó oscura cuando los Cañeros se fueron al frente al minuto 18, gracias a la anotación de Carlos Lara.

Chivas encontró el empate antes de finalizar la primera parte por conducto de Raúl Arellano, posteriormente dio la vuelta al marcador con el doblete de Héctor Hernández y el ambiente se tranquilizó.

Isidoro Díaz marcó el cuarto tanto, pero no fue decretado por el silbante, a pesar de que el balón había rebasado claramente la línea de gol. El portero Nelson Festa sacó rápidamente la esférica cuando esta ya estaba dentro del arco.

La afición enardeció y aventó cualquier cantidad de objetos a la cancha. Una botella de vidrio fue a parar en el pecho de uno de los árbitros abanderados, que afortunadamente no le provocó una grave lesión.

Finalmente, el colegiado se mantuvo con su decisión inicial y el gol no subió al marcador. El Guadalajara siguió buscando ampliar la ventaja y el cuarto gol llegó en los pies del Pinacate Arellano, que se despachó con su doblete.

El equipo tapatío goleó a los Cañeros y posteriormente se impuso a Irapuato y Atlante, además de empatar con Toluca para llegar a 38 puntos, seis más que el Zacatepec y solo dos más que León, que tuvo un espectacular cierre de torneo, para así conquistar el campeonato de la temporada 1958-1959.

22 DE DICIEMBRE DE 1999: EL EQUIPO DEL MILENIO

Guadalajara y Cruz Azul jugaron una serie de cinco partidos durante el año de 1999 para determinar al mejor equipo del milenio. Chivas había conquistado el título de liga en diez ocasiones, mientras que la Máquina llevaba ocho, siendo los dos equipos más ganadores en el fútbol mexicano.

El primer encuentro se disputó en abril en el Estadio Azul, en el Distrito Federal, donde el resultado fue un aburrido empate sin anotaciones. En agosto, Cruz Azul derrotó 3-2 a Chivas en el Soldier Field de Chicago.

Un mes después, la Máquina volvió a imponerse al equipo rojiblanco, ahora 2-1 en el Cotton Bowl, de Houston, y, en el cuarto enfrentamiento, los tapatíos ganaron su primer juego al imponerse por idéntico marcador en el Estadio Jalisco.

La balanza se mantenía inclinada en favor de los capitalinos. Podían caer en el último compromiso por 1-0, empatar o ganar para hacerse de la Copa Estrella del Milenio.

Imposible mejor manera de comenzar el partido para los Celestes. Mauro Camoranesi abrió el marcador al segundo 27 del primer tiempo, pero reaccionó Chivas en el segundo lapso, Ramón Morales empató el encuentro y Héctor del Ángel le dio la ventaja definitiva al Rebaño Sagrado.

Y terminó el partido en el Memorial Coliseum de Los Ángeles y ambos equipos estaban en igualdad absoluta. Dos triunfos, un empate y dos derrotas por bando, además de misma cantidad de goles anotados y recibidos, con siete. Por lo que se jugó el gol de oro en tiempos extra.

A seis minutos de que el silbante estadounidense, Kevin Stott, reanudara el encuentro, apareció Claudio Suárez para hacer el gol del triunfo y lograr que el Guadalajara consiguiera el trofeo y un premio de medio millón de dólares.

23 DE DICIEMBRE DE 1945: INOPORTUNOS ENCONTRONAZOS

En otra edición del clásico tapatío, donde el marcador final fue un agradable —y accidentado— empate a un gol, los galenos fueron los que desempeñaron la mejor labor durante el partido.

Primero, a los nueve minutos de haber arrancado el compromiso, el atlista Ricardo Ornelas sufrió una dura lesión, al fracturarse el maxilar, luego de un tremendo golpe con su compañero Felipe Zetter, pero, tras la revisión médica, continuó jugando.

Posteriormente, en el segundo tiempo, fue el turno del rojinegro Rodrigo el Osito Solano de ser atendido por los doctores, quienes le suturaron la cabeza tras chocar con Miguel Salcedo en la disputa del balón. La costura fue de cinco puntadas y tampoco abandonó el terreno de juego.

Los clásicos así son. Nadie quiere perderse este tipo de compromisos, a pesar de haber sufrido sendas lesiones.

Guadalajara y Atlas dividieron puntos gracias a los goles de Max Prieto, por los rojiblancos, y el autogol de Rafael Orozco a diez minutos del final.

24 DE DICIEMBRE DE 1961: BUENA DÍA EN LA NOCHE BUENA

El Guadalajara hizo historia. Se convirtió en el primer y único equipo en conquistar cuatro títulos de liga de forma consecutiva, con el formato de torneos largos, al imponerse por la mínima diferencia al Toluca en el estadio Gutiérrez Dosal.

Sabás Ponce fue el encargado de marcar la anotación que significó el quinto campeonato y cuarto en fila del Rebaño Sagrado al minuto 53. Fue su primer gol de la temporada.

Los locales realizaron esa mañana el Día del Club, previo al choque con los tapatíos, donde se llevó a cabo un convivio, así como la inauguración de nuevas localidades del estadio y otorgaron algunos reconocimientos para gente de la institución.

Tras el título conseguido, los futbolistas del Guadalajara regresaron a la perla tapatía para pasar las fiestas decembrinas con sus respectivas familias, y con la satisfacción de haber vuelto a conquistar el campeonato.

25 DE DICIEMBRE DE 1982: REGALOS DE NAVIDAD

El Guadalajara y el árbitro Javier Orozco fueron bondadosos al otorgarles un regalo navideño, cada parte, a los futbolistas del Atlas, en un partido donde la ilusión, por las fiestas de la ocasión, estuvo del lado de los rojinegros.

El Estadio Jalisco albergó el clásico navideño donde Ricardo el Snoopy Pérez estuvo cerca de convertirse en la figura del partido al marcar los dos goles de Chivas a los minutos 23 y 56. Atlas reaccionó, y Daniel Astegiano recortó las distancias.

Y llegaron los regalos. Primero, a cuatro minutos de cumplirse el tiempo reglamentario, Jaime Pajarito recibió una falta dentro del área de Máximo Nardoni y el propio Pajarito se encargó de lanzar el tiro penal. El disparo fue detenido sin complicaciones por Fernando López, quien se recostó sobre su izquierda para mantener vivas las esperanzas locales.

El silbante, Orozco, determinó dar diez minutos de tiempo de compensación para sorpresa de todos. Hubo, como en cualquier otro partido,

cortes por lesiones, faltas y reclamaciones, pero el central dictaminó ese agregado.

Y cuando el partido estaba por finalizar, Roberto Masciarelli Jr. aprovechó el obsequio por parte del juez y se encargó de anotar el tanto del empate.

El espíritu navideño impidió que alguna afición saliera derrotada en este día tan lleno de paz y esperanza.

26 DE DICIEMBRE DE 1976: LAS SECUELAS

La Unión de Curtidores y las Chivas del Guadalajara brindaron un partido que brilló por los errores individuales, sobre todo en la parte defensiva de ambos equipos, quizás por las secuelas de las fiestas decembrinas.

La primera importante pifia sucedió a los 21 minutos del primer tiempo, cuando Gilberto el Coco Rodríguez se resbaló a la hora de buscar detener un cabezazo de Juan de Dios Castillo, viendo cómo el balón entraba a su portería.

En la segunda mitad, el Guadalajara buscó el empate y lo consiguió cuando aún restaban veinte minutos. Manuel Manzo buscó el gol de media distancia. El balón no llevaba dirección de portería, sin embargo, Hugo Dávila, en su afán por interferir en el recorrido del esférico, lo desvió, cambiándole por completo la trayectoria y mandándola al fondo de su arco.

En tiempo de compensación, los rojiblancos encontraron la ventaja gracias a un terrible error del portero Jorge Jaramillo. El guardameta no pudo detener el balón tras el tiro de Torres, que no llevaba ni potencia ni colocación. El rechace fue bien aprovechado por Aurelio Martínez, quien marcó el tanto definitivo.

Las cerca de 30 000 personas que acudieron al Nou Camp, no daban crédito por la manera en que ambos equipos cometieron esos errores infantiles.

27 DE DICIEMBRE DE 1953: EL ADIÓS DE UN GRANDE

Una pieza importante del inicio del equipo en el fútbol profesional en México, Rafael Orozco, dijo adiós a las canchas en el encuentro amistoso entre el Guadalajara y el Independiente de Santa Fe, de Colombia, en el Parque Oblatos.

El defensa disputó los 90 minutos del partido con el equipo que defendió por más de 10 años como futbolista profesional.

Rafles recibió, de parte del vicepresidente del club, Jorge Agnesi, una medalla de oro que le fue colocada en su uniforme rojiblanco. Ese que nunca más habría de vestir en un campo de fútbol profesional.

La porra oficial del Guadalajara lo despidió con entonados cánticos que alegraron al propio jugador y el resto de la gente que estuvo presente en el inmueble.

Chivas e Independiente igualaron sin goles, donde el centro de atracción fue ver por última vez al Rafles Orozco defender los colores rojo y blanco.

28 DE DICIEMBRE DE 1969: HAZAÑA

El Guadalajara llegó a la última jornada de la temporada 1969-70 con el título asegurado luego de imponerse al Atlante (véase 17 de diciembre).

Sin embargo, el equipo tapatío viajó a la Comarca para enfrentar al Laguna en el Estadio San Isidro, con el objetivo de igualar el récord de 45 puntos en un campeonato de Liga, que consiguió el Veracruz en la campaña 1945-46.

Apenas a los diez minutos de arrancado el compromiso, el delantero húngaro, Timor Vigh, abrió el marcador para poner en ventaja a los locales. Chivas remó contracorriente en búsqueda de igualar la marca mencionada.

Y como los delanteros rojiblancos no encontraban portería, apareció el zaguero lagunero, Francisco El Oso Ramírez, para anidar el balón en su propio arco y vencer a un viejo conocido del chiverío: Jaime 'el Tubo' Gómez, portero albiverde.

El Rebaño Sagrado buscó por todos los medios ponerse en ventaja, pero sus intentos no fueron efectivos, hasta que apareció nuevamente El Oso para desviar un disparo de Carlos Calderón, y adjudicarse su segundo autogol del partido.

El marcador no se movió más y Chivas cerró el campeonato con un triunfo para igualar el récord que ostentaba el equipo jarocho.

29 DE DICIEMBRE DE 1957: AMÉRICA Y ÁRBITRO LLEGAN TARDE AL PARTIDO

Guadalajara recibió a los Cremas del América, pero el partido comenzó quince minutos tarde porque el equipo capitalino llegó tarde al Parque Oblatos.

El vuelo en el que viajó el equipo a la perla tapatía presentó un retraso a la hora del despegue por lo que la delegación americanista no pudo estar en tiempo y forma en el estadio, lo que provocó la molestia de la direc-

tiva rayada y de los aficionados que se dieron cita para ver el atractivo encuentro.

Además, el árbitro, Carlos Degrés, viajó en el mismo avión, por lo que tuvo el mismo problema, y también se apersonó después de la hora indicada. Previo al arranque del encuentro y cuando aún no saltaban a la cancha los visitantes, el silbante, José Casillas, estaba en el terreno de juego en representación del cuerpo arbitral.

El partido se pintó de rojo y blanco, y el Guadalajara se impuso 3-1 al América gracias a los goles de Sabás Ponce, Salvador Reyes y Raúl Arellano. Por la visita, había emparejado el marcador José Buendía.

30 DE DICIEMBRE DE 1973: SE DIERON CON TODO

Torreón y Chivas escenificaron un partido poco agradable en lo futbolístico, donde el resultado fue un empate sin anotaciones.

En el ámbito de la lucha libre, sí que brindaron un espectáculo digno de los amantes de los deportes de contacto, y es que Alberto Onofre, del Guadalajara, y Alberto el Torito Gómez, por los coahuilenses, se liaron a golpes un minuto antes de que culminara la primera mitad.

Llegaron a separar ambos planteles, que se envolvieron en la calentura del momento y terminaron por repartirse derechazos por todos lados.

El silbante, Alfonso González Archundia, expulsó a los dos implicados en el comienzo de la gresca, Onofre y Gómez, además de los estrategas de ambos planteles, Enzo Gennoni, de los laguneros, y Jesús Chuco Ponce, de los tapatíos.

31 DE DICIEMBRE DE 2012: CHAVA NO SE VA

El 29 de diciembre dejó de existir el, considerado por muchos, más grande futbolista en la historia del Club Deportivo Guadalajara a la edad de 76 años. Salvador Reyes Monteón se convirtió en leyenda.

El Estadio Omnilife fue el escenario donde se realizó la misa de cuerpo presente, donde cerca de 500 aficionados acudieron a darle el último adiós al más grande ídolo rojiblanco.

El grito "No se va, no se va, Chava no se va", retumbó aquella mañana lluviosa en vísperas del nuevo año, además de la música tradicional de mariachi.

Una legendaria Guardia de Honor custodió en todo momento el féretro y fue encabezada por sus compañeros, y amigos del Campeonísimo: Crescencio Gutiérrez, José Villegas, Sabás Ponce, Francisco Jara, Guillermo Sepúlveda, Arturo Chaires y Javier Valle.

Familiares y amigos también estuvieron presentes en la casa del Rebaño Sagrado para despedir al ahora eterno Chava Reyes. El presidente deportivo, Dennis te Kloese, en representación del propietario, Jorge Vergara y Angélica Fuentes, dio el pésame institucional.

Reyes Monteón marcó 122 goles con el Guadalajara y ganó siete títulos de liga, seis Campeón de Campeones, una Copa México y una Copa de Campeones de la Concacaf.

La frase más rojiblanca que definió a la perfección lo que significó su amor por el equipo fue: "Yo no soy Chiva de corazón, soy Chiva de nacimiento".

FUENTES CONSULTADAS

EL INORMADOR
DIARIO RÉCORD
PERIÓDICOESTO
TELEVISA DEPORTES – TUDN – TUDN MÉXICO (Youtube)
LA JORNADA
EFEMÉRIDES ROJIBLANCAS – @ERojiblancas
JOEL GONZÁLEZ ROMERO – @Datos_chivas

SOBRE EL AUTOR

Luis Manuel Leyva Gutiérrez nació en Ciudad de México en 1989. Es periodista deportivo con más de 10 años de experiencia, cursó la carrera de Comunicación en la Universidad Anáhuac México. Fue reportero, conductor y redactor en Televisa Deportes desde 2011 hasta 2018.